CLV

S. Pearce Carey

William Carey

Der Vater
der modernen Mission

clv

Christliche
Literatur-Verbreitung e.V.
Postfach 11 01 35 · 33661 Bielefeld

1. Auflage 1998

Originaltitel: William Carey

Postfach 11 01 35 · 33661 Bielefeld
Übersetzung: Benedikt Peters
Satz: CLV
Umschlag: Dieter Otten, Gummersbach
Druck und Bindung: Ebner Ulm

ISBN 3-89397-388-5

Inhaltsverzeichnis

Über den Autor

Samuel Pearce Carey überflügelte alle anderen Biografien, als er die außergewöhnliche Lebensgeschichte seines Urgroßvaters William Carey, des »Vaters der modernen Mission«, zu Papier brachte. S. P. Carey war ein bekannter Baptistenprediger und Missionar während der ersten Hälfte dieses Jahrhunderts, bekannt wurde er in der christlichen Welt allerdings als Schriftsteller. Sein weit herum gerühmtes Lebensbild erlebte seit seinem Erscheinen im Jahre 1923 acht Auflagen, bis es 1934 einer gründlichen Überarbeitung unterzogen wurde. S. P. Carey war ein ungeheuer fleißiger Forscher und gleichzeitig ein Meister der biografischen Kunst. Er hat das Leben William Careys um die bemerkenswerten Akte der göttlichen Vorsehung gruppiert, durch die Gott die kleine Schar von Missionaren zu Errungenschaften führte, von denen keiner nur zu träumen gewagt hätte.

Careys bleibende Bedeutung

1793, also vor mehr als 200 Jahren, segelte Carey nach Indien. Die Geschichte eines Schuhmachers aus ländlicher Gegend, der sich selbst die alten Sprachen beibrachte und die ganze Bewegung der modernen Weltmission in Gang setzte, ist zu großartig, als dass man sie in einer kurzen Skizze abtun dürfte.

Gottes Macht befähigte Carey ungeheure theologische, rechtliche und gesellschaftliche Vorurteile niederzuringen und sie machte ihn sowohl zum fruchtbarsten Bibelübersetzer als auch zum gleichzeitigen Gemeindegründer der gesamten Kirchengeschichte. Durch seine Leistungen (und seinen Wandel) konnte er die unerbittliche Feindschaft der britischen Regierung gegen Missionare überwinden. Der Mann, dem man einmal jegliches Predigen auf indischem Boden verboten hatte, wurde schließlich von der Regierung angestellt und beständig als dessen Ratgeber aufgesucht.

Durch die unermüdliche evangelistische Arbeit von Carey und seinen Mitarbeitern konnten innerhalb von 19 Jahren nach Errichtung ihres Hauptquartiers in Serampore über 600 Menschen getauft werden. Was sie als Übersetzer und als Drucker leisteten, ist phänomenal. Innerhalb von dreißig Jahren konnten sie 212 000 Bibeln, Neue Testamente und Evangelien drucken, und das in 40 verschiedenen Sprachen. Die Missionare von Serampore übersetzten die Heiligen Schriften in so viele Sprachen, dass Feinde in der Heimat behaupteten, diese hätten Namen von Sprachen erfunden, die gar nicht existierten.

Careys Arbeit führte zur Geburt und zum schnellen Wachstum der missionarischen Anstrengungen unter allen christlichen Denominationen. Endlich wichen lange Jahre der Gleichgültigkeit und des Widerstandes einer tiefen Sorge um die Evangelisation der Heidenwelt. Innerhalb von vier Jahrzehnten nach Careys Ausreise nach Indien entstanden in Großbritannien allein dreizehn Missionsgesellschaften. Eine wahre Flutwelle von Missionaren segelten von den europäischen und amerikanischen Küsten ab in die entlegensten Regionen der Erde.

Auf dem Missionsfeld war Carey seiner Zeit weit voraus, indem er keinerlei kolonialistisches Gebaren kannte. Er wollte Indern das Evangelium in ihrer eigenen Sprache mitteilen und er schulte bald indische Bekehrte, damit sie als Evangelisten und Pastoren ihre eigenen Landsleute gewännen. In Serampore herrschte Gleichheit unter den Indern und Europäern und Carey drängte die indischen Bekehrten, ihre Kastenschranken fallenzulassen.

Als überzeugte Calvinisten glaubten Carey und seine Mitarbeiter an die »Lehren der Gnade« und standen zur reformatorischen und puritanischen Überzeugung von der Verdorbenheit des Menschen, der erwählenden Liebe Gottes und der Notwendigkeit eines unwiderstehlichen Wirkens des Heiligen Geistes, damit Sünder zur Errettung kommen können. Sie waren der Meinung, diese Lehren forderten von ihnen, dass sie das Evangelium mit nie nachlassender Hingabe allen Menschen in allen Winkeln der Erde zu verkündigen hatten. Ihr größter Trost in schwierigen Zeiten war die Überzeugung, dass Gottes rettender Wille unwiderstehlich ist und dass Er die Menschen am Ende dazu bewegen würde, den Herrn zu suchen, wie ablehnend ihre Herzen anfänglich auch zu sein scheinen.

Die große theologische Debatte in den Tagen Careys drehte sich um den Gebrauch der »Mittel«. Würde Gott die Bemühungen der Christen zur Verbreitung des Evangeliums verwenden oder würde Er die Verlorenen unmittelbar zu sich rufen, indem Er sie durch große Katastrophen aufrüttelte? Careys Antwort war: Gott wirkt durch die missionarische Arbeit der Seinigen. Die Ergebnisse seiner Arbeit gaben ihm recht: Die evangelistische Arbeit ist den Gemeinden des Herrn verordnet. Wir dürfen sie nicht liegenlassen.

Und wie sehr brauchen wir diesen Bericht vom Wirken der göttlichen Macht heute! Wir leben in einer Zeit, da die Christen versucht sind, das Evangelium mit weltlichen Lockmitteln anziehend und schmackhaft zu machen. Hier haben wir das Lebensbild eines Pioniers der Mission, in dem Gottes große Macht zur Errettung ohne menschlichen Putz sichtbar wird.

Möge dieser biografische Klassiker das Herz und das Denken einer neuen Generation von Christen ergreifen und zeigen, wie viel durch die Kraft des Heiligen Geistes geschehen kann, wenn man die alten Wahrheiten wirklich auf die Probe stellt. Möge das Zeugnis Careys und seiner Mitarbeiter neu zu uns reden!

PETER MASTERS, London im Januar 1993

Teil I

Careys 32 Jahre in England

Wie Gott ihm
und durch ihn der modernen Christenheit
die Notwendigkeit der Weltmission auferlegte

1. Die Zeiten

1761 – 1793

Es ist nicht übertrieben, Carey als einen der größten von Gottes Engländern zu bezeichnen. Er bahnte den Weg für uns alle nach Asien, und er gab sein Leben für dessen Menschen, ohne sich je eine Ruhepause zu gönnen.

Sir George Adam Smith

Es war Careys Glück, dass er in jener Periode der englischen Geschichte geboren wurde. Vieles war in Bewegung, Samen keimten, Frühling lag in der Luft.

Die Kinder gewöhnlicher Leute bekamen Gelegenheit, Schulen zu besuchen; zwar noch nicht durch den Willen der Nation, aber durch das Wohlwollen geneigter Menschen. In englischen Dörfern entstanden überall karitative Lehranstalten. Die gebotene Kost war einfach, aber sie machte dem Fasten ein Ende. Carey stand in enger Verbindung mit diesen Anfängen, denn sein Großvater war der erste Schulmeister in seinem Dorf, und sein Vater folgte ihm mit 32 Jahren im Amt. So wurde von Williams siebtem Lebensjahr an sein Heim zum Schulhaus. Sieben Jahre lernte er dort, und obwohl er als Erwachsener oft über die eng gezogenen Grenzen seiner Schulbildung klagte, so bedeutete es in jenen Tagen doch allerhand, einen Vater und einen Großvater zu haben, die dem Lehrerberuf folgten. Immerhin wurde seinem außergewöhnlich hungrigen Geist Nahrung geboten.

Carey hatte das Glück, Kind eines lieblichen Dorfes zu sein, vor dessen Haustür sich ein Wald erstreckte. Die Natur war ihm Schwester und Bruder. Das Wunderland der Bäume, Blumen, Insekten und Vögel waren ihm bald ein offenes Buch. Zu beobachten, wie die Pflanzen und Lebewesen wuchsen, war seine Lieblingsbeschäftigung.

Er war noch ein Kind, als die Ereignisse in Indien und Amerika zu Entscheidungen drängten, und als England trotz düsteren Vorahnungen zu Vorherrschaft und Macht aufstieg. In Kanada wurde der Rivale Frankreich aus dem Rennen geworfen, und Spanien trat Florida im

Tausch mit Kuba ab. So war England Herrin ganz Indiens und ganz Nordamerikas geworden, und damit war ihr Bewusstsein um ihre Verantwortung in der Welt gewachsen.

Von klein auf wurde seine Fantasie von Geschichten eines Onkels im fernen Kanada befruchtet, und als der Onkel nach Jahren des Lebens als Pionier zurückkehrte, bekam er all das Aufregende aus dessen eigenem Mund zu hören. Er war draußen im Westen gewesen, während Frankreich und England um Kanada kämpften; und seine Erzählungen machten den Jüngling und seinen Onkel zu unzertrennlichen Gefährten.

Andere Eroberungen und Entdeckungen beflügelten ihre Gespräche. Kapitän Cook entdeckte die pazifischen Inseln und erstellte Karten von Neuseeland und von der Ostküste Neu Hollands. Die Welt wuchs, und die Nachricht von einer jeden Entdeckung war dem jungen Carey aufregender als jeder Roman.

Er war zwölf, als die Kunde von Unruhen in Boston das Mutterland erreichten, und mit zwanzig erfuhr er, wie der Verlust der dreizehn Kolonien besiegelt wurde. Aber nicht nur Kolonien erstritten sich Freiheit von hoheitlicher Bevormundung. Pitt behauptete gegenüber dem König die Vollmachten von Ministern und Parlament. Die Presse bestand auf dem Recht, parlamentarische Debatten zu publizieren. Der Kampf Englands und der Engländer um mehr Selbstbestimmung machte den jungen Carey zu einem Radikalen.

Wenige Wochen nach seiner geistlichen Neugeburt entschied er sich (trotz den zu Hause gehegten Vorurteilen) für den kirchlichen Nonkonformismus, und zwar schloss er sich den Baptisten an; denn Carey war ein unabhängiger Geist. Die Nonkonformisten hatten die Auswirkungen der *Test and Corporation Acts* noch immer empfindlich zu spüren: Es konnten nur Angehörige der anglikanischen Kirche ein öffentliches Amt bekleiden. Ebenso konnten nur Anglikaner Lehrer an öffentlichen Schulen oder Offiziere in der Armee und in der Flotte sein. Nur diese konnten an den Universitäten Grade erlangen. Nonkonformisten lebten und webten und hatten ihr Wesen unter Verdächtigungen und Benachteiligungen. Ihre Vertreter verlangten umsonst Gleichheit, da alle Vorstöße im Unterhaus regelmäßig zurückgewiesen wurden. Unter solchen Umständen willigte Carey ein, während er in Leicester war, Sekretär des Komitees der dortigen Nonkonformisten zu werden!

Er verfolgte das Drama der Französischen Revolution mit großer Anteilnahme und hoffte, es werde eine »Bewegung hin zu mehr Menschenwürde« sein. Er meinte, es handle sich um »Gottes Antwort auf das neuerliche einhellige Beten Seines Volkes … eine herrliche offene Tür für das Evangelium durch die Ausbreitung ziviler und religiöser Freiheiten und die Beschneidung päpstlicher Macht«.

Andrew Fuller hielt fest, dass »Careys Denken von diesen Dingen stark beschlagnahmt war«. Er war überzeugt von den »allgemeinen und gleichen Rechten« aller, und er hatte das Verlangen, sein reiches Erbe in Christus mit allen zu teilen.

Entsprechend befürwortete er die Befreiung der Negersklaven. Der Sklavenhandel hatte schändliche Ausmaße angenommen, und seine Schwestern hörten ihn nie beten, ohne dass er diesen »unmenschlichen und fluchbringenden Handel« vor Gott ausbreitete. Er beobachtete die gemeinsamen Anstrengungen von *Clarkson, Wilberforce, Maculay* und *Sharp* und wie das Unterhaus sich der Frage stellte, nachdem Fox und Wilberforce 1789 für die Abschaffung votiert hatten. Er war entsetzt, als 1791 eine parlamentarische Reaktion auf die Unruhen in Frankreich dem Sklavenhandel wieder Auftrieb verschaffte, dies trotz *Wesleys* Aufrufe auf dem Sterbebett. Seine persönliche Reaktion war die, dass er aufhörte Zucker zu verwenden.

Gleichzeitig begann sich das öffentliche Gewissen Großbritanniens gegen das Vorgehen Englands in Indien zu regen. Generalgouverneur *Warren Hastings* wurde zurückgerufen, und damit war der *East India Company* das Signal gegeben, dass Parlament und britische Öffentlichkeit fortan ihre Augen auf deren Aktivitäten richten würde. Britische Oberhoheit über ihre fernen Kolonien würde fortan menschenwürdig sein müssen. Die Öffentlichkeit befasste sich lange mit dem Verhör von Hastings, und das trug zweifelsohne entscheidend dazu bei, die Ohren der Christen für Careys Aufrufe zugunsten Indiens zu schärfen.

Careys größtes Glück war es aber, dass er als Kind und Jugendlicher die Welle geistlicher Erneuerung verspüren durfte, die über das Land ging. Bis zum Ende seiner Jahre in England (und schon ein halbes Jahrhundert davor) wirkte der Geist der Erweckung, der mit *George Whitefield* und den Brüdern *Wesley* zusammenhängt, und zog unzählige Seelen zum Herrn.

In jenem Jahrhundert des Rationalismus, in denen Religion eine kalte Formsache und David Hume das Orakel Gottes und Voltaire das Idol war, und »alle gebildeten Menschen endlich eingesehen hatten, dass das Christentum ein Mythos ist«, wurde die Seele Britanniens durch drei Evangelisten gerettet. Durch diese drei Gesandten Gottes – Whitefield und die beiden Wesleys – befruchteten himmlische Regenschauer den Erdboden. Obwohl sie nicht in allem gleich dachten, predigten alle die reiche Gnade Gottes in Jesus Christus. Das Volk hörte sie gerne, und Tausende wurden von neuem geboren.

Als Carey zwölf war, kann er den siebzigjährigen Wesley in Towcester gehört und gesehen haben; noch wahrscheinlicher ist es, dass er ihn einige Jahre später in Northampton und Leicester sah. Und ohne jeden Zweifel kannte er viele, die ihm von der Würde, dem Mut, der Eindringlichkeit und der Vollmacht des Predigers erzählen konnten. Careys Eifer um die Missionierung der Heidenwelt muss durch Wesleys Vorbild starken Auftrieb bekommen haben.

Das stand allerdings in auffälligem Gegensatz zum hochgezüchteten Hyper-Calvinismus, den man von vielen Kanzeln seiner eigenen baptistischen Denomination lehrte. Die Souveränität Gottes wurde so stark betont, dass alle menschliche Verantwortung schwand. Man überließ es vollständig Gott, den Saal zur königlichen Hochzeit mit Gästen zu füllen. *Robert Hall* von Arnesby und *Andrew Fuller* protestierten gegen diese falsche Lehre. Hall publizierte seine Ansichten zuerst, dann folgte Fuller mit *The Gospel worthy of all acceptation – Das Evangelium, das aller Annahme wert ist.* Die beiden kreuzten ihre Klingen mit der alten Garde, lange und heftig, bis Carey und seine Anhänger zu begreifen anfingen, dass die Kirche Christi die Pflicht hat, das Evangelium allen Menschen zu verkünden.

Im Jahre 1784 ging von Northampton der Aufruf zur missionarischen Fürbitte aus. In den Vierzigerjahren hatten schottische Verkündiger, durch George Whitefield aufgestört, den Ruf zur Fürbitte erhoben. *Jonathan Edwards* hatte in Nordamerika damit angefangen, und jetzt, 25 Jahre nach dessen Tod, erreicht der Ruf die Baptistengemeinden in und um Northampton. Die Gemeinden, die unter ihrer Fruchtlosigkeit litten, nahmen den Ruf an, die Gläubigen begannen den Karmel zu besteigen, um in monatlichen Gebetstreffen zu Gott um Seinen himmlischen Regen zu beten. Sie konnten nicht ahnen, in welcher Weise Gott sie beim Wort nehmen und sie durch Carey zum Auftrag der Weltmission herausfordern würde.

Die ersten Erfindungen moderner Maschinerie, der Beginn der chemischen und elektrischen Wissenschaft, die Nutzung der Dampfkraft, alles gehört in diese Zeit, und sie revolutionierten die Arbeit, das Aussehen und die Beziehungen in der Welt. Carey konnte nicht ahnen, was für eine Entwicklung der Weberei- und Stickereimanufaktur seiner Eltern und seiner eigenen Schuhmacherei bevorstand, noch konnte er voraussehen, dass sein England der Wälder, Dörfer und Kleinstädte die von Industriezonen durchzogene Fabrik und der Marktplatz der Welt werden sollte. Nie hätte er sich träumen lassen, dass Leicester (das eben mit Öllampen ausgestattet worden war) einst elektrisch erhellt oder dass es nicht mehr zwanzig, sondern lediglich zwei Stunden von London entfernt sein würde. Dennoch, durch Gottes Wirken wurde Carey, gerade als diese Umwälzungen anfingen, die Stimme des Herrn, um das Volk des Herrn zum Aufbruch neuer Grenzen zu rufen.

Adam Smith war der erste, der verstand, dass die Wirtschaft den engen Grenzen des nationalen Eigennutzes entwachsen war und dass daher das Motto der Zukunft »Gegenseitigkeit« heißen musste. Jede Nation könne nur mit Hilfe der Wohlfahrt aller gedeihen und daher müsse die Losung vernünftigen Handels gegenseitige Abhängigkeit heißen. Im selben Jahrzehnt, da Smith seine Landsleute aufrief, die Schranken zum Welthandel niederzureißen, zeigte ihnen Carey, dass sie sich wahren Wohlstand erwerben würden, indem sie ihren geistlichen Reichtum, Christus, allen Völkern verkündigten und ihren eigenen Fortschritt mit freudigem Dienst an der ganzen Welt abgelten müssten.

Er war nicht allein mit seiner Forderung, dass die Briten ihren Missionsauftrag wahrnehmen müssten. *John Montgomery* hatte sich zusammen mit sechs anderen Engländern (samt ihren Frauen) den Herrnhutern in ihrer Mission nach Westindien angeschlossen, und *James Rhodes* und *William Turner* gehörten zur Herrnhuter-Mission auf Labrador. *Thomas Thompson* hatte einige Jahre an der afrikanischen Goldküste gearbeitet. Wilberforce plante aus der befreiten Insel Sierra Leone ein modernes Iona[1] zu machen. *Thomas Coke* drängte den Methodismus zur Mission in Asien oder Afrika. *Samuel Pearce* versuchte als Freund der Gefangenen nach Botany Bay zu gelangen. *Rector Haweis* suchte junge Waliser als Freiwillige für die Südsee. *Director Grant* von der East India Company versuchte, einen Missionstrupp für Bengalen auf die Beine zu bringen. Es gab also einige wenige britische Seelen, die eine Schau für Mission hatten, aber die Kirchen und Denominationen waren entweder gleichgültig oder eingeschüchtert. Kollektives missionarisches Denken und Handeln existierte nicht, und das zeigt, welche Berge sich vor Carey auftürmten, die zuerst ins Meer versetzt werden mussten.

Carey musste die Bedingungen *schaffen,* in die seine Missionsgesellschaft hineingeboren werden konnte. Er konnte nicht einfach das Streichholz an den Zunder halten; der Zunder musste zuerst bereitet werden. Als er erwachte und den Missionsauftrag sah, stellte er zu seiner Verwunderung fest, dass seine Mitchristen fast alle schliefen. Er musste zuerst das Verlangen wecken, welches schließlich das Missionsunterfangen schuf, die Nachfrage erzeugen, für das er das Angebot bereitgestellt hatte. Zehn Jahre lang widerstand er der Trägheit seiner Zeitgenossen und bekämpfte ihren Unglauben und überwand ihn schließlich –

> durch die hartnäckige Ausdauer eines Einzelnen. Er setzte sich am Ende durch gegen jedes Diktat gesunden Menschenverstandes, jedes Kalkül der Vorsicht und nahezu universellen Widerspruch, denn in den stillen Tiefen seiner brütenden Seele hörte er einen unablässigen Ruf der in Elend versunkenen Heidenwelt.

Und doch, Carey wuchs in einer idealen Zeit auf. Kinder der Armen bekamen Zugang zu Schule und Bildung. Koloniale Expansion weitete den Blick für die ganze Welt und für die Verantwortung an ihr. Kapitän Cook kartografierte den mit Inseln übersäten Pazifik. Die Söhne der Pilgerväter erkauften sich neue Freiheiten mit ihrem Blut. Kämpfe für die Freiheit wurden im Parlament und in der Presse erfolgreich geschlagen. Die Freikirchen stellten Satzungen in Frage, welche ihnen bürgerliche Rechte beschnitten. Großbritannien begann

[1] Auf der Insel Iona befand sich das Kloster, von dem aus Columba im 6. Jahrhundert die Kelten missionierte.

sich des Sklavenhandels zu schämen, Mitleid mit den Eingekerkerten und Geisteskranken wurde wach. Westminster begann sich zu rühren, um Indien vor britischer Habsucht zu schützen. Die methodistische Erweckung hatte bewiesen, dass das gepredigte Wort die Kraft Gottes zur Errettung ist, und der Hyper-Calvinismus musste der Überzeugung weichen, dass alle Welt das Evangelium hören müsse. Die Gemeinden begannen zusammenzuarbeiten, gemeinschaftliches Gebet wurde zu einer glücklichen Gewohnheit. Industrielle und gesellschaftliche Veränderungen standen vor der Tür und man begann die Schranken zum Welthandel niederzureißen. Die vom Evangelium unerreichten Völker der Welt begannen wenigstens einige einzelne britische Seelen zu beunruhigen und sie zur Weltmission zu drängen.

Das war die Umwelt, in der Carey seine englischen Jahre verbrachte. Man könnte auch hier sagen, er sei in »der Fülle der Zeit« geboren worden. In solcher Zeit erweckte Gott eine demütige und empfindsame Seele, um die Regungen der Zeit zu erfassen und zu beschleunigen. Wäre Gottes *Mann* nicht bereit gewesen, hätte diese Zeit nur spärliche Ergebnisse gezeitigt.

2. Der Junge

Paulerspury, 17. August 1761 – 1775

Mit bescheidener Bildung wurde er ein Gelehrter; selbst arm, machte er Millionen reich; von unbedeutender Geburt, stieg er zu nie beabsichtigter Berühmtheit auf; und indem er nichts anderes suchte als die Führung des Herrn, führte er die Heerscharen des Herrn hinaus zum Kampf.

A. T. PIERSON

Northamptonshire ist die zentralste der englischen Grafschaften, das Herz der Midlands. In diesem geografischen Herzen Englands wurde Carey geboren und das war in besonderer Weise angemessen, denn die von ihm ausgelöste Bewegung floss aus dem Herzen der englischen Christenheit.

Carey kam in der südöstlichen Ecke der Grafschaft zur Welt, in einem Dorf mit dem Namen *Paulerspury.* Der alte Römerweg von Dover und London nach Chester streifte das Dorf und verband es so mit dem Leben der Grafschaft.

Careys Großvater *Peter Carey* war nicht gebürtig aus dem Dorf, aber er kam als junger Mann aus dem nahen Yelvertoft dahin, wo er wie so viele in jener nordöstlichen Ecke der Grafschaft ein Weber von »Tammy« war, einem kalikofarbenen Kammgarn. Im August 1722 heiratete er in Paulerspury eine *Anna Flecknoe,* die gleich ihm keine Einheimische war.

Indem er nach Paulerspury kam, kehrte er möglicherweise in die Heimat seiner Väter zurück, denn *James Carey* war von 1624 bis 1629 dort Dorfpfarrer gewesen. Ein Mann mit dem Namen James Carey wurde dort am 7. April 1661 beerdigt, eine Elisabeth Carey im Jahre 1665, und 1776 folgte ein John – vielleicht Gattin und Sohn des Dorfpfarrers. Wenn Peter Carey von diesen abstammte, dann hätte William Carey Vorfahren von einiger Bildung gehabt. Er kann aber auch Nachfahre eines anderen *John Carey* gewesen sein und damit sehr armer Vorfahren. Denn dieser John wurde dort am 6. Oktober 1680 beerdigt »in einem bloßen Sarg«, während alle anderen siebzehn Verstorbenen jenes Jahres in Wolle bestattet wurden, wie es das Gesetz vorschrieb. John Careys fehlendes Leichentuch war das Zeugnis seiner Armut.

Das zehn Meilen von Paulerspury entfernte *Olney* hängt vielleicht mit Careys näherer Verwandtschaft zusammen, denn dort war der Name Carey während des ganzen Jahrhunderts vor seiner Geburt häufig. In dessen Register erscheinen zwischen den Jahren 1669 und 1771 sechzig Careys.

Zu den besseren Familien Paulerspury gehörten die Marriotts. *William Marriott* stiftete im Jahre 1720 das Geld, das sechs Jungen in seinem Dorf die Tür zur Schulbildung öffnete. Sechs Jahre später stellte ein *Thomas Nicholl* Geld zur Verfügung, das sechs weiteren Jungen den Gang zur Schule ermöglichte. Bevor man staatliche Schulen kannte und als karitative Schulen noch selten waren, hatte Paulerspury seine Schule mit zwölf freien Plätzen.

Peter Carey war dessen erster Lehrer. Er muss ein außergewöhnlich fähiger Mann gewesen sein, da er ansonsten als neu zugezogener Weber nicht zum Lehrer befördert worden wäre. Ein Lokalhistoriker charakterisiert seine Handschrift als »außergewöhnlich frei fließend und elegant«, worin er ein Zeichen von Bildung sah.

Zwei der drei Söhne Peter Careys wurden ebenfalls tüchtige Lehrer. Achtzehn Jahre versah er seinen Dienst als Lehrer und Kirchgemeindeschreiber und dann starb er, als er noch keine fünfzig war. Der Tod Williams, seines Erstgeborenen, des verheißungsvollen Lehrers in Towcester, mit nur zwanzig Jahren hatte ihm das Herz gebrochen. Zwei Wochen nach dessen Beerdigung musste das Grab wieder geöffnet werden. In dichter Folge wurde ins Register von Pury eingetragen:

William Carey, beigesetzt am 26. Juli 1743
Peter Carey, beigesetzt am 7. August 1743

Viele teilten Anna Careys überwältigende Trauer. Wenige Monate zuvor war sie so gesegnet gewesen wie nur irgendjemand, gesegnet mit einem geehrten Ehemann und tüchtigen Söhnen. Nun hatte sie alle verloren, außer ihrem vierten Sohn Edmund. Ein dritter Sohn mit

Namen Peter war ins ferne, unbekannte Kanada gezogen. Sie hatte keine Nachricht von ihm und musste befürchten, er sei nicht mehr. So war ihr der siebenjährige Edmund als einziger geblieben. Als sie vom doppelbelegten Grab zum Schulhaus zurückkehrte, kam ihr die Geschichte von der Witwe im Buch Ruth in den Sinn und fortan nannte sie sich nicht mehr Ann, sondern Naomi.

Das Dorf schloss sie in sein Herz und sorgte für ihren Lebensunterhalt, und Edmund bekam einen Platz unter den zwölf freien Plätzen an der Schule. Er verstand bald, wie einsam Mutter war, und er begann sein Glück in ihrem Glück zu suchen. Er lernte Weben wie sein Vater, und er arbeitete mit Fleiß, heiratete mit 24 *Elisabeth Wells* in Towcester und nahm seine Mutter mit in ihr neues Heim.

Sie lebten in schöner Harmonie zusammen, eine regelrechte Ruth mit ihrer Naomi. »Mutters zarte Glieder fanden ihre Entsprechung in ihrer außergewöhnlich empfindsamer Seele. Sie war bekannt für ihre Sanftmut und ihr liebenswürdiges Wesen, gepaart mit den besten Manieren«. Die Trauer, welche ihren Mann ins Grab gebracht hatte, schuf in ihr einen stillen, lieblichen Geist.

Edmund Carey war arm, aber er kam sich reich vor, als er an seinem Webstuhl saß und in seinen kleinen Garten am Hang voller Maßliebchen guckte und als er an den Winterabenden in einem seiner geliebten Bücher las. Am 17. August 1761 wurde ihm ein Sohn geschenkt, dem er zur Freude seiner Mutter den Namen *William* gab, in Erinnerung an ihren Erstgeborenen.

Großmutter machte klein William zu »ihrer besonderen Fürsorge«; er war ihr Abendlicht. Zwei Jahre später wurde Anna geboren, nach ihr selbst so genannt. Nun war sie wirklich eine Naomi, der Gott große Güte erwiesen hatte. Bevor ein weiteres Jahr verflossen war, verließ sie dieses Leben.

Ihr Sohn Peter war nicht in Kanada gestorben. Mit etwa 35 Jahren kehrte er in seine Heimat zurück. Ob er noch seiner Mutter die Augen schließen durfte, ist nicht bekannt. Er hatte keine Kinder, war aber ein großer Kinderfreund und er wurde bald Williams bester Freund, der dem Neffen Geschichten erzählte von Schiffen und vom wilden Meer, von Kanadas Indianern und Franzosen, von ihren Wäldern und Wintern, Flüssen, Fällen und Seen, Tieren und Vögeln, Bäumen und Blumen. Der Zauber der Neuen Welt hatte William gefangen, aber vor allem konnte Peter seinem Neffen zeigen, was er selbst erst nach den langen Jahren in der Ferne entdeckt hatte: die liebliche Schönheit Englands. Leidenschaftlicher Gärtner wie er war, gingen ihm die Augen für die Schönheit der heimischen Wälder und Fluren auf und er schüttete seine eigene Leidenschaft in die empfängliche Seele des Jungen.

1767 wurde wieder ein Schulmeister gesucht und die Wahl fiel auf Edmund Carey. William war gerade sechs, als die Familie von *Pury End* ins Schulhaus oben auf dem Kirchhügel umzog, was nicht nur einem topografischem Aufstieg gleichkam. Der Weber wurde zum Vorsteher der Schule, in der er als Knabe selbst gesessen war. Das niedrige, strohbedachte Haus hatte keine Tische; als Bänke dienten rohe Planken. Edmund Carey war für die Aufgabe geeigneter als mancher Schulmeister seiner Zeit. Er liebte Kinder und Bücher, und er konnte gut schreiben. Er lehrte Arithmetik sowohl in Towcester als auch in Paulerspury und zum Drill des Katechismus brachte er wenigstens einen ehrfürchtigen Geist mit.

Das kleine Schulhaus war groß, verglichen mit der Hütte in Pury End. Zwei weit ausladende Platanen wuchsen vor dem Haus, und hinter dem Haus war – zur Freude der Kinder – ein Garten mit Blumen und Obstbäumen, und zwischen dem Garten und dem weiten Gelände der Pfarrei war ein Wassergraben, in dem es von Kaulquappen und Stichlingen wimmelte. Eine halbe Meile entfernt konnte man die Kutschen auf der Wattling Street sehen. Wie Mark Rutherford liebte William »den bloßen Anblick der Wegweiser nach London«.

Der Vater fand, Williams besondere Begabung sei unermüdliche Aufmerksamkeit und Fleiß, gepaart mit auffälliger Fertigkeit im Kopfrechnen. Mutter hörte den Jungen oft zählen, als er längst hätte schlafen sollen. Seine persönlichen Vorlieben galten der Naturkunde und Reiseberichten. Er las und redete so viel von Kolumbus, dass seine Schulkameraden ihn selbst so nannten. Besser hätten sie es nicht treffen können.

Die Geschichte des Genueser Entdeckers fesselte ihn mehr als die erfundene Geschichte von Robinson Crusoe. Wirklichkeit war für Carey das Spannendste, was es gab; er interessierte sich für nichts so sehr wie für Länder und Menschen aus Übersee. Mit zwölf lernte er die sechzig Seiten von Dyches *Vocabularium* auswendig, auch wenn

Die Pfarrkirche von Paulerspury, von Careys Elternhaus aus gesehen.

es gleich zu Beginn so ausgefallene Horazsche Wörter wie *lanista, lixa, rabula* und *scurra* enthielt. Es war ein Freudentag, als er auf dem Friedhof die romantische lateinische Inschrift auf dem einzigen Alabastergrabstein entziffern konnte.

Er war nicht einfach ein Bücherwurm. Maria sagt, er war »äußerst aktiv bei allen Spielen und in jedem Zeitvertreib«. Nichts ging ihm freilich über die Fluren, Wiesen und Wälder. Hier umherzustreifen war seine Lieblingsbeschäftigung. Er hatte keine Freude am Fangen und Töten, sondern ihn trieb die Leidenschaft des Naturforschers: Finden und Beobachten. Sein Schlafzimmer war, mit Mutters weiser Nachsicht, voll von seinen Funden. Er lernte, von Liebe zu Sache angetrieben, sie zu zeichnen und zu malen. Bald war er unter seinesgleichen die anerkannte Autorität in Naturgeschichte. Fand jemand eine seltene Blume oder einen Vogel oder ein Insekt, hieß es immer: »Geh zu Bill Carey; er sagt dir, was es ist.« Seine Schwester Maria erinnerte sich:

> Von Vögeln und allerlei Insekten hatte er immer eine große Menge; wenn er weg war, unterstellte er die Vögel immer meiner Aufsicht und Pflege … Er ging nie aus, ohne Beobachtungen anzustellen bei den Hecken, an denen er vorbeiging, und wenn er eine Pflanze in die Hand nahm, untersuchte er sie immer mit Sorgfalt – und zwar schon als kleiner Junge.

Sein sieben Jahre jüngerer Bruder Tom weiß Ähnliches zu berichten:

> Er trug mich auf seinen Streifzügen oft auf seinen Schultern und zeigte mir, wie schön alles Grüne ist, das wächst.

Er war klein, aber er kletterte auf jeden Baum, um einen Vogel zu beobachten oder ein Ei zu ergattern. Einmal stürzte er und verletzte sich, sodass er danach mehrere Tage liegen musste. Kaum war er wieder auf den Beinen, bezwang er stolz den gleichen Baum.

Seine Kindheit war glücklich. Am Morgen früh weckten ihn seine Vögel und er stand auf, um sie zu füttern und die Käfige zu säubern, sammelte Futter für seine Sammlung von Haustieren, holte Wasser für die Kaulquappen und die andern Wassertiere, begrüßte freudig jede Überraschung, jeden geschlüpften Schmetterling und jede Motte. Er pflegte seinen Garten und beobachtete mit nie nachlassendem Interesse alles, was wuchs und sich regte. Nichts war ihm zu gewöhnlich, um einer Beobachtung wert zu sein.

Er hatte neben seinen Schwestern und seinem Bruder einen vierten Gefährten, einen Waisen von Paulerspury. Edmund Carey hatte nicht vergessen, wie freundlich das Dorf zu seiner Mutter und zu ihm in ihrer Not gewesen war, und nun gaben er und seine Frau dem elternlosen Kind ein Zuhause.

Religiöse Bücher interessierten Carey nicht. Die Pilgerreise las er der abenteuerlichen Reise wegen, aber er konnte daraus »keinen geistlichen Gewinn ziehen«. Die einzigen biblischen Bücher, die ihn interessierten, waren die historischen Bücher, denn sie glichen Reiseschilderungen noch am ehesten. Später dankte er Gott für den täglichen Bibeldrill durch seine Eltern und auch dafür, dass seine Eltern ihn zum strikten Kirchenbesuch anhielten. »Mein Geist wurde mit Wahrheiten angereichert, die später mein Herz bestimmen sollten.«

Dass er als Chorknabe in Pury musikalische Erziehung genoss, machte ihn für den Rest des Lebens reicher. Aber was ihn auszeichnete, war sein unstillbarer Wissensdurst. »Alles, was er anfing, führte er zu Ende«, sagte Maria. »Schwierigkeiten konnten ihn nicht entmutigen. Mit den Jahren wuchs sein Wissensdurst.« Sein Bruder Tom sagte von ihm: »Von Kindheit an wollte er lernen, alles interessierte ihn, und er war entschlossen, nie von einer Sache abzulassen, die er einmal aufgegriffen hatte, bis er sie gründlich verstand. Er ließ sich durch keine Verlockungen wegziehen, noch schreckten ihn Spott oder Drohungen ab.«

Carey sagte später gegenüber seinem Neffen Eustace, dass er keine anderen Talente besitze, »außer Beharrlichkeit. Das ist meine einzige Genialität. Ich kann in jeglicher gestellten Aufgabe ausharren. Dieser Fähigkeit verdanke ich alles.«

Er wurde in seinem ersten Versuch, seinen Weg in der Welt zu finden, enttäuscht. Als er mit zwölf die Schule verließ, wollte er Bauer oder Gärtner werden, wie sein Onkel Peter, den er wie einen Helden verehrte. Aber eine skorbutähnliche Reizung der Hände und des Gesichts wurde durch die Sonnenstrahlung so akut, dass er vor brennender Haut nachts nicht schlafen konnte. Er konnte dagegen ankämpfen so sehr er mochte, nach zwei Jahren musste er einsehen, dass es aussichtslos war. Ihm, der vierzig Jahre lang die Hitze Bengalens erdulden sollte, wurde der erste Berufswunsch verwehrt durch die Pein, die ihm die englische Sonne bereitete! Aber Gott stieß ihn auf einen Weg, den er nicht geplant hatte.

Eines, so sagt er, hatte er in diesen Tagen an der freien Luft gelernt, woran er sich oft erinnerte: Um gerade pflügen zu können, muss man auf ein Ziel zusteuern.

Paulerspury, wo er die ersten vierzehn Jahre seines Lebens verbrachte, war ein guter Nährboden für sein Wachstum. Von seinen Eltern hatte er Liebe und Fleiß gelernt, der Wald, die Wiesen und die Fluren hatten seine Leidenschaft des Forschens geweckt und genährt, und sein Onkel hatte in seinen Geist die Sehnsucht nach der weiten Welt gelegt.

3. Die Anfänge

Piddington und Hackleton
1775 – 1785

Vorher lebte er in Feindschaft gegen Gott und machte sich oft über Sein Volk lustig. Ich erinnere mich gut, wie wir uns über seine Veränderung verwunderten. Einige Zeit stand er im Haus seines Vaters ganz allein. Er hätte am liebsten alle Altäre des Baal in einer einzigen Nacht niedergerissen, wie einst Gideon. Ich wünschte oft, er würde uns zu Hause nicht mit seiner Religion belästigen. Er bat um Erlaubnis, in unserer Familie zu beten. Dabei verwendete er immer die Worte: Alle unsere Gerechtigkeiten sind wie ein unflätiges Kleid. Das stach jedesmal meinen Stolz und weckte in mir Empörung.

MARIA CAREY, Williams jüngere Schwester

Als Carey genötigt wurde, Äckern und Gärten den Rücken zu kehren, bestimmte ihm sein Vater nicht das väterliche Gewerbe der Weberei (die nunmehr durch Maschinen bedroht war), sondern die Schuhmacherei, welche daran war, das wichtigste Handwerk des Landes zu werden und darum für die Zukunft vielversprechend aussah. Er konnte mit Mühe das Lehrgeld für die siebenjährige Lehre aufbringen, und dann suchte er einen Meister, dem er seinen Sohn anvertrauen konnte. Er stieß schließlich auf *Clarke Nichols* in *Piddington.*

Clarke Nichols war in den zwei Pury Dörfern ins Gerede gekommen, als an einem Sonntagmorgen im September 1772 einer seiner Lehrlinge getürmt war und Nichols eine Vermisstenanzeige in der *Northampton Mercury* aufgesetzt hatte. Ein anderer Junge von Potterspury – ein gewisser *John Warr* – hatte darauf die freigewordene Stelle eingenommen und dann wählte Edmund Carey Clarke Nichols als Lehrmeister für seinen Sohn. Nichols war mehr als ein Schuhflicker; er verstand das Handwerk, ganze Schuhe, Sohle und Oberleder, zu fertigen. Sein Ruf als strenger Kirchgänger machte Edmund Carey die Wahl noch leichter.

Es dauerte nicht lange, bis William Carey den Mut des desertierenden Lehrlings bewunderte und nur zu gut verstand, warum er vor dem Jähzorn und der verletzenden Zunge seines Meisters ausgerissen war. Besonders nach seinen samstäglichen Trinkrunden war der Meister ungenießbar. Gewisse Bücher auf dem Gestell – u. a. ein Kommentar zum Neuen Testament – ließen zwar auf religiöse Interessen von Nichols schließen. Sie waren aber nicht nach Careys Geschmack und die Trinkgewohnheiten und Härte seines Lehrmeisters waren auch nicht die besten Empfehlungen zur Lektüre. Im Gegenteil, er hatte bald genug von allem, was nach Religion roch, und begann irreligiöse Gefährten zu suchen – bis sein älterer Mitlehrling ihn auf eine neue Spur brachte.

John Warr kam aus Careys Nachbardorf *Potterspury*. Warr teilte die Unterkunft mit ihm und half ihm auch bei der Arbeit. Er konnte ihm allerdings Größeres beibringen als das gemeinsame Handwerk, denn sein Großvater hatte geholfen, die einzige Freikirche in Potterspury zu gründen. Dort hatte Warr biblisches Christentum mit hungriger Seele aufgesogen und lenkte das Gespräch mit Carey oft auf entsprechende Themen.

Carey verachtete damals alle dissidenten Christen. Deren Kindern war die Schule in Paulerspury verschlossen und sein Vater und Großvater waren ja bekanntlich Schreiber der Kirchgemeinde gewesen, also offizielle Diener des anglikanischen Establishments. Carey war so voller Abneigung gegen die Dissidenten, dass er am liebsten deren Versammlungshaus bei Piddington niedergerissen hätte. Von seinen Diskussionen mit Warr schrieb Carey später:

> Ich hatte damals hundertmal so viel Stolz wie Erkenntnis und ich hatte jedesmal das letzte Wort, indem ich mein mangelndes Wissen mit festen Behauptungen ausglich. Aber oft war ich danach überzeugt, dass ich zwar das letzte Wort, aber mein Mitlehrling die besseren Argumente gehabt hatte und ich begann eine wachsende Unruhe im Gewissen zu verspüren …

John Warr hatte erfahren, was es heißt, von oben geboren zu sein. Er war reich, er hatte den Schatz im Acker gefunden, er hatte Frieden in der Seele, und er wollte seinen Reichtum mit Carey und mit seinem Lehrmeister teilen:

> Er begann mich zu drängen, er lieh mir Bücher und diese begannen mein Denken langsam umzuformen; meine innere Unruhe nahm zu.

Warrs Wandel war mindestens so überzeugend wie seine Worte und schließlich konnte er Carey dazu bringen, die Gebetstreffen in *Hackleton* zu besuchen. Diese Inbrunst war ihm in den steifen anglikanischen Gottesdiensten nie begegnet und er begriff, dass diese Christen in ganz anderer Weise von Gott ergriffen waren. Carey verlangte danach, in ihre geistliche Welt und Erfahrung einzudringen. Allerdings kompensierte er seine verschämten Besuche bei den Nonkonformisten mit dreifachem Gottesdienstbesuch in der Staatskirche.

> Ich versuchte auch mit dem Lügen und Fluchen und anderen Sünden zu brechen und manchmal, wenn ich allein war, versuchte ich zu beten.

Aber er musste gedemütigt und der Sünde überführt werden, ehe er gerettet werden konnte. Er schreibt:

> Ich war nach Northampton gereist, wo ich etwas für mich einkaufte, das einen Schilling mehr kostete, als ich besaß. Aber ich hatte einen falschen Schilling, den mir Mr. Hall, der Schmied, zu Weihnachten gegeben hatte. Ich war entschlossen, ihn mit einer Münze von jenem Geld einzutauschen, das mein Lehrmeister mir in die Hand gegeben hatte um Einkäufe für ihn zu machen. Ich erinnere mich an die Kämpfe, die ich auf dem ganzen Heimweg hatte, indem ich Gott bat mir meine Unehrlichkeit und Lüge dieses eine Mal zu vergeben, und dass ich nachher mit aller Sünde brechen wolle. Aber mein Lehrmeister durchschaute meinen Betrug. Ein gnädiger Gott ließ mich *nicht* davonkommen. Ich war bald überzeugt, das ganze Dorf müsse von meinem Diebstahl wissen und ich war so von Scham überwältigt, dass ich mich lange Zeit nicht aus dem Haus wagte.

Carey erwartete Entlassung, eine verpatzte Lehre, hinausgeworfenes Lehrgeld und einen zürnenden Vater, denn Nichols verurteilte keine

Sünde so sehr wie die Lüge. Aber der Lehrmeister ließ Milde walten. Sein ganzes Leben lang dachte Carey mit Scham und mit Dankbarkeit an diese Weihnacht zurück – mit Scham wegen seiner Sünde, mit Dankbarkeit, weil sie ihm zeigte, wie nötig er einen Retter hatte. Mit siebzehn Jahren tauschte er die Gerechtigkeit eines Pharisäers mit der Zerknirschtheit des Zöllners ein. Er warf sich in seiner Hilflosigkeit mit seiner von Sünden besudelten Seele Christus zu Füßen. Im Heiland, der für Sünder gestorben und Gerechtigkeit gewirkt hatte, fand er Erlösung und Frieden. Er war ein Kind Gottes geworden.

John Warr, der Jüngling von Potterspury, tat diesen unschätzbaren Dienst an einem Jüngling von Paulerspury. Er konnte natürlich nicht ahnen, dass er damit einen entscheidenden Beitrag dazu leistete, dass auch das Juwel Indien einst in der Krone des Christus glänzen würde …

Jetzt war Carey dankbar für das Missgeschick, von den lieblichen Gärten Paulerspurys in die Werkstatt nach Piddington gejagt worden zu sein, denn hier musste er die größte Entdeckung seines Lebens machen. Jetzt waren seine Füße gestiefelt, um das Evangelium des Friedens zu treiben.

Ohne diese Erfahrung wäre er vielleicht auch ein tüchtiger Botaniker und Linguist geworden, obwohl auch diese seine natürlichen Begabungen und Neigungen sich nicht voll entfaltet hätten. Erst Christus brachte sie zur vollen Blüte und Ausformung.

Schon vor seiner Bekehrung zeigten sich seine besonderen Gaben. Im neutestamentlichen Kommentar seines Lehrmeisters hatte er Wörter und Sätze in einer unbekannten Schrift gesehen. Nichols hatte sie ihm natürlich nicht erklären können, weshalb er die Buchstaben kopierte und bei seinem nächsten Besuch in Paulerspury Tom Jones zeigte, einem Weber, der einige Jahre an einem Gymnasium verbracht, aber durch eine Dummheit eine bessere berufliche Laufbahn verpasst hatte. Jones kramte sein begrabenes Wissen wieder hervor und besorgte dem Jüngling eine griechische Grammatik samt einem Glossar. Bei jedem Besuch gab er ihm Anleitung, mit dem Ergebnis, dass der Schüler seinen Meister bald überholte.

William Carey konnte den genauen Tag seiner Wiedergeburt nie nennen, aber er wusste hingegen ganz genau, wann er ein Nonkonformist wurde. Die Rückschläge der Briten in Nordamerika hatten den König veranlasst, am 10. Februar 1779 einen Tag des nationalen Fastens und Betens auszurufen. John Warr überredete Carey, den Tag mit ihm im Versammlungshaus in Hackleton zu verbringen. Er hatte bis zu dem Tag noch nie an einem Sonntagsgottesdienst teilgenommen. Ein gewisser Thomas Chater hielt die Predigt und rief zu rückhaltloser Hingabe an Christus auf. »Lasst uns deshalb zu ihm hinausgehen, um außerhalb des Lagers seine Schmach zu tragen«, rief der junge Laienprediger und dieses Bibelwort durchbohrte Carey das Herz. Er wusste, dass es für ihn keine größere Schmach gab, als seinem Gewissen zu folgen und sich diesen verachteten Christen anzuschließen. Nur zwei Jahre zuvor hatte er diese Leute so gehasst, dass er bereit gewesen wäre, ihr Versammlungshaus niederzureißen, und jetzt wurde er innerlich gedrängt, sich zu ihnen zu gesellen! In Dörfern, wo jeder jeden kannte, bedeutete ein solcher Schritt einen regelrechten Spießrutenlauf. Er tat aber den Schritt, um nie wieder zurückzukehren.

Der September dieses Jahres 1779 brachte Carey einen tiefen Schock. Sein Lehrmeister lag nach bloßen zwei Jahren Ehelebens im Sterben. Aber die Düsternis der Totenkammer wurde erhellt durch den Umstand, dass seine beiden Lehrlinge ihm den Weg zum persönlichen Glauben an Christus zeigen konnten. So wurde sein letztes Krankenlager zum Geburtsbett seiner Seele. Er erzählte allen, die ihn besuchen kamen, von seinem sicheren Anker und forderte sie auf, sich an Jesus, den Freund der Sünder, zu wenden.

Zwei Tage nach der Beerdigung am 5. Oktober wechselte Carey in den Dienst von Thomas Old von Hackleton, einem Verwandten seines alten Lehrmeisters. Schon in der ersten Woche lernte er *Thomas Scott* kennen, einen jungen Pastor aus dem nahen *Olney*, der ihm noch sehr behilflich sein sollte.

Carey versuchte mit seinem naturwissenschaftlich gelagerten Verstand seine christliche Erfahrung in ein klares Lehrgebäude zu fassen. Mit Hilfe einiger Bücher konnte er sich ein Glaubensbekenntnis aneignen, das er als schlüssig und unanfechtbar ansah. Bald wurde er gefordert, seinen Glauben zu verteidigen: In Quinton, keine Meile entfernt, lebte eine Gruppe von Mystikern, Jünger von *William Law*. Ihr Leiter lud Carey ein, an geistlichen Diskussionen teilzunehmen. Der Mystiker war viel älter als er und er bat seinen jüngeren Gesprächspartner unter Tränen in seinem bisher erworbenen Wissensstand weiterzuschreiten. Er ließ es nicht dabei bewenden, Careys calvinistische Lehrmeinungen zu hinterfragen, sondern überzeugte ihn davon, dass er weit davon entfernt war, das wahre Licht zu erkennen und zu fühlen. Carey:

> Ich konnte weder an sein System glauben noch mein eigenes verteidigen. Die Unterredung erfüllte mich mit Sorgen, die wuchsen, als ich allein war.

Er musste drei Jahre in der Wüste ringen, bis er seine Gewissheit wieder fand. Die Predigten John Lucks, des Ältesten in Hackleton, halfen ihm nicht, denn er selbst war zu tief mit der hyper-calvinistischen Schule verbunden. Am Sonntag wanderte Carey deshalb oft nach Roade oder Ravenstone, in der Hoffnung, er werde von den dortigen Predigten seinen Hunger gestillt bekommen. Eines war ihm bald klar: Menschliche Spekulation war kein verlässlicher Grund, auf dem man aufbauen konnte. Das musste er den Mystikern vorwerfen. Er wollte Felsen unter den Füßen. Er beschloss, in den Schriften zu forschen, um die Botschaft Gottes so genau wie nur möglich zu entdecken. Er »drückte Gottes Leuchte an seine Brust«.

Thomas Scott, der spätere berühmte Bibelausleger, war der Mann, der ihm am meisten half. Er war dazu gut gerüstet und er hatte sich – wie später Carey – selbst Latein, Hebräisch und Griechisch beigebracht. Wo immer sich Gelegenheit bot, wollte Carey ihn hören, und er hatte oft Gelegenheit sich persönlich mit ihm zu unterhalten. Scott war von Careys Verstand beeindruckt und sagte zu mehreren seiner Freunde, er nehme an »er werde sich als kein gewöhnlicher Mann herausstellen«. Die Schuhmacherwerkstatt in Hackleton nannte er »Careys College«.

Ein anderer Bote Gottes für Carey war der neue Prediger der Baptistengemeinde in Towcester, *Thomas Skinner*. Er lieh ihm ein Buch aus von einem gewissen *Robert Hall* mit dem Titel »Hilfe für Zions Pilger«. Careys Freude kannte keine Grenzen, als er entdeckte, dass Halls kühne Aussagen sich genau mit seinen bisherigen schüchternen Schlussfolgerungen deckten. Sogar in seinem Drang, sich vom Hyper-Calvinismus zu distanzieren, war Hall auf seiner Seite, indem er darauf bestand, dass es die Pflicht[2] eines jeden sei, das Evangelium Christi aufzunehmen. Vielen galt das Buch als »reines Gift«, Carey war es »süßester Wein«. Nie hatte er zuvor ein Buch mit solcher Entzückung gelesen. (Ein von ihm mit Anmerkungen versehenes Exemplar findet sich in der Bibliothek des Bristol College.)

1783 hatte Carey seine Zweifel überwunden, die Unfehlbarkeit und Zulänglichkeit der Schrift hatten seinen Verstand bezwungen und befriedigt. Diese tiefe Erfahrung vom Wert und von der Zuverlässigkeit der Schrift machten ihn zu ihrem ergebenen Diener und Jünger. Er war ein Leser, der alles verschlang, und er gründete später zusammen mit seinen indischen Freunden eine große Bibliothek für abendländische und orientalische Literatur, aber er blieb dabei immer der Mann *eines* Buches und kämpfte mehr als irgendeiner seiner Zeitgenossen dafür, dass dieses Buch vielen Völkern geschenkt werden konnte.

Carey erzählt uns, er habe »als ein sehr guter Handwerker gegolten, ein geschickter und ehrlicher Arbeiter«. Vom ihm gefertigte Schuhe wurden oft in den Auslagen des Geschäftes ausgestellt, um von der Qualität der Erzeugnisse der Werkstatt Zeugnis abzulegen. Nach Nichols' Tod war er sogleich von Thomas Old als Geselle angefordert worden. Mit zwanzig verdiente er genug, um eine Schwester der Ehefrau seines Meisters heiraten zu können.

William Carey und *Dorothy Plackett* legten am Sonntag, dem 10. Juni 1781, in der Kirche in Piddington das Ehegelübde ab. Er war fünf Jahre jünger als seine Braut. Er hatte eine gute Wahl getroffen, auch wenn sie nicht lesen und schreiben konnte. Sie war die Tochter eines der Vorsteher der Gemeinde in Hackleton, ihr Heim war im besten Sinn des Wortes puritanisch gewesen, alle ihre Schwestern waren liebenswürdige und ernsthafte Gläubige.

Die beiden ersten Jahre waren glücklich. Carey war dankbar, nach sechs Jahren in Untermiete jetzt in seinem eigenen kleinen Häuschen zu wohnen. Er liebte seine Frau, arbeitete an seinen Schuhen, stu-

[2] Engl. duty. Die Hyper-Calvinisten bekämpften das, was sie abschätzig als »duty-faith« bezeichneten, eben die Auffassung, es sei die Pflicht eines jeden Menschen, an das Evangelium zu glauben. Dem hielten sie entgegen, niemand könne glauben und Gott gebe den Glauben nur den Erwählten. Es sei daher eitel, von nicht erwählten Menschen Glauben zu fordern.

dierte seine Bücher, machte Fortschritte in Latein und Griechisch, hegte seinen ersten eigenen Garten, versammelte sich mit den Heiligen am Ort und frohlockte über die Geburt ihres erstgeborenen Kindes. Sie hieß nach seiner Großmutter und Schwester Anna. Im Jahr darauf lagen er und seine Tochter mit Fieber im Bett, aber das Kind erholte sich nicht mehr und starb. Noch achtzehn Monate lang wurde Carey von einem hartnäckigen Fieber geschüttelt, das ihn als Zweiundzwanzigjährigen kahl werden ließ.

Bald nach seiner Bekehrung im Jahre 1779 begann er in Hackleton an den »Sonntagabend-Konferenzen« teilzunehmen. Einen Monat bevor er heiratete, beteiligte er sich zusammen mit seinem Schwiegervater, seinem Schwager, William Manning und Thomas Chater an der Umwandlung der Hausversammlung in eine Nonkonformisten-Gemeinde. Obwohl er noch so jung war, stand seine Unterschrift an dritter Stelle. Das alles sagt einiges über seinen Eifer und seine Ernsthaftigkeit aus.

Der erste »Association Day« – ein Treffen mehrerer Gemeinden der Grafschaft – im Juni 1782 war ihm ein denkwürdiger Tag. Von einer improvisierten Kanzel unter einem Fenster sprachen die drei Redner zu den zahlreichen Zuhörern, die sich im Versammlungshaus und draußen im Hof drängten. »Seid nicht Kinder an Verstand« war das Thema von *Andrew Fullers* feuriger Predigt. Carey hatte ihn noch nie gesehen und wollte ihm für seine Worte danken. Er hatte noch nie einen Tag solch religiösen Eifers erlebt. Obwohl er keinen Pfennig in der Tasche hatte und außer einem Glas Wein den ganzen Tag nichts zu sich nahm, war ihm die Konferenz ein einziges Fest.

Im Juni des gleichen Jahres 1782 überredete ihn die Baptistengemeinde von *Earls Barton,* sich in die Liste ihrer Laienprediger eintragen zu lassen. Nach einigem Widerstreben willigte er zu einem ersten Versuch ein, mit dem Ergebnis, dass er über drei Jahre alle zwei Wochen in Earls Barton predigte. Der Ort ist berühmt unter den englischen Dörfern wegen seiner prächtigen, von einem Burggraben umgebenen Kirche. Ihr gegenüber stand das armselige strohbedachte Häuschen der Baptisten, das die Leute am Ort abschätzig den »Mattenladen« nannten, weil sich dort arme Weber, die aus Schilfrohren Matten woben, zum Gottesdienst trafen. Aber Carey marschierte die zwölf Meilen auf schlechten Straßen bei jedem Wetter, obwohl er noch im-

Das Versammlungshaus der Dissidenten in Hackleton.

mer unter dem Fieber litt und obwohl die Baptisten ihm nicht genug geben konnten, um die Kosten für den Verschleiß der Schuhe und Kleider zu erstatten.

Als die Nonkonformisten in Pury End von seinen Besuchen nach Earls Barton hörten, riefen sie ihn auch zu sich. Er freute sich, nunmehr einmal im Monat beim Predigen nach Hause zu kommen. Nach seiner ersten Predigt in Pury End erzählte die Mutter eines anderen Laienpredigers seiner Mutter, wie sich Sohn William gehalten hatte. »Will mein Sohn gar Prediger werden?«, fragte Careys Mutter und erhielt als Antwort: »Ja, wenn Gott ihn erhält.« Sein Vater, der Schreiber der Kirchgemeinde, saß einmal unter den nonkonformistischen Zuhörern, ängstlich besorgt, von niemandem erkannt zu werden. Er ging nachdenklich nach Hause, auch zufrieden, aber noch nicht zum Suchen angeregt.

Carey fand zu seinen Überzeugungen der neutestamentlichen Taufe, nachdem er eine Predigt von einem gewissen John Horsey gehört hatte, der die Säuglingstaufe verteidigte. Damals hatte man in Hackleton eine offene Haltung zur Taufe und verlangte sie nicht als Bedingung zur Mitgliedschaft. Carey untersuchte das Neue Testament und fand darin, dass die Taufe nur für solche verordnet war, die ihr Leben im bewussten Glauben Jesus Christus ausgeliefert hatten. Am ersten Sonntag im Oktober des Jahren 1783 um sechs Uhr morgens ließ er sich von John Ryland in der Nene taufen. Fast dreißig Jahre später sagte Ryland anlässlich des zwanzigjährigen Jubiläums der Missionsgesellschaft:

> Am 5. Oktober 1783 taufte ich in der Nene einen armen Schustergesellen, ohne zu ahnen, dass dieser lediglich neun Jahre später die erste Gesellschaft gründen sollte mit dem Ziel, Missionare aus England in die Heidenwelt zu senden und dass er zwanzig Jahre später gar Professor an einer Akademie für asiatische Sprachen werden und die Bibel in elf verschiedene Sprachen übersetzen sollte.

Carey ahnte das genauso wenig. Damals begann erst langsam seine Seele für die Not der Heidenwelt zu erwachen. Er hatte im Herbst seiner Taufe das Glück, einige Bücher leihen zu können, die er sehr begehrte: teure Werke in Folio- und Quartformat von *Kapitän Cooks Seereisen* mit aufregenden Stichen. Diese Reiseberichte waren so ganz nach seinem Herzen: Entdeckungen, Astronomie, Botanik, Seefahrt und friedliche Eroberungen. Die Berichte waren noch frisch und sie handelten zu allem von einem Engländer. Er verschlang sie mit Heißhunger.

Aber dann geschah etwas Entscheidendes: Carey gingen die Augen auf für die Sünde, den Jammer, die Unmoral, die Grausamkeit und das Elend jener Völker, die das Evangelium nicht hatten, für das furchtbare Drama einer Welt, die in ihrer Unkenntnis über Christus in die Hölle fährt. Die Völker der Südsee und Neuseelands waren bei aller scheinbaren Idylle auch barbarisch; Krieg war ihr Hauptvergnügen, ihre Siege vielfach kannibalische Exzesse. All das brannte sich in seine Seele, und sein Mitleid wuchs zur Flamme, die nichts mehr löschen konnte. Die Südsee begann ihn zu locken. Er träumte von Schiffen ähnlich Cooks *Endeavour* und *Resolution,* die aber in höherem Auftrag die Meere durchquerten, Schiffe, welche die Herolde der

Gnade an Bord trugen. Kapitän Cooks Logbücher wurden zum Streichholz, das Careys Herz anzündete. Er wollte Missionar werden.

Auf seiner zweiten Seereise hatte Cook auf einem Grab eines auf Tahiti verstorbenen Kameraden ein hölzernes Kreuz aufgerichtet. Das Kreuz ließ Cook über die Aussichten christlicher Mission auf den Inseln spekulieren. Der Eindruck, den er von den christlichen Kirchen hatte, führte ihn zu folgender Überzeugung:

> Es ist sehr unwahrscheinlich, dass man je ernsthaft an so etwas wie Mission in diese Weltgegenden denken wird, da sie hier weder dem Ehrgeiz nach öffentlicher Anerkennung noch der privaten Habsucht Erfolg verheißt. Da jeder Ansporn dieser Art fehlt, kann ich behaupten, dass man sie *nie* unternehmen wird.

Diese Behauptung forderte Carey heraus. Er wollte Cooks *nie* Lügen strafen. Hingehen konnte er selbst nicht; aber er konnte denken, lesen und beten. Und fortan hörte man ihn nie öffentlich beten, ohne dass er dabei auch Cooks Inseln erwähnte.

Wenn ihm Mission ernst war, dann musste er dort anfangen, wo er etwas tun konnte. Er konnte versuchen, seine beiden Schwestern Maria und Anna zu Christus zu führen. Bevor seine Jahre in Hackleton abgelaufen waren, hatten sich beide in Buße und Glauben zum Herrn bekehrt. Beide wurden treffliche Christinnen, Anna eine Martha, Maria eine echte Maria. Anna gewann ihren Ehemann, den Landmann William Hobson, für den Herrn. Obwohl sie selbst sieben Pfeile im Köcher hatten, nahmen sie die am Rücken erkrankte Maria auf. Mit 25 lag sie gelähmt im Bett und Anna pflegte sie bis an ihr Lebensende. Fünfzig Jahre war sie an ihr Bett gebunden, dreißig Jahre lang konnte sie nicht einmal sprechen. Ihr rechter Arm war ihr einziges Glied, das sie bewegen konnte. Aber ihr Gesicht strahlte und sie war die Freude und das Wunder für alle, die sie kannten. Sie pflegte zu sagen, das Ausharren habe in ihr sein vollkommenes Werk. Die zahlreichen Kinder ihrer Schwester liebten sie und sie zog sie der Reihe nach alle zum Herrn. Mit einer Schreibtafel als Sprechwerkzeug führte sie Jahre lang eine Bibelklasse. Wiewohl es schmerzte, liebte sie es, im Bett mit Kissen gestützt, Briefe an alle Angehörigen der weit verstreuten Verwandtschaft zu schreiben. Ihre Feder war der einzige Ausfluss ihrer Seele.

Sie nannte das »konversieren« und das war es auch. »Ich vergesse meine Schwachheit, während ich mit Euch konversiere. Die Entfernung schrumpft und wir sind einander nahe. Welche Gnade, dass ich schreiben kann!«

Viele ihrer eng beschriebenen Briefe an Carey sind erhalten. Sie erzählte ihm jede Neuigkeit in der Familie und sie schüttete ihm ihr gläubiges Herz aus. Sie war »der Hohepriester« der Mission, indem ihre Fürbitte beständig wie Weihrauch zu Gott aufstieg. Sie wurde 74 Jahre alt. Ihr Pastor *Thomas Gotch* pflegte zu sagen: »Ihr Werk war in ihrem Leiden auf seine Weise so groß wie das Werk ihres berühmten Bruders.«

4. Der Dorfpastor

Moulton, 1785 – 1789

Ich kannte Carey, als er für den Lebensunterhalt seiner Familie Schuhe herstellte. Damals schon brannte sein Herz beständig vom Verlangen nach der Errettung der Heiden … Damals schon hatte er auf zusammengeklebten Blättern eine Weltkarte gezeichnet und darauf mit seiner Feder den sittlichen Zustand eines jeden Volkes verzeichnet. Damals schon redete er beständig mit seinen Glaubensbrüdern über die Möglichkeit und Durchführbarkeit der Mission in alle Nationen.

ANDREW FULLER

Am 25. März 1785 zog Carey zusammen mit seiner Frau Dorothy nach *Moulton.* Er hatte die Absicht, dort eine Schule zu eröffnen, nachdem er erfahren hatte, dass der dortige Schulmeister das Dorf verlassen hatte. Um das Einkommen von den Schulgeldern zu verbessern, wollte er weiterhin Schuhe herstellen. Sein Häuschen, das für einen Schuhmacher gebaut worden war und einen Steintrog vor der Haustür hatte um Leder einzuweichen, stand am Dorfrand. Gegenüber war eine Kneipe, die seine Seele betrübte und erzürnte.

Zuerst bereitete ihm die Zucht und Ordnung im Schulzimmer einige Mühe, aber er war ein geborener Lehrer. Er sog alles auf, was ihn interessierte, und er konnte das Gelernte weiterreichen. Geschichte, Geografie, Reisen und Naturgeschichte waren seine nie erlahmenden Leidenschaften. Seine selbstgefertigte und kolorierte Weltkarte und der aus Leder zusammengenähte Globus mit verschiedenfarbigen Lederstücken zur Markierung der verschiedenen Länder zeugten davon.

Den Baptisten im Dorf kam Carey wie vom Himmel gesandt. Ihre Gemeinde reichte zurück in die Tage John Bunyans und deren Gründer waren Glaubenshelden ähnlicher Statur gewesen. Jetzt aber war das Licht im Heiligtum nahezu erloschen. Die Zusammenkünfte fanden nur noch alle paar Monate statt, das Versammlungshaus stand verwahrlost. Als Carey anfing seine noch freien Sonntage (er predigte alle zwei Wochen in Earls Barton) in Moulton zu predigen, lebten die Herzen auf und die Gläubigen rückten wieder zusammen. Bekehrungen von Jugendlichen brachten ihnen freudige Erfahrungen, die sie seit Jahren nicht mehr gekannt hatten. Sie baten ihn, ihr Pastor zu werden.

Das hatte Carey nicht erwartet und er wollte daher den Rat von *Sutcliff* in Olney suchen. Die dortige Baptistengemeinde war einverstanden, die Fähigkeit Careys zum Predigtdienst zu prüfen. An einem Sonntag im Sommer 1785 stand er in Olney vor einem vollen Haus, das 700 Personen fasste. Der junge Schuster war noch nie vor so vielen Menschen gestanden. Davon und von der Gegenwart des würdigen Pastors ganz eingeschüchtert, machte Carey einen armseligen Eindruck. Die Gemeinde sah sich außer Stande, den Probanden zu empfehlen und riet ihm als Laienprediger fortzufahren, um seine Eignung zu einem späteren Zeitpunkt noch einmal prüfen zu lassen.

Im Sommer darauf predigte er wieder vor der gleichen Zuhörerschaft. Diese zweite Predigt war nach seinem eigenen Urteil »so schwach und ungehobelt wie nur irgendeine Predigt je gewesen ist«, aber sie sprach die Herzen an und er wurde diesmal warm empfohlen. Die Prediger selbst sind meist nicht die besten Richter ihrer Arbeit. So wurde er beauftragt »zu predigen, wohin immer Gott in Seiner Vorsehung ihn berufen sollte«. Das war damals der übliche Wortlaut der formalen Anerkennung einer Predigtgabe. *John Ryland* schrieb in jenem Jahr in sein Tagebuch, nachdem er ihn zweimal hatte predigen hören: »Ich wünschte, ich hätte eine ebenso tiefe Auffassung von Wahrheit.«

Carey nahm den Antrag zum Pastorenamt in Moulton an. Sein Gehalt war lediglich 10 Pfund im Jahr, weniger als damals ein Arbeiter auf dem Acker verdiente. Die Zentralkasse der *Particular Baptists*[3] in London steuerte jährlich weitere 5 Pfund bei sowie eine einmalige Gabe von 5 Pfund für Bücher. Aber Carey wusste, aus welcher Armut die Christen in Moulton gaben. Umso fleißiger arbeitete Carey am

[3] Es gibt General und Particular Baptists, allgemeine und besondere Baptisten. Die allgemeinen glauben, Christus habe für alle Menschen Erlösung erwirkt; die besonderen glauben, Christus habe Erlösung nur für die Erwählten erwirkt.

Leisten, denn er schämte sich, wiewohl er jetzt Pastor war, der Arbeit als Handwerker nicht. Anstatt selbständig sein Geschäft zu führen, zog er es vor, sich von *Thomas Gotch*, einem tüchtigen Geschäftsmann, anstellen zu lassen. Alle vierzehn Tage brachte er diesem seine Tasche mit fertigen Schuhen und holte gleichzeitig neues Leder für die Werkstatt.

Die jungen Leute, die durch ihn zum Glauben gekommen waren, brachten so viel Freude und so viel neuen Eifer in die Gemeinde, dass man das Versammlungshaus bald ausbauen musste. 1788 musste es sogar abgerissen und durch ein größeres ersetzt werden. Das Pastorenamt war Carey »das höchste Ehrenamt auf Erden«. Einem Bruder und Kollegen schrieb er: »Obwohl Predigen ein wichtiger Bestandteil ist, macht es nicht unsere ganze Arbeit aus. Wir müssen Lehrer und Aufseher gleichzeitig in der Gemeinde und im eigenen Haus sein.« Wie ernst er seine Aufgabe im eigenen Haus nahm, zeigt die Tatsache, dass seine Frau sich im darauffolgenden Oktober taufen ließ. Er war auch ein treuer Hirte der Herde, der nicht davor zurückscheute, eine Elisabeth Britten »wegen Klatsch und Verleumdung« zu rügen, und einen Edward Smith scharf zurechtzuweisen, weil er von der Gemeindekasse leben wollte, obwohl er selbst Mittel genug hatte. Sogar Diakon Law und seine Frau mussten wegen mangelnder Freundlichkeit und Hilfsbereitschaft gegenüber den Armen zur Rede gestellt werden.

Er war nie zufrieden mit seinem mangelnden Bildungsstand und meinte später: »Als Knabe hatte ich so viel verpasst, das ich nie wettmachen konnte.« Er meisterte sein Latein und Griechisch und hatte keine Ruhe, bis er auch Hebräisch konnte. Vom Lateinischen schritt er zum Italienischen und Französischen fort und Holländisch lernte er von einem alten Quartband, alles ohne Wörterbuch und Grammatik.

Als Fuller ihn das erste Mal in Moulton besuchte, entdeckte er seine sprachliche Begabung und seinen Fleiß, und davon sprach er zu Careys Arbeitgeber, der gleichzeitig einer der Diakone in der Gemeinde war. Das Ergebnis war von unschätzbarem Wert für Carey. Als er das nächste Mal Thomas Gotch seine Arbeit brachte, fragte ihn dieser: »Wie viel verdient Ihr pro Woche mit der Schusterei?« »Neun oder zehn Schilling, Sir.« Mit einem Blitzen in den Augen erwiderte Gotch: »Ich werdet künftig nicht mehr Schuhe für mich machen, sondern seht zu, dass Ihr so schnell wie möglich mit Eurem Latein, Hebräisch und Griechisch vorankommt. Ihr habt von mir zehn Schilling die Woche dafür.«

Die Tatsache, dass Thomas Gotch – der bald Ketterings erster Bankier und erster Lieferant für Schuhwerk für Heer und Marine sein sollte – einem unbedeutenden Pastor mit unbekannter Zukunft jährlich 26 Pfund geben sollte, zeigte, wie sehr er ihn in jeder Beziehung geschätzt haben muss. Carey ging froh und beschwingt nach Hause. Eine große Bürde war ihm von den Schultern genommen worden. Bedenken wir, dass er bisher seine Studien neben der Arbeit als Lehrer in seiner Schule, dem Pastorenamt und der Schusterei betrieben hatte!

Careys Ruf als Prediger wuchs, aber etliche witterten in seinen provozierenden Thesen Häresie. John Ryland verspürte Scham und Zorn, dass mehrere Mitglieder der Gemeinde in College Lane dem Gottesdienst fernblieben, wenn Carey predigte. Es hieß, sie nannten ihn einen Arminianer. »Herr, erbarme Dich unser!«, schrieb Ryland in sein Tagebuch. »Ich bin vor Trauer ganz betäubt über diese törichten Anwürfe auf einen der besten meiner Brüder.« C.M. Birell hat folgende Begebenheit festgehalten, die zeigt, wie begeistert Fuller von Carey war:

> Carey hatte gepredigt und da drängte sich ein Mann von 33 Jahren zu ihm vor, von kräftiger Statur, in dessen Augen eine fast feminine Empfindsamkeit zitterte. Fuller griff nach der Hand des Predigers, der eben Dinge ausgesprochen hatte, die schon seit einiger Zeit in seinem Herzen rumort hatten, und sagte zu Carey: Wir müssen uns noch näher kennen lernen.

Als Pastor wurde Carey zu den Treffen der Gemeindevorsteher der Northampton Association eingeladen. Ryland, der Ältere wünschte, dass er und der zweite Neuling Themen zur Diskussion vorschlagen sollten. Der Pastor von Clipston schlug einen schwierigen und vieldiskutierten Text aus dem 2. Petrusbrief vor, worauf man ihn ohne lange Umschweife auf den hochverehrten Dr. Gill[4] verwies. Als man Carey zu einem Vorschlag drängte, schlug er als Thema vor, dass man gemeinsam erörtern solle »ob der den Aposteln gegebene Befehl, alle Nationen zu Jüngern zu machen, nicht für alle nachfolgenden Verkündiger bis ans Ende der Weltzeit verbindlich sei, da man doch auch von der dazugehörigen Verheißung überzeugt sei, sie gelte noch immer«. Obwohl die Geschichte nicht ganz sicher verbürgt ist, soll der alte Hyper-Calvinist Ryland, John Rylands Vater, Careys Vorschlag mit der schneidenden Bemerkung vom Tisch gewischt haben: »Junger Mann, setzt Euch, setzt Euch! Ihr seid ein Schwärmer. Wenn es Gott gefällt, die Heiden zu bekehren, dann wird Er das tun, ohne Euch oder mich zuerst zu fragen. Zudem müsste zuvor ein zweites Pfingstwunder mit der Gabe der Sprachenrede geschehen!«

Auf alle Fälle war Careys Vorschlag für diese Runde kein Thema. In seinem Kopf aber blieb es ein Thema. Er *fühlte* die Finsternis der Welt. Nachts arbeitete er weiter an seiner Weltkarte, indem er neue Nachrichten vom Ethnografen Guthrie und anderen hinzufügte. Er sammelte Fakten und Argumente zur Stützung seiner Ansicht, dass Gott die von Ihm bestimmten *Mittel* verwendet, um die Verlorenen zu retten; das heißt, dass Seine Diener allen Nationen das Evangelium predigen müssen.

Einer der Söhne von Thomas Gotch erinnerte sich sein ganzes Leben noch an ein Pastorentreffen im Haus seines Vaters. Es wurde dabei eine Frage aufgeworfen über eine kleine ostindische Insel. »Weder Hall noch Ryland, weder Sutcliff noch Fuller wussten eine Antwort. Da hörten die verblüfften Anwesenden aus dem Hintergrund Carey, der mit ruhiger Stimme die geografische Länge und Breite, die Beschaffenheit samt der Größe der Insel und die Religion ihrer Bevölkerung angab.«

Carey hatte sich detaillierte geografische Nachforschungen zur Aufgabe gemacht. Denn er wollte sich einen zuverlässigen Überblick über die noch zu bewältigende Aufgabe der Kirche Christi beschaffen und so den dringenden Auftrag des Herrn Seinem Volk vor Augen stellen.

[4] John Gill, 1697–1771, Pastor der Particular Baptists in London in der Kapelle, in der 100 Jahre nach ihm der junge C. H. Spurgeon seine Laufbahn als Prediger begann. Gill war vielleicht der führende Hebraist seiner Zeit in England. Für die englischsprachige Welt ist er von bleibender Bedeutung geblieben wegen seiner neunbändigen Auslegung der gesamten Bibel. Obwohl Spurgeon über Gill nur mit Hochachtung sprach, kritisierte er an ihm dessen Hyper-Calvinismus.

Seine Weltkugel war seine zweite Bibel und sie sprach mit lauter, mit gebietender Stimme. Seine Schüler waren manchmal Zeugen des seltsamen Anblicks, dass sich die Augen des Lehrers über einer Geografiestunde mit Tränen füllten. Während er auf Kontinente, Inseln und Völker zeigte, rief er: »Und dies sind Heiden, Heiden!« Das englische Dorf Moulton war sein Troas und er hörte beständig den Ruf aus Mazedonien. Es war, als schauten seine Augen aus seinem Dorffenster hinaus bis an die Enden der Erde. Seine Schwägerin Kathrin sagt, dass sie ihn mehr als einmal regungslos während einer geschlagenen Stunde und mehr im Garten stehen sah, in Gedanken und Gebet versunken, bis seine Nachbarn dachten, er müsse verrückt geworden sein.

Er las die Lebensbilder von *John Eliot* und *David Brainerd*. Er erfuhr, wie Ersterer mit der Geduld des Gelehrten und der Demut eines Apostels fast sechzig Jahre unter den Indianern Nordamerikas gedient und wie er als erster die ganze Bibel in eine heidnische Sprache übersetzt hatte. Brainerd hingegen hatte sich in drei leidenschaftlichen Jahren für diese Indianer ganz buchstäblich aufgezehrt. Diese beiden waren zusammen mit dem Apostel Paulus seine großen Helden und Vorbilder.

Die Bibel pulsierte vor neuem Leben. Er sah in ihr die Entfaltung von Gottes weltmissionarischem Vorsatz. Das Alte Testament, und besonders die letzten Kapitel des Buches Jesaja, leuchteten ihm hell mit Weissagungen der Weltmission und das Neue Testament leuchtete ihm als ein Bericht von missionarischen Unternehmungen und Siegen.

Kirchengeschichte wurde zu seiner Leidenschaft und sie verursachte gleichzeitig Schmerz, wenn er die heroischen Zeiten der Kirche mit der missionarisch passiven Kirche seiner Tage verglich. Wie konnte die Gemeinde geweckt werden? Er dachte nicht daran, dass es durch ihn geschehen sollte; vielmehr richtete er seine Erwartungen auf Leute wie Fuller, der klarer als seine Brüder die Weiten der Liebe Gottes erkannte und von der Kanzel und mit der Feder[5] den Hyper-Calvinismus bekämpft hatte, der die Gemeinden so vollständig lähmte. Er hoffte, dass vielleicht Sutcliff die Bahn brechen werde, denn 1784 hat-

[5] In seiner brillanten Kampfschrift »The Gospel Worthy of all Acceptation«.

te er einen Ruf zu monatlichen Gebetstreffen für die Mission ergehen lassen. Carey legte seine Last auf alle seine Amtsbrüder, besonders auf die Jüngeren, da er hoffte, dass diese am ehesten hören würden. Sie müssten seine Schau doch teilen, dachte er.

»Die meisten hielten es für eine wilde, undurchführbare Sache«, sagt Fuller, »und sie ermutigten ihn nicht. Aber er gab nicht auf, sondern redete *der Reihe nach mit einem jeden von uns,* bis er einen nachhaltigen Eindruck zurückgelassen hatte.« Fuller war so wenig an Traditionen gebunden wie nur irgendjemand, aber auch er war versucht zu antworten: »Und wenn der Herr Fenster am Himmel machte, könnte dies geschehen?« Seit 1784 hatte die Association für »die große Offensive« der Heere Christi gebetet, aber sie konnten nicht sehen, dass die Eroberung der Welt mit dem Evangelium nicht durch Gebet allein geschehen konnte. Carey rief dazu auf, dass die Gemeinde aufstehen und hinausgehen müsse um Gott so Gelegenheit zu geben, ihre Gebete zu beantworten.

In der Zwischenzeit vergaß er nicht das Zeugnis in der nächsten Nähe. Die nachfolgenden Pastoren in Moulton stießen immer wieder auf die Frucht seiner Arbeit in den umliegenden Dörfern. Er war so beschäftigt mit Predigen, dass ihm ein Freund vorhielt, er vernachlässige sein Geschäft, die Schusterei. Seine Antwort:

> Ich vernachlässige mein Geschäft? Mein Geschäft Sir, ist die Ausbreitung des Reiches Christi. Ich mache und flicke nur Schuhe, um die Ausgaben zu bestreiten.

Als Carey 1788 in Birmingham war, traf er einen jungen Diakon der Baptistengemeinde an der Cannonstreet, den Geschäftsmann *Thomas Potts.* Dieser war vor der Rezession in Amerika gewesen und hätte dort eine Geschäftsniederlassung gegründet, hätte er nicht die »Dummheit« begangen, am Sonntagmorgen mit den Schwarzen in New Orleans Gottesdienst zu feiern. Das hatte die Herren der Negersklaven so erbost, dass er vor ihrem Zorn um sein Leben fliehen musste. Mit einem Mann diesen Schlages konnte Carey sich bald in ein langes Gespräch über Weltmission vertiefen. Der Geschäftsmann drängte ihn eine Kampfschrift zu verfassen, um die Gemeinden zu informieren und aufzurütteln. Er habe es schon versucht, antwortete Carey, und er sei ganz enttäuscht. Zudem habe er nicht das Geld um eine solche Botschaft zu drucken. Potts bot ihm 10 Pfund für die Druckkosten, wenn er es nur noch einmal versuchen wollte. Carey versprach dies, sofern er niemanden finden sollte, der kompetenter wäre als er. Er wandte sich am Tag darauf an Ryland, Sutcliff und Fuller und bat sie, dass einer von ihnen den großen Aufruf verfassen solle. Alle redeten sich heraus und meinten, er solle es tun, sie würden seine Schrift nötigenfalls durchsehen.

Carey kehrte von Birmingham zurück mit dem Geld und der Verpflichtung, einen Aufruf an die Gemeinden zur Weltmission zu verfassen. Er war dankbarer als je für die zehn Schilling, die er wöchentlich von Thomas Gotch bekam, und für die Zeit zum Studium und zum Nachdenken, die er dadurch hatte. Mitten in dieses Unternehmen kam seine Versetzung nach Leicester.

5. Der Stadtpastor

Harvey Lane, Leicester
1789 – 1793

> 1789 kam Carey von Moulton nach Leicester, wohin er gerufen wurde eine Gemeinde wieder aufzubauen, die durch Sünde ruiniert war. Die Armut des Pastors zwang ihn, von neun Uhr morgens bis vier Uhr nachmittags im Winter und fünf Uhr im Sommer Schule zu halten. Zwischen diesen Pflichten und den Stunden der Ruhe fand er nur wenig Zeit für Anderes. In einem Brief an seinen Vater erzählt er, wie er seine noch verbleibende Zeit einteilte. Montag: die alten Sprachen; Dienstag: Studium der Naturgeschichte, der Geschichte, usw.; Mittwoch: Ich halte eine Lehrstunde (seit über zwölf Monaten bin ich am Buch der Offenbarung); Donnerstag: Ich mache Besuche; Freitag und Samstag: Vorbereitungen für den Tag des Herrn.
>
> George Smith

Careys erste Bekanntschaft mit »Harvey Lane« geschah unter traurigen Umständen. 1787 traf sich die Association dort und die gastgebende Gemeinde fand sich in einem schamwürdigen Zustand. Die versammelten Delegierten unterließen es nicht ihrem Entsetzen Ausdruck zu verleihen und das stärkte vorerst die Treuen in der Gemeinde. Sie konnten zwei Diakone und einige weitere Mitglieder im darauffolgenden Jahr wegen Trinkens ausschließen. Der Pastor, der solchen Sünden freien Lauf gewährt hatte, trat freiwillig zurück. Im Januar 1789 wurde ihm sogar die Mitgliedschaft entzogen. Im Februar des gleichen Jahres wurde Carey von der Gemeinde als Pastor berufen. Ihm stand eine Aufgabe bevor, vor der jeder andere zurückgeschaudert wäre.

Carey suchte den Rat und bat um die Fürbitte seines Vaters; denn inzwischen hatte Edmund Carey gelernt erhörlich zu beten. Selbst gab er zu, er würde ohne zu zögern gehen, wenn er allein auf die zeitlichen Vorteile Rücksicht nähme. Die Gemeinde und das Gehalt waren erheblich größer. Aber der Gedanke an die Probleme in Harvey

Lane und die geistlichen Bande, die ihn an Moulton fesselten, ließen ihn zögern. Fünf Wochen wog er die Vorteile und Nachteile gegeneinander ab und unterbreitete sie gleichzeitig vertrauenswürdigen Ratgebern. Am 2. April eröffnete er den Gemeindegliedern in Moulton sein Anliegen und diese begannen, sich jeden Montag zum ernsthaften Gebet zu versammeln. Anfang Mai sagte er Harvey Lane zu.

So kam es, dass der Mann, den die Sehnsucht zu den Heiden in fernen Weltgegenden trieb, dem Ruf folgte, eine gestrandete Gemeinde in Mittelengland zu reinigen und neu aufzurichten. Moulton hatte seinen Mut auf die Probe gestellt, Harvey Lane würde seine Geduld und Weisheit auf die Probe stellen. Carey ahnte noch nicht, dass es ihn viel Mühsal und ungezählte Tränen kosten würde, der Gemeinde die verlorene Kraft wiederzugeben. Die schlimmsten Übertreter waren ausgeschlossen worden, aber Verwandte waren noch in der Gemeinde und diese waren zu Widerstand entschlossen.

Zuerst ging alles glatt. Die Gemeinde scharte sich um Carey, alle gürteten sich die Lenden und bereiteten ihre Lampen. Die Zuhörer wurden so zahlreich, dass man eine Empore bauen musste. Carey war voll bester Erwartungen. Aber dann wurde alles von innen zerstört. Verschiedene Gemeindeglieder fielen in Sünde und setzten sich so den Angriffen anderer aus. Streit zerriss die brüderliche Gemeinschaft, die geistliche Atmosphäre war dahin, der Segen unterdrückt. Viele blieben zu Hause, Bekehrungen waren unmöglich geworden. Die Vorsteher verloren alle Freude, und dem Pastor war das Herz gebrochen. Er bekannte Fuller: »Mein Kummer über diese Nöte ist unermesslich.« Die Gemeinde schrieb einen Brief mit miserablen Nachrichten an die Association in Olney:

> Das Wort wird uns in Reinheit gepredigt und wir können nur hoffen, dass es vielen kostbar sein möge. Aber wir erfreuen uns keines Friedens untereinander, sondern drei sind gegen zwei und zwei sind gegen drei entzweit; noch können wir uns rühmen, die Gebetsstunden seien gut besucht …

All das war Wermut für Carey nach dem guten Anfang der ersten Monate. Wie gerne wäre Carey wieder in Moulton gewesen und die dortigen Geschwister wünschten ihn sehnlichst zurück. Aber er hatte seine Hand an den Pflug gelegt und war nicht willens zurückzuschauen, sondern trottete weiter auf dem widerspenstigen Boden.

Fast zwei Jahre lang widerstrebten die Verwüster der Gemeinde einer jeden seiner Bemühungen, sie für eine christliche Gesinnung zu gewinnen, bis er schließlich im September 1790 die Auflösung der Gemeinde vorschlagen musste, damit sie sich neu formieren könne auf der Grundlage eines feierlichen Bundes »der alle auf eine strikte neutestamentliche Zucht verpflichten würde, ohne Ansehen der Person, die davon betroffen werden könnte«. Die Mehrheit stimmte dieser Maßnahme zu und sie wurde ins Werk gesetzt. Die Widersacher wurden nach zwei Monaten aus der Gemeinschaft ausgeschlossen, nachdem sie sich nicht hatten fügen können, worauf sie zu Careys bitteren Feinden wurden. Die übrigen banden sich umso enger an Gott und an den Pastor. Von da an erfüllten sie die Gemeinschaft mit treuer Liebe. Dornen und Disteln schwanden und machten Platz für die Blumen und Früchte des Geistes.

Im Frühling 1791 war Careys lange Probezeit beendet und er wurde formal zum Pastorenamt ordiniert. Ryland, Sutcliff und Fuller beteiligten sich am Gottesdienst und Pearce predigte am Abend über das Thema »Wir rühmen uns des Kreuzes«. Es war die eindringlichste Botschaft, die Carey je gehört hatte.

Leicester war Careys erste Stadt und die Veränderung war groß nach den Jahren in Paulerspury, Piddington und Moulton. Die Kohle wurde auf dem Pferderücken in die Stadt getragen, bis mitten während seines vierjährigen Dienstes in der Stadt der Kanal eröffnet wurde. Die ersten Spinnereimaschinen begannen die örtliche Arbeiterschaft zu beunruhigen. Die Post dauerte zwanzig Stunden von London. Die nonkonformistischen Gemeinden von Leicester konnten an einer Hand gezählt werden.

Die Harvey Lane, an der das Gemeindehaus stand, war nicht einmal gepflastert. Careys Häuschen war das einzige auf seiner Straßenseite; dahinter begannen Wiesen bis zum Fluss hinab. Im zweiten Jahr in Leicester musste er zu seinem großen Schmerz Lucy, die noch ein Säugling war, zu Grabe tragen. »Er erwähnte sie in jedem Brief«, sagte Maria, »und wir wussten, dass er an einer sehr wunden Stelle berührt worden war.« Er, der seine eigenen Schwestern so liebte, hatte gehofft, dass seine drei Buben ebenfalls eine Schwester haben würden.

Careys Gehalt war besser als in Moulton, aber es waren dennoch weniger als 40 Pfund pro Jahr und da die Lebensmittel durch den Krieg teurer geworden waren, musste er einmal mehr eine Schule eröffnen und schustern. Gardiner hat eine lebendige Skizze jener Zeit erstellt:

> Ich erinnere mich gut, wie Carey 1789 nach Leicester kam. Er lebte in einem sehr kleinen Häuschen gegenüber dem Versammlungshaus. Ich habe ihm öfters mit seiner Lederschürze an der Arbeit gesehen, während ein aufgeschlagenes Buch neben ihm lag …

Am Montag lag eine Grammatik der alten Sprachen »neben ihm«, am Dienstag Lehrbücher der Naturgeschichte und der Geschichte und an den übrigen Tagen seine hebräische Bibel und das griechische Neue Testament samt den Blättern, auf denen er seine Gedanken für die Sonntagspredigt zusammentrug.

Der große alte *Robert Hall* war sein ehrenamtlicher Studienberater. »Es war eines meiner größten Vorrechte, dass ich den freundlichen Rat und die aufbauende Kritik von gelehrten und angesehenen Männern bekam und ihre Freundschaft war mir ein wahres Kleinod von unschätzbarem Wert«, schrieb er an seinen Nachfolger in Leicester. Hall kritisierte sein Predigen in einem besonderen Punkt: Es fehlten Fenster. »Es sind nicht genügend *gleich wie* in ihnen, während unser Meister immer wieder sagte: Das Reich Gottes ist *gleich wie …*«

Äußerlich hatte Carey nichts, das für einen Prediger von Vorteil gewesen wäre. Er war kleingewachsen, ärmlich, hatte keine akademische Bildung. Seine Hände waren schwielig vom Schustern, seine Erscheinung und seine Gebärden waren die eines Bauern, und seine Perücke war »hässlich und steif«. Aber die Menschen kamen zusammen, weil da jemand redete, dessen Lippen eine glühende Kohle vom Altar berührt hatte. Bekehrungen erfreuten die Herzen. Er lockte sie nicht mit einfachen Themen, denn über ein Jahr ging er mit ihnen durch das Dickicht der Offenbarung.

Zudem war Carey nicht damit zufrieden, allein in Harvey Lane zu predigen. Nur wenige Pastoren taten damals, was er tat – außer bei den Allgemeinen Baptisten und den Methodisten –, nämlich in den umliegenden Dörfern predigen. So legte er den Grund zu Gemeinden in Thurmaston, Syston, Sileby, Blaby und Desford. In Thurmaston gab es viele Bekehrungen; über 100 Personen kamen dort zusammen, wenn er predigte.

Unter den Nonkonformisten der Stadt waren auch der Arzt Thomas Arnold und der reiche Unternehmer Robert Brewin. Zusammen mit ihnen kämpfte er gegen die Restriktionen, welche die *Test and Corporation Acts* allen nicht-anglikanischen evangelischen Christen auferlegten. Brewin lehrte ihn, gegen die Not der brutal behandelten Gefängnisinsassen der Stadt vorzugehen und sich für die grausam misshandelten Geisteskranken einzusetzen. Brewin und Arnold hatten schon seit Jahren öffentlich gegen den Sklavenhandel protestiert und in Carey fanden sie einen Gesinnungsgenossen. Ein Diakon der Gemeinde erzählte noch Jahre danach, er habe Carey nie beten hören, ohne auch an die Sklaven zu denken.

Aber das alles überragende Interesse Careys in den Jahren in Leicester blieb die Weltmission. Nichts konnte seine Leidenschaft kühlen – die Geschäftigkeit seiner Arbeitstage nicht, das wachsende Arbeitsfeld in der Region um Leicester nicht, die Dringlichkeit gesellschaftlicher Reformen nicht. Wie in Moulton so verfolgten ihn auch in Leicester die Hilfeschreie der Menschenmassen der heidnischen Inseln und Kontinente. Ja, die dreizehntausend Einwohner von Leicester machten ihm die Not der Millionen in der weiten unevangelisierten Welt nur noch greifbarer.

6. Die Untersuchung

Leicester 1792

Dies ist, so gut ich informiert bin, der Stand der Welt, obwohl wir von vielen Ländern wie die Türkei, Arabien, Afrika und Amerika (außer den Vereinigten Staaten) keine sicheren Unterlagen über die Größe der Bevölkerung besitzen …

Nach dieser Berechnung beträgt die Weltbevölkerung etwa 731 Millionen. Von diesen leben 420 Millionen noch immer in heidnischer Finsternis; 130 Millionen sind Nachfolger Mohammeds; 100 Millionen sind römisch-katholisch; 44 Millionen sind Protestanten; 30 Millionen gehören zur griechischen oder armenischen Kirche, und vielleicht sind 7 Millionen Juden. Es muss jedes nachdenkliche Gemüt betroffen machen zu bedenken, welch großer Anteil der Kinder Adams in der beklagenswertesten Finsternis leben, bar jeder Erkenntnis des Evangeliums Christi und ohne jedes Mittel, zu dieser Erkenntnis zu gelangen …

William Carey

Wie werden sie nun den anrufen, an welchen sie nicht geglaubt haben? Wie aber werden sie an den glauben, von welchem sie nicht gehört haben? Wie aber werden sie hören ohne einen Prediger? Wie aber werden sie predigen, wenn sie nicht gesandt sind? Wie geschrieben steht: Wie lieblich sind die Füße derer, welche das Evangelium des Friedens verkündigen, welche das Evangelium des Guten verkündigen!

Der Apostel Paulus, Römer 10,14.15

Der Ruf Gottes erging an die Baptisten von Northamptonshire im Jahre 1791 in Clipston, wo die Association sich zur Osterkonferenz eingefunden hatte. Von allen anwesenden jungen Leitern hatte niemand mehr Gewicht als John Sutcliff von Olney und er war einer der beiden Prediger des Tages. Er war es gewesen, der zuvor die Gemeinden zur Fürbitte für die Bekehrung der Heiden aufgerufen hatte. Seine Predigt in Clipston über »Eifern für Gott« wurde zu einem leidenschaftlichen Ruf zur Mission, es gelte »ein Herz zu bekommen, welches das ganze Erdenrund mit jedem von Menschen bewohnten Landstrich umschließt«. Darauf predigte Fuller über »die Katastrophe des Hinausschiebens«. Sein Text war Haggai 1,2 – »So spricht der Herr der Heerscharen und sagt: Dieses Volk spricht: Die Zeit ist nicht gekommen, die Zeit, dass das Haus des Herrn gebaut werde.« Die Posaune rief zum Kampf für die Missionierung der ganzen Welt.

Ryland sagte: »Die Aufmerksamkeit war ganz außergewöhnlich, und ich weiß selbst nicht, welche Predigt mich am meisten traf. Herz und Sinnen eines jeden Anwesenden waren überführt; wir wussten, dass unser Mangel an Eifer und unsere Unterlassungen Sünde waren.« Sogar beim gemeinsamen Essen in einem Gasthaus wurde kaum ein unnützes Wort gesprochen. »Jedes Herz war niedergerungen. Es herrschte eine ernste Stimmung, wie wir sie kaum je erlebt hatten.«

Dann rief Carey zum Handeln auf. Er wollte das Eisen schmieden, so lange es heiß war. Der *Eindruck* müsse nun auch einen *Ausdruck* finden, das Empfinden müsse zum Dienen werden. Er flehte sie an Christi statt an, Seine Botschafter an die Welt zu werden, den Schritt hinaus nach Übersee zu wagen. In seiner Begeisterung meinte er, das Kind, um das der Herr so lange Geburtswehen gehabt hatte, müsse nun geboren werden und die Osterkonferenz des Jahres 1791 müsse seine Krippe sein. Hätte Clipston gehorcht, wäre sein Name für immer unvergessen geblieben. Aber zu dessen immerwährendem Verlust setzten sich »die Umsichtigen und Klugen« durch. Sie rieten den Anwesenden, sich nicht zu schnell auf etwas Unbekanntes zu verpflichten. Nicht einmal die beiden Prediger standen zu Carey! Sie hatten nicht mit einer so schnellen Reaktion auf ihren Appell gerechnet; sie schreckten vor Careys buchstäblichem Umsetzen des Aufrufs zurück. »Wir spürten, wie schwer es sein würde«, sagte Fuller, »einen von niemandem vor uns beschrittenen Pfad zu gehen. Auf ein solches Wagnis mochten wir uns nicht einlassen, es erschien uns als ein Unterfangen, das uns überfordert hätte.«

Man wollte nicht aufstehen und bauen, sondern begnügte sich damit, Careys Kampfschrift, *die Untersuchung,* so schnell wie möglich zu publizieren. Er solle einmal sein Anliegen allen Gemeinden unterbreiten und dann wäre man in der Lage, die Reaktion der Gemeinden zu ermessen.

Auf die Bitte von Samuel Pearce las Carey die Schrift zuerst einer kleinen Gruppe vor. Der gelehrte Ryland, der umsichtige Sutcliff, der dynamische Fuller, der ernste Pearce, sie saßen da und hörten zu, während Carey sein Feuer in ihre Herzen zu gießen suchte. Er hatte die Summe allen Lesens und Nachdenkens der zurückliegenden acht Jahre in sein »Stück« – so nannte er es – von 87 Seiten gedrängt.

Das Wesentliche der *Einleitung* ist Folgendes: Gott wird sich der Sünde der Welt nicht durch eine Sintflut oder ein ähnliches Gericht annehmen, sondern Gott ruft jetzt Menschen durch die Gnade des Kreuzes Christi. Die Apostel predigten die Botschaft des Kreuzes an allen Orten, wie der Herr ihnen befohlen hatte. Kultivierte oder barbarische Völker, alle bekamen sie zu hören, und die sie empfingen, wurden gesegnet. Eifrige Christen späterer Jahrhunderte verbreiteten diese Botschaft auch, manchmal mit großartigen Ergebnissen, aber nie umsonst. Aber jetzt scheinen nur wenige sich darum zu kümmern und zu gehorchen. Es ist Zeit, dass das Volk der Christen aus dem Schlaf der Geldliebe und Leidensscheu erwacht.

Die *Untersuchung* besteht aus Behauptung, Rückblick, Überblick, Aufruf und Programm. Die *Behauptung* behandelt die hauptsächlichen Einwände gegen die Mission, die Carey immer wieder gehört hatte und deren Widerlegung. So wird beispielsweise die Frage gestellt: »Galt nicht der Auftrag des Herrn, die Nationen zu evangelisieren, nur den Aposteln und nicht uns?«, worauf Carey antwortet: »Warum taufen wir dann? Wenn uns die Taufe angeht, dann die Weltmission nicht weniger. Der Herr trug beide Dinge im gleichen Atemzug auf. Sie sind beides Bestandteile der gleichen Sache. Zudem nehmen wir seine Verheißung in Anspruch: Siehe, ich bin bei Euch bis an der Welt Ende. Wir haben kein Recht auf diese Verheißung, wenn wir den dazugehörigen Befehl nicht annehmen. Das eine bedingt das andere. Ignorieren wir Seinen Auftrag, verlieren wir Seinen Segen.«

Einwand: »Aber wie können wir wissen, dass der Befehl noch immer gilt? Sogar göttliche Gebote sind nicht bleibend. Sie haben ihre begrenzte Gültigkeit, wie etwa das levitische Gesetz.«

Antwort: »Göttliche Gebote gelten so lange, bis sie ihren Zweck erfüllt haben. Wer kann behaupten, der Missionsbefehl sei erfüllt, obwohl die große Mehrheit der Menschen den Namen Christi nicht einmal kennt?«

Einwand: »Setzte denn Gott nicht Seinem Auftrag schon in apostolischen Zeiten eine Grenze? Paulus wurde es nicht gestattet, ins heidnische Bithynien zu reisen.«

Antwort: »Es war Gottes Absicht, dass Paulus in eine andere Gegend ziehen sollte. Aber er war beständig missionarisch und das müssen auch wir sein.«

Einwand: »Gibt es nicht einen uns verborgenen Zeitplan, nach dem Gott einmal diese, dann jene Weltgegend heimsucht, den wir weder beschleunigen noch aufhalten können?«

Antwort: »Dann wäre es ebenso eitel, für die beschleunigte Ausbreitung des Reiches Christi zu *beten,* und wer wagte solches zu behaupten?«

Einwand: »Wenn Gott es erwählt, die Heiden zu retten, wird Er nicht selbst alles Nötige in die Wege leiten?«

Antwort: »Gottes erwählte Methode ist, durch hingegebene Menschen zu wirken.«

Einwand: »Aber haben wir nicht genügend Arbeit mit den Heiden in der Heimat?«

Antwort: »Wahrlich, Tausende unserer Landsleute leben in der größten Gottesferne. Wir sollten uns zehnfach ereifern, sie für Christus zu gewinnen. Aber die frohe Botschaft ist ihnen zumindest zugänglich und in fast jedem Winkel des Landes *gibt* es treue Verkündiger. Wenn die Heimatgemeinde erwachte, könnten die Heiden in der Heimat gewonnen werden. Aber die Menschen in der Heidenwelt haben weder die Bibel noch Verkündiger. Große Menschenmassen haben weder eine Schriftsprache noch eine rechte Regierung noch irgendeine andere unserer Segnungen. Bloße Mitmenschlichkeit, ganz zu schweigen von christlicher Pflicht, sollte uns zu sofortiger Hilfe drängen.«

Der *Rückblick* beschreibt die Aktivitäten der Apostel sehr ausführlich. Dann wird mit wenigen Worten an die Eroberung des Römischen Reiches durch die Verkündigung des Evangeliums erinnert sowie an die Ausbreitung des Evangeliums in ganz Europa. Es folgt eine Beschreibung der Zwangsmissionierungen durch die korrupte römische Kirche, sodann die gnädige Heimsuchung der Reformation. Schließlich spricht dieser Teil vom Wiedererwachen der Mission unter Eliot und Brainerd und unter den Herrnhutern und Methodisten. Der *Rückblick* war der erste moderne Versuch einer Missionsgeschichte. Die Fakten waren nicht leicht zugänglich und greifbar, denn vor Carey hatte niemand eine solche Geschichte erstellt. Aber fast alle Namen, welche moderne Untersuchungen der Missionsgeschichte enthalten, kommen darin vor.

Der *Überblick* beschreibt die Welt, so wie Carey sie kannte. Es war die Botschaft der Weltkarte. Diese machte er zum Hauptstück seines Aufrufs. Sein *Überblick* bietet Zahlen und Fakten, welche mit den besten Landkarten und Untersuchungen jener Zeit übereinstimmen.

Ein hohes und umfassendes Ziel wird hier durch eine große Fülle von Einzeldaten präsentiert. Jede Art von Nachricht und die kleinsten Inseln werden berücksichtigt, die Ausmaße der Sandwichinseln, der Kurilen, der Madeiren und der Jungfrauinseln werden geboten. »Auf den Ladronen wohnen die am wenigsten zivilisierten aller Heiden.« »Zweitausend der vierzigtausend Bewohner der Dominikanischen Insel sind Kariben.« »Auf Amboyna haben die Holländer fünfundzwanzig Kirchen.«

Carey kennt die konfessionelle Zusammensetzung eines jeden Schweizer Kantons ebenso wie die religiösen Verhältnisse jeder der ägäischen und ostindischen Inseln. Seine Schätzungen über die Einwohnerzahl der Türkei, Asiens und Afrikas sind vorsichtig und beruhen auf sorgfältigen Erwägungen.

Seine Statistiken waren die Quelle seines Kummers. 99 große und volkreiche Regionen »heidnisch« und 53 »mohammedanisch« nennen zu müssen bereitete ihm große Schmerzen. Er war um Menschen in allen Weltgegenden bekümmert, sei es in Cooks Südsee, sei es im Indien der Ostindischen Gesellschaft oder in den Sklavensiedlungen Westindiens. Inseln, die auf seiner Weltkarte nicht größer waren als eine Nadelspitze, bewegten ihn. Er nennt ganze 200 Inseln mit Namen. Seine Hände und seine Füße waren in Leicester, sein Herz war in Tahiti.

Welche Tragödie verbarg sich hinter seinen Statistiken! Von den 731 Millionen Menschen der Welt waren mehr als ein Fünftel Mohammedaner und über die Hälfte Heiden. Das heißt, dass sieben

Neuntel entweder dem Propheten des Islam folgten oder heidnischen Religionen anhingen.

Arabischer Islam hatte Afrika durch den Sklavenhandel zu Tode geblutet, wobei die christlichen Nationen Europas diese Schuld mit ihm teilte. Jesuiten hatten durch ihr politisches Ränkespiel den fernen Osten gegen das Christentum gestimmt. Europäische Händler hatten Indien korrumpiert. Die Menschenmassen der Griechisch-Orthodoxen Kirchen waren Analphabeten und voller Aberglauben, und die Anhänger der Papstreligion hatten nur einen ganz schwachen Schimmer von göttlicher Erkenntnis. Sogar im privilegierten Großbritannien hielten die Staatskirche und die Freikirchen an manchen Irrtümern fest, und das Evangelium wurde von vielen heftig angegriffen.

Carey wich keinem Problem aus. Er stellte sich dem Schlimmsten und hoffte das Beste: »All diese Dinge sind ein lauter Ruf an alle Christen, sich bis zum Äußersten zu verausgaben.« Er rechnete ganz selbstverständlich damit, dass Christus die Welt segnen werde, wenn Sein Volk sich als treu erweisen sollte. Im Namen Christi nahm er den Kampf gegen alle Macht des Feindes auf.

Als nächstes schritt Carey zum *Aufruf.* Die Hindernisse der Distanz, der Gefahr, der Barbarei und der Sprache konnten alle überwunden werden. Mit dem Kompass konnte man auf dem Stillen Ozean kreuzen wie auf dem Mittelmeer. Der Handel ließ sich durch keine Distanzen entmutigen, sondern stieß unermüdlich in unbekannte Regionen vor. Die Barbarei der Völker hatte die Apostel nie gehindert, auch nicht ihre späteren Gesinnungsgenossen, weder die Wildheit der Germanen oder der Gallier noch der unzivilisierten Bewohner Britanniens. Tertullian hatte sich gerühmt: »Jene Teile Britanniens, welche den römischen Legionen getrotzt hatten, wurden von Christus erobert.«

Eliot und Brainerd veränderten die Indianer Nordamerikas durch die Kraft des Evangeliums. Die Barbarei hatte keine Händler zurückgehalten; sie drangen seiner Felle wegen bis ins ferne Alaska vor. Wenn Christen die Verlorenen so liebten wie die Händler das Geld, dann könnte keine Wildheit von Völkern uns daran hindern, sie aufzusuchen. Wir können es nicht verantworten, die verkommensten Völker ohne Christus zu lassen. Sogar wenn der Tod der Preis sein sollte, darf ihn kein Christ als zu hoch ansehen. Ein Knecht Christi ist bereit, Leiden auf sich zu nehmen, große Gemeinden und liebe Freunde, ein zivilisiertes Land mit menschlicher Gesetzgebung und Wohlfahrt einzutauschen gegen Ablehnung, Hass, verräterische Freunde, Gefängnisse, Folter, raue Sitten, ungehobelte Sprache, jämmerliche Behausung, harte Arbeit und wenig Ermutigung.

Händler lernen fremde Sprachen, das können wir auch. Ein Jahr oder höchstens zwei sollten uns befähigen, auch wenn wir keine außergewöhnliche Begabung haben, mit einem beliebigen fremden Volk zu kommunizieren.

Man suche sich »Männer von Frömmigkeit, Umsicht, Mut und Geduld, mit guter Kenntnis des Wortes Gottes und des Evangeliums, Männer, die nicht leidensscheu sind«. Sie sollen sich unter die Leute mischen, allezeit die menschenfreundliche Absicht ihrer Sendung demonstrieren, indem sie bereit sind, Unrecht zu tragen, bescheiden zu sein und keinen Dienst für zu gering anzusehen. Sie sollen vor allem Beter sein, und sie werden nicht scheitern, besonders wenn sie es verstehen, die Fähigkeiten und Gaben der Neubekehrten zu entfalten. Denn diese, die Land und Leute am besten kennen, müssen immer die Hauptevangelisten des Landes werden, indem sie ihre Botschaft mit einem veränderten Leben zieren.

Careys Schrift schloss mit dem *Programm,* das Christen befolgen müssen. Wir müssen beten, denn ohne das Wirken des Heiligen Geistes ist alles eitel. Keine Hilfe von Königen und Armeen, keine Redekunst und keine Gelehrsamkeit kann das Reich Christi aufrichten. »Nicht durch Heer und nicht durch Macht, sondern durch meinen Geist, sagt der Herr der Heerscharen.« Gebet ist gemäß *Sacharja 12* und *13* der Ausgangspunkt von allem Segen und Sieg, das erste Glied in der göttlichen Kette, der Schlüssel zu den Reichtümern des Himmels. Gebet ist unerlässlich für die Ausbreitung des Evangeliums. Alle, auch die Armen und die Ungebildeten, können beitragen.

Aber wir müssen auch planen und handeln, während wir beten. Denn sonst werden uns die Kinder dieser Welt einmal mehr beschämen. Wenn Händler eine Gesellschaft gegründet und eine Lizenz erworben haben, dann nützen sie die zugesagten Rechte und Möglichkeiten bis zum Äußersten aus, suchen sich Lager, Schiffe, Männer, Routen aus und alles weitere, was ihrem erklärten Ziel dienlich ist.

Sie spannen jeden Muskel an, spielen jedes Spiel und riskieren jede Gefahr, überwachen und verfolgen jedes Schiff, beklagen jeden Aufschub und gönnen sich keine Ruhe, bevor die begehrte Fracht im sicheren Hafen eingelaufen ist. Wir Christen müssen in der Sache des Herrn mit gleichem Ernst operieren. Jede Denomination von Christen soll erst einmal ihre eigene Missionsgesellschaft gründen, dabei aber freundlichen Austausch mit allen übrigen pflegen.

Wir müssen außer dem Beten und Planen auch *bezahlen.* Die Reichen sollen vom Reichtum, den Gott ihnen anvertraut hat, großzügig beitragen. Sie werden reichen Gewinn davon haben. Und die weniger besitzen, sollen lernen einen bestimmen Teil, sagen wir den zehnten, des Einkommens für Gottes Sache zu geben, so wie es die Erzväter taten, Mose verordnete und viele Puritaner machten. Einen Teil oder sogar alles, was wir für Luxus ausgeben, können wir für die Verbreitung des Evangeliums geben. »Viele unter uns haben aufgehört, Zucker zu gebrauchen wegen der gottlosen Art, auf die er in Westindien gewonnen wird. Diese Familien haben nicht nur ihre Hände vom Blut der Bedrückten gereinigt, sondern auch gespart.« (Carey selbst hatte dies praktiziert.)

»Halten wir das Ziel vor Augen und unsere Herzen mit der Verfolgung desselben beschäftigt, dann werden die Mittel keine Schwierigkeit darstellen.« Careys Programm war umfassend und es war heroisch. Als er den Dienst in der Heimat, die Evangelisierung der Heimat und Weltmission als ein einziges und gemeinsames Unterfangen darstellte, tat er etwas Neues und Kühnes. Er verwendet nie den Ausdruck »Außenmission«, denn alles, zu Hause und im Ausland, war ihm *eine* Sache.

Er schließt, indem er daran erinnert, dass es nur eine Investition geben kann, welche den Segen und das Wohlgefallen des Herrn hat: das, was man für das Reich Gottes investiert. Der Herr hat befohlen, dass wir Schätze im Himmel sammeln sollen, wo weder Motte noch Rost noch Diebe hinkommen. Hier säen wir für die herrlichste und beglückendste Ernte. »Was für ein Schatz, was für eine Ernte wartet auf Männer wie Paulus, John Eliot und David Brainerd (das waren seine drei Vorbilder), die sich selbst völlig für das Werk des Herrn hingaben! Was für eine Wonne, die Myriaden zu sehen, die durch ihre Arbeit für den Himmel gewonnen wurden! Verdient denn eine solche Krone der Freude nicht unseren ganzen Ehrgeiz? Gibt es denn Lohnenderes, als sich selbst für die Ausbreitung des Reiches Christi zu verbrauchen?«

7. Die unsterbliche Predigt

Nottingham, 30. und 31. Mai 1792

»Und er sprach: Wer soll den Kampf eröffnen? Und er sprach: Du.«

1. Könige 20,14

Dann betrat Mr. Carey die Kanzel und hielt jene Predigt, welche den Grund zur Missionsgesellschaft legte. Sein Text war: »Mache weit den Raum deines Zeltes und spanne aus die Behänge deiner Wohnstätte; wehre nicht! Mache deine Seile lang, und deine Pflöcke stecke fest!« Von diesem Text leitete er die beiden Sätze her, welche zum Motto der Mission wurden: »Erwarte Großes, unternimm Großes.« In diese Predigt schüttete er die ganze Energie all jener Leidenschaften, die seit dem Tag, da er Cooks Reisen gelesen hatte, stetig gewachsen waren …

John Clark Marshman, Sohn von Josua Marshman

Ich nenne diese Predigt wunderbar, weil in moderner Zeit vielleicht nie eine Predigt gehalten worden ist, welche so deutlich erkennbare Auswirkungen auf die ganze protestantische Christenheit gehabt hat.

F. W. Gotch

Nottingham war die nördlichste Gemeinde innerhalb des Northampton Verbandes der Particular Baptists. Für einige der Besucher bedeutete es, dass sie 60 bis 70 Meilen auf dem Pferd zurücklegen mussten. Das Gemeindehaus an der Friar Lane bot nicht mehr als 230 Besuchern Platz.

Am Dienstagabend las John Ryland die Berichte vom geistlichen Stand der verschiedenen Gemeinden vor und er konnte am Schluss zusammenfassend sagen, »die Nachrichten von den meisten Gemeinden sind ermunternd, die Frucht der wachsenden Gebetslast. Die Umstände weisen auf die baldige Erfüllung großer Weissagungen hin«.

Gottes Regenwolke, die schon größer als eine Menschenhand war, konnte am Horizont wahrgenommen werden.

Am Mittwoch traf man sich morgens um sechs zum Gebet und um zehn stand Carey auf der Kanzel. Sein Text war Jesaja 54,2-3. Er kannte den ganzen Abschnitt auswendig, so oft hatte er ihn gelesen, und seine Seele glühte; denn der Glaube des alttestamentlichen Propheten war auch sein Glaube geworden. Während er seine Predigt hielt, wussten seine Freunde, dass er die Leidenschaft der vergangenen acht Jahre in diese eine Stunde goss.

> Mache weit den Raum deines Zeltes, und man spanne aus die Behänge deiner Wohnstätte; wehre nicht! Mache deine Seile lang, und deine Pflöcke stecke fest! Denn du wirst dich ausbreiten zur Rechten und zur Linken; und dein Same wird die Nationen in Besitz nehmen und wird die verödeten Städte bevölkern« (Jes 54,2-3).

Der Text war ein Fund; man hätte keinen finden können, der eine stärker inspirierende Missionsbotschaft enthalten hätte. Und doch war er jahrhundertelang im Grab gelegen, bis er für Carey erwachte und ihn mit unwiderstehlicher Kraft festhielt. Der Prophet Jesaja war ihm zum Rufer in die Weltmission geworden, und jetzt entzündete er mit seinen Worten ein Feuer, das jahrelang brennen sollte.

Juda und Jerusalem waren lange genug darniedergelegen, nun brachte der Prophet frohe Botschaft. Gott rief sie zu einer neuen und herrlichen Bestimmung. Das armselige, ramponierte Zelt sollte einer großzügigen, weiten Wohnung weichen. »Auf«, rief Gott, »besorge größere Zeltdecken, stärkere und höhere Stangen, kräftigere Pflöcke. Ich will deinen Gesichtskreis erweitern. Mach dich auf und wage größere Taten. Lebe in einer weiteren Welt. Der dich erschaffen hat, ist dein Ehemann. Er ist der Herr der ganzen Erde.«

Carey hielt nicht zurück. Er tadelte die Gleichgültigkeit, die Trägheit, die kleinlichen Zänkereien, die Enge des Ausblicks der Christen. Das alles war nur die Vorbereitung für die größere Botschaft. Die Zeit der Gleichgültigkeit sollte jetzt vorbei sein. Gott rief sein Volk mit lauter Stimme zu einer anderen Zukunft.

Carey hatte in seiner *Untersuchung* bereits seine Überzeugung geäußert, dass die letzten Jahre des 18. Jahrhunderts der Gemeinde große

Veränderungen bringen würden. Die Anzeichen waren ihm zu deutlich: Großbritannien dehnte seinen Handel in alle Welt aus, Cook entdeckte neue Länder, Canada und Indien waren britisch geworden, der Sklavenhandel wurde bekämpft und war fast überwunden, die französische Revolution und der wachsende Ernst in der Fürbitte. Er fasste seine Botschaft in zwei prägnante und eingängige Aufrufe zusammen: *Erwarte Großes von Gott. Unternimm Großes für Gott.*

Anders als es die damalige Mode verlangte, sprach er sehr einfach und sehr direkt. Er wollte mit seinen Worten nicht Eindruck schinden, sondern überzeugen. Er wollte keinen persönlichen Erfolg auf der Kanzel buchen, sondern seinen Streit für die Sache des Herrn gewinnen. Der göttliche Weg aus Defätismus und Stagnation war eine größere Schau und ein kühneres Programm. Er führte die Glaubensbrüder zurück auf jenen Berg in Galiläa, von wo aus der Missionsbefehl ergangen war. Diesen band er seinen Zuhörern als Pflicht auf Herz und Gewissen.

Er drängte auf Taten. Von Nottingham war acht Jahre zuvor der Aufruf zur Fürbitte für die Mission ausgegangen. Nun durfte man nicht länger warten. Nun war die Zeit gekommen, voranzuschreiten.

Am folgenden Tag musste die Versammlung auf den Aufruf antworten. Diesmal konnten sie sich nicht herausreden wie in Clipston. Careys *Untersuchung* lag ihnen vor und unterstrich eine jede seiner Forderungen. Und doch, wie J. C. Marshman sagt: »Als man anfing, die Sache zu erwägen, überwogen die alten Gefühle des Zweifelns und Zögerns. Man wollte schon ohne ein eindeutiges Ergebnis auseinander gehen; Carey war über die Maßen niedergeschlagen.« Er konnte es einfach nicht glauben, dass seine Brüder nach abermaligem Erwägen, abermals dem Kleinglauben nachgeben sollten, dass sie wie die Kundschafter nur die Riesen und die hohen Städte und nichts anderes sehen sollten.

Er wandte sich an Fuller, fasste seinen Arm und rief: »Wird schon wieder nichts geschehen, Sir?!« Dieser Ausruf der Verzweiflung brach den Widerstand. Fuller zitterte einige Augenblicke unter der Wirkung dieses Schreies aus einem zerschmetterten Gemüt und dann erwachte er. Der Heilige Geist erfüllte seinen Geist. Auch er hatte das Seufzen Gottes gehört angesichts der Not der Verlorenen. Jetzt überquerte er den Rubikon. Er legte beide Hände an den Pflug und er schaute sein Leben lang nie mehr zurück. Von diesem Augenblick an stand er wie ein Kaleb mit Josua. Zwei Männer waren ein Herz und eine Seele geworden.

Als Fuller seine Stärke in die Sache warf, änderte sich das Bild. Carey allein war ein bloßer Schwärmer, ein Mann mit einem »Tick«. Ihn konnte man überhören, aber Carey zusammen mit Fuller konnte man nicht ignorieren. Es war schon fünf vor Zwölf, aber Fullers Drängen brachte die Versammlung zur Buße und zum Licht. Bevor sie am Donnerstag auseinandergingen, war Careys Aufruf in folgende schriftliche Resolution gefasst worden:

> Es wurde beschlossen, dass man bis zum nächsten Pastoren-Delegiertentreffen in Kettering einen Plan ausarbeitet für die Schaffung einer Baptistischen Gesellschaft zur Verbreitung des Evangeliums unter den Heiden.

Dieser bescheidene Satz bedeutet, dass die Tür geöffnet worden war. Auf Careys *Untersuchung* sollte jetzt der konkrete *Plan* folgen. Als erstes stellte Carey alles Geld, das ihm die *Untersuchung* einbrachte, für die zu gründende Gesellschaft zur Verfügung.

8. Die Geburt der Gesellschaft

Kettering, 2. Oktober 1792

Es war ein vom Himmel gefallener Funke.

James Montgomery

Die Kongregationalisten rührten sich nicht. Die Presbyterianer lehnten solche Unternehmungen als revolutionär ab. Die anglikanische Kirche hielt sich hochmütig abseits, wiewohl man den König und den Erzbischof gedrängt hatte, Missionare auszusenden. Charles Grant hatte im Jahre 1787 von Malda aus an Charles Simeon und an Wilberforce geschrieben und um acht Missionare gebeten, aber es hatte sich niemand gefunden, der dazu bereit war. Dreißig Jahre später schrieb Grant: »Ich hatte den Plan einer Mission nach Bengalen gehabt, aber die Vorsehung hat die Ehre den Baptisten vorbehalten.«

George Smith

Es war angemessen, dass Kettering, Fullers Heimatstadt, der Geburtsort moderner britischer Mission werden sollte. Mehr als irgendein anderer hatte er die Gemeinden von jenem Fatalismus befreit, der jedes Verantwortungsgefühl für die Verlorenen erstickt hatte. Mit seinem Vorschlaghammer hatte er die kalte Logik des Hyper-Calvinismus zertrümmert. Er hatte auch in Nottingham die schon fast verlorene Sache gerettet. Er wurde zum vornehmsten Vorkämpfer des Missionsauftrages in der Heimat. Seine glückliche Hand wird in allen Beschlüssen des 2. Oktober 1792 sichtbar.

Der erste Prediger des Treffens war Ryland. Sein Text zeigte, wo sein Herz war: »Ich wirke, und wer kann es abwenden?« (Jes 43,13). Fuller jubelte, als er sah, wie Ryland Farbe bekannte und sich rückhaltlos für die Mission aussprach. Am Nachmittag predigte Pearce und entfachte in den Herzen das Feuer der Liebe. Am Tag darauf sollte man das Hauptgeschäft behandeln: Es ging um den *Plan.* Die meisten waren noch nicht bereit, sich mit dem Gedanken einer Missionsgesellschaft vertraut zu machen. Sie fühlten sich so hilflos. Es waren lauter Pastoren und Abgeordnete kleiner Gemeinden versammelt und ihre Leute waren wenig gebildet und arm. Man konnte von ihnen kaum erwarten, dass sie ein solch gewaltiges Projekt begriffen, viel weniger unterstützten. Zudem fehlte es allen an Erfahrung, die sie in einer so schwierigen Sache hätte leiten können. Außerdem hielten sie sich für zu binnenländisch und zu abgeschnitten, um eine überseeische Mission zu starten. Sie fanden, die größeren Orte und Gemeinden müssten den ersten Schritt tun und die Verantwortung übernehmen.

Das alles darf uns nicht überraschen. Menschlich gesprochen waren sie wirklich niemand, Leute ohne jeglichen Einfluss über die Grenzen ihrer Dörfer hinaus. Diese waren so unbedeutend, dass ein Bewohner von Mittelengland sie nicht gekannt hätte. Wer hatte schon Namen wie Baybrooke, Cottesbrooke, Foxton, Thrapston, Arnesbury und Roade gehört?

Die Baptisten in Thrapston waren zu wenige, um eine glaubhafte Gemeinde zu bilden, und in Roade und Foxton waren es weniger als 25. Man versteht, dass sie zögerten.

Und dann ergriff Carey das Wort. Er hatte die Geschichte der Herrnhuter Mission studiert und seit Jahren ihre *Periodischen Nachrichten* gelesen. Er nahm die neueste Nummer hervor und gab ihren Inhalt wieder: Ein Veteran unter den Missionaren hatte seine letzte Reise nach Westindien gemacht; Brainerds Nachfolger, Kirkland, hatte dessen Werk in sieghafter Weise fortgeführt und Indianerhäuptlinge und Krieger zu Christus gerufen. Hunderte von Schwarzen hatten sich taufen lassen; drei Missionare waren unterwegs zum Kap, drei andere eben in Trankebar angekommen, und 135 Brüder standen in der Liste der Missionare, die bald von Herrnhut ausgehen sollten.

»Seht«, sagte er, »was die Herrnhuter wagen und einige unter ihnen sind Engländer wie wir selbst und viele sind Handwerker und arme Leute. Können wir Baptisten nicht zumindest *etwas* versuchen aus Treue zum gleichen Herrn?« Diese herausfordernden Worte überwanden ihre Ängste. Sie hatten nicht mehr Glauben als ein Senfkorn, aber sie wussten, dass sie taten, was Gott wollte.

Der Glauben von fünf Männern – Carey, Fuller, Pearce, Ryland und Sutcliff – führte zur Gründung der Missionsgesellschaft und das bei so bescheidener Unterstützung. Es war etwas völlig Neues in der modernen Geschichte Britanniens. Die Puritaner hatten sich an das Parlament gewandt als Schutzherr und Schatzmeister der Mission. *Cromwell* hatte ein Departement für missionarische Belange innerhalb des Commonwealth geplant. Brainerd war von der starken schottischen *Society for the Propagation of Christian Knowledge* getragen worden. Und die Herrnhuter hatten den reichen und Gott ergebenen Grafen Zinzendorf im Rücken. Diese fünf hatten aber nur diese sieben Pastoren kleiner Dörfer hinter sich. Die anderen fünf baptistischen Verbände in England wussten nichts von der ganzen Sache. Die Londoner Gemeinden konnten gegenüber einer so ländlichen und provinziellen Bewegung nur kritisch sein.

Die Resolution der versammelten Pastoren lautete folgendermaßen:

> Es ist unser demütiger Wunsch, eine Arbeit zur Verbreitung des Evangeliums unter den Heiden zu beginnen, gemäß der auf seine *Untersuchung* gestützten Empfehlung von Carey. Wir haben einmütig beschlossen, als Gesellschaft zu diesem Zweck zu wirken. Da im zersplitterten Zustand der Christenheit ein Erfolg am wahrscheinlichsten erscheint, wenn jede Denomination gesondert arbeitet, nennen wir sie *Gesellschaft der Particular Baptists zur Verbreitung des Evangeliums unter den Heiden.*

Die Versammelten kamen überein, ein halber Guinea[6] sollte der minimale Mitgliederbeitrag sein. Die zwölf Versammelten verpflichteten sich schriftlich, und es waren insgesamt 13 Pfund, 2 Schillinge und 6 Pfennige. Dazu kam ein Pfund aus dem Verkauf von Careys *Untersuchung* allein in Kettering.

Ein späterer Beobachter hat sich darüber lustig gemacht, dass man den Aufbruch in die Weltmission mit kläglichen 13 Pfund in Angriff genommen hatte. Dabei fordert gerade das unseren Respekt vor diesen Männern ab. Es war eine kleine Summe, aber sie war von großer Bedeutung. Der Missionsvorstand wurde von den fünf Männern Fuller, Ryland, Carey, Sutcliff und Hogg gebildet. Es waren alles verhältnismäßig junge Leute. Sutcliff war 40, Ryland 39, Fuller 38, Carey

[6] Ein Guinea sind 21 Schilling, d. h. ein Pfund und ein Schilling.

31 und Pearce 26. Junge Männer hatten die Schau empfangen, junge Männer ergriffen die Initiative. Von Stund an gaben sie bis an ihr Lebensende alles für die Mission. Einer der anwesenden Gründer war Staughton, der später ein redegewaltiger Prediger in den Vereinigten Staaten wurde. Weltmission blieb aber seine Leidenschaft, und er ruhte nicht, bis die amerikanischen Baptisten eine Missionsgesellschaft ins Leben gerufen hatten. An jenem Abend im englischen Kettering wurde also nicht allein die Britische, sondern auch die Amerikanische Mission der Baptisten geboren.

An das dritte Treffen der Missionsgesellschaft sandte Carey folgenden Brief:

> Ich habe soeben einen Brief von Mr. Thomas, dem Bengal-Missionar erhalten. Er sagt uns, er wäre gerne in Kettering dabei gewesen, hatte aber das Datum des Treffens vergessen. Er sei daran, in London einen Fond für die Mission in Bengalen zu eröffnen. Er begehrt ernstlich einen Helfer und fragt nach dem Ergebnis unseres Treffens in Kettering.

Es muss Carey einiges gekostet haben, diesen Brief abzuschicken, denn das Projekt von *John Thomas* konnte seine eigenen Pläne und Wünsche durchkreuzen. Begierig wie er war, der erste von der Gesellschaft ausgesandte Missionar zu sein, machte er sie hier mit einem anderen Missionar bekannt, der bereits Erfahrungen hatte und ausgerechnet in diesem Augenblick aufgekreuzt war. Er suchte einen Helfer, und Carey könnte die Stelle angetragen werden. Aber Thomas müsste dann Nummer eins sein und Carey lediglich Nummer zwei. Zudem würde es bedeuten, das geliebte Tahiti mit Bengalen eintauschen zu müssen. Sollte sich Careys jahrelanger Traum auflösen; sollte er nicht Rahel, sondern Lea bekommen? Aber es schien Gottes Führung zu sein und Carey wollte nichts anderes tun, als was sich gehörte, und er sandte die Nachricht von Thomas weiter und riet der Gesellschaft Zusammenarbeit an.

Wer war dieser *John Thomas*? Jedermann in Fairford im südöstlichen Gloucester kannte John Thomas, den »Esau« der Familie, der das glatte Gegenteil von seinem Bruder war. Als Jüngling hatte er nur Dummheiten im Kopf gehabt und gegen jeden Stachel ausgeschlagen. Schließlich war er nach London getürmt, wo er von der Möglichkeit der medizinischen Laufbahn gepackt wurde. Das war endlich etwas, in das er sich mit Leibeskräften hineinstürzen konnte. Er wurde Chirurg und erlebte alle Aufregungen dieses Berufes in der Flotte. Nach einem schweren Fieber in Haslar zog er es vor, in London eine Praxis zu eröffnen, wo er sich verliebte und heiratete. Geldnot trieb ihn ein zweites Mal auf die See, diesmal als Chirurg auf der Flotte der Ostindischen Gesellschaft. Als es in Kalkutta mehr Fiebertote gab, als die Lebenden zu begraben vermochten, bewahrte er als einziger kühlen Kopf. Seine Liebe zu seiner Frau und zu seinem Heim trieb ihn wieder nach London, aber auch diesmal war seine Praxis ein finanzieller Reinfall, sodass er erneut als Chirurg auf einem Schiff nach Kalkutta segelte. Dort wurde er zum engen Freund der wenigen hochgestellten Christen, die ihn drängten Missionar zu werden.

Was war er für ein Christ? Er liebte seinen Herrn, bekannte ihn freimütig und gewann andere für ihn. Einmal von seinen jugendlichen Irrungen gerettet, waren Christus und sein Wort seine höchste Wonne. Seine Briefe ähneln denen Rutherfords: »Ich habe eine Hoffnung, die wertvoller ist als alle Welt.« »Wie kostbar ist ein Heiland eines Sünders von meinen Ausmaßen!« »Mein Herz ist ein einziges weit offenes Fenster für Ihn.« Kaum bekehrt, hatte Thomas die Taufe verlangt und sich trotz der abratenden Worte von Pastoren öffentlich taufen lassen. Er predigte auf allen Schiffen, wo er als Chirurg diente, ja seine Kajüte machte er zu einer Kapelle. Anstatt dass er sich in Kalkutta der feinen Gesellschaft anschloss, was er als Arzt nur zu leicht gekonnt hätte, suchte er die Freundschaft der Jünger Jesu. Er gewann junge Engländer in Kalkutta für den Herrn.

Thomas war ein großartiger Missionar. Seine erste Begegnung mit Kalkutta entzündete sein Mitgefühl mit den kranken und abergläubischen Menschenmassen. Niemand in ganz Bengalen hatte ein Herz für die Einheimischen wie er. Er war der erste, der es zu seiner Lebensaufgabe machte, den Bengalis das Evangelium zu bringen. Bevor er in ihrer Sprache predigen konnte, behandelte er ihre Kranken und lernte sie so kennen. Je länger er unter ihnen inmitten ihrer Krankheiten und Irrtümer lebte, desto mehr wurde er einer von ihnen. Er sah zweimal ein *Sati,* eine Witwenverbrennung, und sein Herz muss so heiß gebrannt haben wie der Totenbrand. Er lernte Bengali und konnte nach drei Jahren große Menschenmengen fesseln und mit den *Pandits,* den gelehrten Hindus, diskutieren. Um Sanskrit zu lernen, lebte er einige Zeit in *Nadia,* dem Oxford der Hindus.

Thomas übersetzte Markus und Matthäus ins Bengalische und er wurde ein Evangelist und Lehrer der christlichen Wahrheiten, mit dem die Hinduführer rechnen mussten. Nach etlichen Jahren der Arbeit, die er allein tat und die kein anderer vor ihm versucht hatte, trieb ihn das Heimweh und die Entbehrungen wieder nach London zu seiner Frau und Tochter. Aber er dachte nie daran, die Mission aufzugeben, sondern hatte die Absicht, nach Indien zurückzukehren; diesmal aber mit britischer Unterstützung und mit dem Beistand eines Kollegen.

Der großartige Missionar war gleichzeitig ein großer Narr. Thomas lebte mit dem Kopf in den Wolken, vermochte mit den Füßen kaum je auf dem Boden der Wirklichkeit zu bleiben. Zweimal scheiterte seine Londoner Praxis an finanziellem Ungeschick. Beständig verschuldet, versuchte er auf abenteuerlichste Weise sich schuldenfrei zu machen. Dabei sank er jedesmal in nur tiefere Schulden. Auch im Sozialen konnte er ein großer Tor sein. Er meinte, es sei seine Aufgabe den frommen Vorsitzenden des Kanzleigerichts und einen seiner besten Freunde in Kalkutta als gefährlichen Arminianer zu entlarven und er schrieb ihm einen Brief, der ungefähr so bissig war, wie *Topladys* Brief an John Wesley. Damit brachte er seinen ganzen christlichen Freundeskreis in Kalkutta in Verlegenheit. Er griff seine presbyterianischen und anglikanischen Freunde zu ihrem großen Verdruss immer wieder mit seinen baptistischen Überzeugungen frontal an. Er schrieb einmal eine »unwiderlegbare« baptistische Streitschrift, deren Einnahmen den »armen Baptistenpastoren in Europa« zugute kommen sollten. Seine Abhandlungen wurden in Kalkutta mit wachsendem Unbehagen, ja Entsetzen, entgegengenommen, bis er für alle, die ihn einst unterstützt hatten, zum *Enfant terrible* geworden war. Bevor er nach England zurückkehrte, hatten die meisten ihm vergeben und unterstützten ihn wieder, da sie seine verzehrende Leidenschaft für die Erlösung Indiens und seine Hingabe an den Herrn nicht leugnen konnten.

Das also war der Mann, dessen Brief Carey an die Gesellschaft weitergeleitet hatte. Fuller erkundigte sich in London bei *Rev. Abra-*

ham Booth, mit dem Thomas aus Bengalen korrespondiert hatte. Ermutigt, suchte er Thomas selbst auf und lud ihn auf den 9. Januar nach Kettering ein. Thomas konnte am angegebenen Termin nicht kommen, da er seinen Fuß verletzt hatte. Aber Fullers Zeugnis und die Briefe von Booth überzeugten die Gesellschaft, dass Bengalen offensichtlich die Tür sei, die Gott nun geöffnet hatte, und dass es weise sei, sich mit Thomas zusammenzutun. Wenn er einverstanden sein sollte, »wolle man ihm bis im Frühling einen Mitarbeiter zur Verfügung stellen«.

Am Nachmittag predigte Carey aus dem letzten Kapitel des Buches der Offenbarung: *»Siehe, ich komme bald, und mein Lohn mit mir, um einem jeden zu vergelten, wie sein Werk sein wird«* (Off 22,12). Während er noch predigte, tauchte unerwartet Thomas auf, von allen herzlich begrüßt, besonders in Anbetracht des geschwollenen Fußes, der ihn nicht hatte hindern können, die Reise von London nach Kettering zu machen. Da stand er nun, dieser tapfere und hinkende Mann, der er in einem gewissen Sinn immer war: angeschlagen, aber immer hingegeben.

Während Thomas zur Gesellschaft sprach, saß Carey wie verzückt da und hörte ihm zu. Nach neun Jahren des Denkens, Sehnens, Planens und inbrünstigen Betens sah er zum ersten Mal einen leibhaftigen Missionar vor sich. Thomas berichtete nun vor einer Gesellschaft, die sich in ganz England kein zweites Mal gefunden hätte, von seinen Erfahrungen in Bengalen. Er sprach von Bengalens Armut im materiellen und im geistlichen Sinn, von ihren Pilgerfahrten und Bußübungen, von ihren Askesen und von Sati. Dann sprach er von den *vedischen Hymnen,* welche ihm als Sprungbrett gedient hatten das Kreuz zu predigen und er erzählte von seinem Pandit, *Ram Ram Basu,* und von zwei suchenden Brahmanen, von denen er einen Brief vorlas. Dieser Brief war für Carey der Ruf nach Mazedonien: »Erbarmt euch über uns und sendet uns Prediger und Leute, welche eine Übersetzung besorgen können.« Carey konnte sich fast nicht mehr beherrschen.

Danach stellte die Gesellschaft Fragen über Mittel und Wege, Hausmieten und Marktpreise, denn man musste ein Budget erstellen. Natürlich ahnten sie nicht, dass Thomas der Letzte war, von dem man solche Auskünfte erwarten konnte. Entsprechend bekamen sie von ihm ein viel zu rosiges Bild. Spätere Nöte von gewaltigen Ausmaßen wären ihnen erspart worden, hätten sie von Anbeginn ein wirklichkeitsgetreues Bild über die finanziellen Bedürfnisse erhalten.

Auf die Frage, ob Missionare sich in Bengalen selbst ernähren können, antwortete er: »Ja, weitgehend, aber natürlich nicht gleich am Anfang.« Carey hatte genug gehört und nun meldete er sich, denn er konnte sich mit gutem Gewissen dieser Aufgabe stellen. Er hatte in seiner *Untersuchung* die Überzeugung geäußert, dass die einzigen Auslagen für Pioniere nur jene für die Anfangszeit sein sollten. Sobald Thomas sagte, dass diese Bedingung in Bengalen erfüllt werden könne, stellte er sich zur Verfügung und legte sein Leben auf den Altar. Thomas sprang auf, seinen wunden Fuß ganz vergessend, und fiel Carey unter Tränen um den Hals. Carey war überrumpelt, aber diese Umarmung band sein Herz an den älteren Christen und von diesem Augenblick an waren die beiden eins.

Nach dieser Umarmung konnte man nicht mehr über technische Kleinigkeiten diskutieren. Die Quellen der Tiefe waren aufgetan und nun verpflichtete man sich ohne jedes Zögern im Glauben, die beiden zu unterstützen. Fuller schrieb später:

> Da sie um Careys Aufrichtigkeit, echte Frömmigkeit, gesunde Ansichten, wachsende Fähigkeiten und glühende Hingabe wussten, konnten sie gar nicht anders, als sein Angebot anzunehmen. Sie hatten lange gedacht, dass er für eine solche schwere Arbeit besonders geeignet wäre.

Von dem Tag an lebte und webte Carey in Gedanken in Indien. Nie zweifelte er daran, auch während härtester Tage nicht, dass Gott ihn durch Thomas von Tahiti weggelenkt und nach Bengalen geführt hatte. Die Arbeit in Indien erwies sich als schwerer und komplexer als sie in Tahiti gewesen wäre, aber er konnte es selbst nicht leugnen, dass alle natürlichen Anlagen und alle Vorbereitung ihn unbewusst für dieses Land vorbereitet hatten. In Thomas sollte er trotz all seiner Unbeherrschtheit und allem Ungeschick einen großzügigen und tapferen Mitstreiter finden.

9. Der Missionar bereitet sich vor

9. Januar bis 26. März 1793

Als die Gesellschaft erst einmal gegründet war, begann sich die Feuersäule bald zu bewegen.

D. L. Leonard

In jener Nacht auf dem Heimweg nach Leicester begann die kalte, ruhige und schreckliche Stimme der Vernunft sich in Careys Seele zu erheben. Der Boden, der ihm so sicher vorgekommen war, begann unter seinen Füßen zu wanken. Wie sollte er seiner geliebten Dorothea erklären, dass er sich verpflichtet hatte, sich Anfang April zusammen mit Thomas nach Bengalen aufzumachen? Für sie kam eine Reise nicht in Frage, denn sie würde dann gerade einen Monat vor der Niederkunft ihres vierten Kindes stehen. Wie konnte er von ihr verlangen, der Geburt ohne ihn entgegenzusehen, um dann mit den Kindern ins ferne und unbekannte Indien aufzubrechen? Dorothea hatte wahrscheinlich das Meer in ihrem Leben noch nicht einmal gesehen. Sie hing an ihrer Heimat und Kalkutta war für damaliges Empfinden Millionen von Meilen entfernt. Die Meere waren von Piraten verseucht, kein Schiff konnte ohne Geleitschutz reisen. Und wie sollte sie in einem Land überleben, dessen Sprache sie nicht kannte und die sie selbst erst in der eigenen Sprache zu lesen und schreiben gelernt hatte, seit sie verheiratet war?

Carey erkannte, dass er sich in einer ernsthaften Klemme befand. Liebevolle Fürsorge für seine Familie war ein herausragendes Merkmal seines Charakters. Seine Träume von der Weltmission hatten seine Liebe zu seiner Frau, zu seinem Heim und zu seinen Kindern nie abkühlen können. Und jetzt musste er wie einst Abraham einen Altar bauen und eigenhändig das Holz und das Opfer drauflegen. Wie sollte er es Dorothea nur sagen?

Dorothea war nicht gefügig wie Isaak. Sie protestierte und sie rebellierte. Aber er gab nicht nach. Er fühlte wie *Bunyan,* dass er »sein Heim über seiner Frau, seinen Kindern und sich selbst niederriss;

und doch *musste* er es tun«. Am Sonntag gab er seinen Entschluss der Gemeinde in Harvey Lane bekannt. Die Gemeinde war so bestürzt und seine Frau so untröstlich, dass er die Vermittlung von Fuller in Anspruch nehmen musste. Das Carey in seinem Entschluss unbeweglich war, zeigt der folgende Brief an seinen Vater:

Leicester, 14. Januar 1793

Geliebter und geehrter Vater!
Die Wichtigkeit, unsere Zeit für Gott allein einzusetzen, ist das Hauptthema des Evangeliums. Paulus sagt: Ich ermahne euch nun, Brüder, durch die Erbarmungen Gottes, eure Leiber darzustellen als ein lebendiges, heiliges, Gott wohlgefälliges Schlachtopfer, welches euer vernünftiger Dienst ist. Die hohe Aufgabe des Christen ist es, wie ein Opfer hingegeben zu sein. Daher habe ich mich verpflichten lassen, als ein Missionar für die Hindus nach Bengalen zu gehen …

Meine Frau und meine Familie werden zu Hause bleiben; für ihren Unterhalt ist gesorgt. Wir werden am 3. April dieses Jahres England verlassen. Ich hoffe, geliebter Vater, Ihr werdet befähigt sein, mich völlig dem Herrn zu übergeben für die anstrengendste, ehrenhafteste und wichtigste Arbeit, zu der Menschenkinder je berufen werden können. Ich muss meine geliebte Familie hinter mir lassen und eine Reihe engster Freunde. Noch nie habe ich solche Traurigkeit erlebt, wie sie letzten Sonntag in unserem Gottesdienst herrschte. Aber ich habe meine Hand an den Pflug gelegt.

William

Careys Vater erklärte, dies sei »die Torheit eines Verrückten«, und er konnte nicht glauben, dass er bei seinem Entschluss bleiben werde. Aber William hatte »die Hand an den Pflug gelegt«. Trotz Fullers und Sutcliffs Vermittlung konnte Frau Carey nicht überzeugt werden. Sie wusste, dass ihr Mann nicht stark war, er würde die Hitze und die Entbehrungen in Indien nie überleben und sie würde nie folgen können. Sie war sicher, dass sie einander nie mehr sehen würden.

Und die Gemeinde, die Carey so viel verdankte – ein Drittel der Glieder waren seine geistlichen Kinder –, liebte ihn wie ihre eigene Seele. Wie konnten sie ihn ziehen lassen? Wie Dorothea Carey so pro-

Carey und seine Zeitgenossen: (von links) stehend: Joshua Marshman, William Ward, William Knibb, Thomas Burchell, John Rippon, Dan Taylor, Robert Hall, J. G. Pike, William Steadman, Samuel Perce – sitzend: William Carey, Joseph Kinghead, John Ryland, Andrew Fuller, John Foster. (In Wirklichkeit trafen diese Männer niemals alle gleichzeitig zusammen.)

testierten und rebellierten sie in der Mitgliederversammlung, bis einer aufstand und einen anderen Ton anschlug. Er erinnerte die Brüder daran, wie Carey sie gelehrt hatte zuerst nach dem Reich Gottes zu trachten und welches Gewicht er auf die monatlichen Missionsgebetsabende gelegt hatte. »Und jetzt«, fuhr er fort, »ruft Gott uns auf, ein Opfer zu bringen, welches beweisen soll, dass unsere Gebete ernst gemeint waren. Lasst uns seinem Ruf folgen und statt unseren Pastor zurückzuhalten, wollen wir uns nicht damit begnügen, ihn lediglich ziehen zu lassen. Nein, *wir wollen ihn aussenden.*« Dieser Aufruf erreichte die Herzen. Carey hatte in Leicester nicht vergeblich gearbeitet.

Carey reiste nach West Yorkshire, wo er den altgedienten Baptisten *John Fawcett* für sein Unternehmen begeistern konnte. Der »gute alte Mr. Crabtree von Bradford« konnte ob solcher Nachrichten vor Freude nicht schlafen. Er arbeitete Tag und Nacht und sammelte nicht weniger als 40 Pfund für die Mission.

Die Leiter der Londoner Baptisten waren skeptisch und konnten sich bei einem von Fuller einberufenen Treffen schließlich nur zur Empfehlung aufraffen, die *John Rippon* gab: Einzelpersonen, allenfalls noch einzelne Gemeinden, können das Werk unterstützen, aber den Gemeindeverband als ganzen dürfe man nicht verpflichten; denn sollte das neugeborene Unterfangen scheitern, würde das auf sie zurückfallen. Dieser Weisheit von Herrn Furchtsam pflichtete man bei. Fuller schrieb nach dem Treffen folgende Zeilen an Carey:

> Dr. Stennet sagt voraus, die Mission werde scheitern … Ich für mein Teil glaube an Gott und ich habe keine Zweifel, dass eine Sache, die so begonnen hat, Seinen Segen hat …

Darauf antwortete Carey:

> Ich erwartete von den Londonern nichts anderes. Aber die Sache ist Gottes. Ich fühle mich mehr und mehr an das Werk gebunden und ich bin eher willens, die Reise von Holland nach Hindustan auf dem Landweg zu machen, sollte die Erlaubnis zu einer Seereise nicht erhältlich sein, als mich dieser herrlichen Sendung zu entziehen … Meine Frau scheint sich besser damit abzufinden, dass ich gehen werde.

Inzwischen war man übereingekommen, dass Carey nach drei oder vier Jahren zurückkommen und seine Familie nach Indien holen sollte. Die Familie sollte so lange in Dorotheas Heimat, in Hackleton leben, wo sie zusammen mit ihrer jüngeren Schwester Kathrin das Haus teilen konnte.

Einen Monat vor seiner Abreise aus Leicester schrieb Carey seiner Schwester Maria:

> Ich bin froh, dass Du in Gott ruhst. Du sagst, Du seiest meinetwegen angespannt; meine Spannung ist noch größer. Wir haben noch keine Nachricht, ob die Direktoren der Ostindischen Gesellschaft uns die Genehmigung für eine Reise auf einem ihrer Schiffe gewähren, oder ob der Krieg uns an der Ausreise hindern wird. Ich wünschte sehr Felix mitzunehmen, aber es scheint Gottes Wille zu sein mich aller irdischen Tröstungen zu berauben. Ich finde meine Zufriedenheit im Bewusstsein um die göttliche Pflicht und Gottes Ehre; und ich weiß mich in Gottes Hand. Ich bin bezüglich der Pflicht nie unsicher geworden, aber es schmerzt mich sehr meine Familie und Freunde verlassen zu müssen.

Schließlich konnte Dorothea den Gedanken nicht ertragen, dass Carey ganz allein reisen sollte; Felix solle mitreisen. Das war ein Zeichen, dass sie glaubte, Gott werde sie beide erhalten und vielleicht auch, dass sie bereit war, ihm zu folgen, wenn die Zeit da wäre.

Über das Abschiedstreffen in Harvey Lane schrieb *Thomas Stutterd*, ein Freund Careys und seiner Pläne, an seine Frau in einem Brief u. a. folgende Sätze:

> Mr. Carey hielt seine Abschiedspredigt vor einer wahrhaft trauernden Gemeinde. Ich habe noch nie ein solches Trauern erlebt. Liebende Leute mussten sich von einem liebenden Pastor trennen, der unter ihnen so segensreich gewirkt hatte, dass die Gemeinde doppelt so groß ist wie zwei Jahre zuvor. Mr. Carey läßt eine friedvolle Gemeinschaft, ein gutes Gehalt, ein Frau, die in zwei Monaten ein Kind gebären wird und zwei Kinder zurück. Ein Knabe geht mit ihm auf die Seereise von 15 000 Meilen. Die Bekehrung der Heiden muss sein Herz beherrschen. Ich fragte ihn, ob er an-

> gesichts seiner Pläne guten Mutes sei, und er antwortete: Ja ... Ich bin vollkommen gewiss, dass es der Wille des Himmels ist, darum bin ich glücklich, diesem Ruf zu folgen.

Am 20. März versammelten sich vierzehn von Careys Dienstbrüdern zusammen mit der Vorsteherschaft der Missionsgesellschaft. Am Nachmittag war die Kapelle voll von Menschen, die den einsamen Asienmissionar sehen und hören wollten. Fuller sprach über Apostelgeschichte 21,12-14. Am Abend traf die Gesellschaft alle Vorkehrungen für den Unterhalt von Careys Familie und dann sprachen die fünf – Ryland, Sutcliff, Fuller, Pearce und Carey – noch einmal über die Aufgabe, die vor ihnen lag mit all ihren Ungewissheiten und Möglichkeiten. Sie verpflichteten sich, als Gemeinschaft hinter Carey zu stehen. Fuller beschrieb dieses Zusammensein und die Verpflichtung später mit folgenden Worten:

> Unser Unternehmen kam mir vor wie wenn einige wenige Männer zusammenstehen und davon reden, dass man unbedingt in eine noch nicht erkundete Mine hinabsteigen müsse. Wir hatten niemanden, der uns führen konnte, und während wir überlegten, war es mir, als ob Carey gesagt hätte: »Gut, ich steige hinab, wenn ihr das Seil festhaltet.« Aber bevor er hinabstieg, forderte er gleichsam einen Eid von uns allen, als er am Rand des Einstiegs stand, dass wir »so lange wir lebten, das Seil nie loslassen würden«.

Diese Verpflichtung wurde von jedem Beteiligten mit absoluter Treue eingehalten bis zu seinem Tod, das heißt für Pearce nur noch sechs, für Sutcliff 21, für Fuller 22 und für Ryland 33 Jahre. Diese vier machten Birmingham, Olney, Kettering und Bristol zu Brennpunkten der Heimatunterstützung. Wie Mauern stellten sie sich schützend um Carey. Er hätte keine treueren Gefährten finden können.

10. Hindernisse

26. März bis 13. Juni 1793

Indien war ein eifersüchtig bewachter Bereich, der fest in den Händen der Ostindien-Gesellschaft war. Wer ohne Genehmigung der Gesellschaft dahin reiste, galt als Wilderer, und er riskierte unehrenhaft in die Heimat zurückgeschafft zu werden. Ein Mann ohne Genehmigung war in den Augen der Gesellschaft eine gefährliche Person, doppelt gefährlich, wenn er eine Bibel bei sich trug.

SIR JOHN W. KAYE, Militärhistoriker

Es ist eine traurige Sache: Während das christliche England endlich erwachte und seine geistliche Verantwortung gegenüber Indien wahrnahm, stellte sich ihm das kommerzielle England in den Weg und verweigerte den Christen den Dienst an den christuslosen Menschen dieses Landes.

J. P. JONES

Am 26. März mussten Dorothea und William sich voneinander losreißen. Er versprach ihr, dass er in etwa drei Jahren zurückkehren werde, um sie nach Indien mitzunehmen, wenn es Gott gefallen sollte. Am gleichen Abend predigte er in Olney.

Die letzten Wochen in London war angefüllt von Bangigkeit, weil die Genehmigungen auf sich warten ließen. Ohne diese wäre die Reise illegal und die erzwungene Rückreise gewiss gewesen. Als die Statuten der Ostindien-Gesellschaft in jenem Winter vom Parlament revidiert wurden, hatte Wilberforce das Unterhaus überzeugt, dass »Maßnahmen eingeleitet werden müssen zur Hebung des Wissensstandes, der Moral und der Religion«. Als ein entsprechender Beschluss formuliert worden war, stieß sich die Opposition an der Forderung nach Lehrern und Missionaren. Die Anträge von Thomas und Carey waren eingereicht worden, als sich die politischen Grabenkämpfe gerade auf dem Höhepunkt befanden. Sie hätten keinen unglücklicheren

Zeitpunkt treffen können. Der Direktor der Ostindien-Gesellschaft, Grant, hatte zwar den Vorstoß von Wilberforce unterstützt, aber er war entschieden dagegen, den exzentrischen Arzt John Thomas wieder nach Kalkutta zu lassen. Carey und Pearce war in einem Dilemma. Sie verabscheuten verborgene Wege, aber der Weg im hellen Tageslicht war verschlossen. Gleichzeitig hatten sie den Befehl des Herrn der Heerscharen vernommen, und der lautete: *Vorwärts!*

Schließlich erklärte sich Kapitän White von der *Earl of Oxford* (auf dessen Schiff Thomas zweimal Schiffsarzt gewesen war) zum Risiko bereit, sie ohne Einreiseerlaubnis nach Kalkutta mitzunehmen.

In der gleichen Woche machte Carey eine folgenschwere Bekanntschaft. Als er in der Gemeinde an der Carter Lane predigte, wartete ein Mann darauf, ihn zu sprechen, *William Ward,* ein junger Drucker. Die beiden gingen miteinander spazieren, und Carey entfaltete vor dem jüngeren Mann seinen Wunsch und seine Absichten der Bibelübersetzung. Als sie auseinandergingen, legte er Ward die Hand auf die Schulter und sagte: »Ich hoffe mit Gottes Beistand, in vier oder fünf Jahren die Bibel druckreif zu haben *(es sollte sieben Jahre dauern).* Ihr müsst kommen und sie drucken.« Der Pfeil saß, denn Ward ließen diese Worte keine Ruhe. Im Jahre 1800 traf er in Serampore ein.

Am 4. April gingen sie mit sieben Personen an Bord, Carey und Thomas, seine Frau und Tochter und drei Verwandte aus Smithfield. Es war keine Begeisterung wie drei Jahre später, als auf der *Duff* die ersten Missionare der *London Missionary Society* die Heimat verließen. Samuel Pearce und einige wenige der eifrigsten Londoner waren zum Abschied in den Hafen gekommen.

Aber dann lag das Schiff sechs Wochen lang in der Solent vor Anker und wartete auf den Geleitschutz. In der Wartezeit predigte Carey an zwei Sonntagen in nahegelegenen Gemeinden der Baptisten und der Independenten. Das aufreibende Warten wurde aber mehr als belohnt durch Nachrichten von Zuhause, auf die er mit folgenden Zeilen antwortete:

Ryde, 6. Mai 1793

Meine liebe Dorothea!

Eben habe ich Deinen Brief erhalten, in dem Du von einer gut verlaufenen Geburt schreibst. Das ist mir ein freudige Nachricht;

Güte und Gnade werden mir wahrlich folgen alle Tage meines Lebens. Es war mir sehr schmerzlich und unangenehm hier so lange warten zu müssen, aber ich sehe jetzt die Güte Gottes darin. Er wollte, dass ich noch die freudigste Nachricht empfangen sollte, die man, was das Irdische betrifft, empfangen kann …

Gestern predigte ich zweimal in Newport und einmal auf dem Land, heute aßen wir bei Frau Clark in New Port zu Mittag und Felix fand in Teddy Clark einen seiner alten Spielkameraden, woran er seine besondere Freude hatte. Felix ist ein guter Junge und er bereitet mir viel Freude. Er ist lange an einem Brief an Dich gesessen und hat ihn nun bald fertig.

Du fragst nach Frau Thomas, was sie von der beginnenden Seereise hält. Sie ist sehr zart, und sie ist sehr behütet aufgewachsen. Aber sie ist bei bester Laune und die See scheint ihr gut zu tun. Sie lässt Dich freundlich grüßen und freut sich über die gute Geburt. Sie wäre lieber in England geblieben, aber sie denkt, es sei richtig, sich ihrem Ehemann anzuschließen.

Ich freue mich darauf, so oft wie möglich von Dir zu hören. Sage meinen Kindern, dass ich sie innig liebe und dass ich beständig für sie bete …

Ich liebe Dich innig. Lass mich wissen, wie unser liebes Kleines heißt …

Es rührte Carey zu erfahren, dass das Kind Jabez hieß. Die Mutter hatte offenbar die weniger bekannten Kapitel der Bibel gelesen und sich in ihrer Einsamkeit wie die Mutter von 1. Chronika 4,9 gefühlt, die ihren Sohn Jabez nannte, weil sie ihn mit Schmerzen getragen und geboren hatte. Wie die israelitische Mutter, so hatte auch Dorothea Carey gewünscht, dass ihr Jabez geehrter sein möchte als seine Brüder und dass Gott ihn segnen und seine Grenzen erweitern und vor Bösem bewahren möchte. Dieser Wunsch sollte in bemerkenswerter Weise ganz buchstäblich in Erfüllung gehen.

Am Sonntag jener Woche, in der man den Geleitzug endlich erwartete, bekam Kapitän White einen Brief vom India House, der ihn warnte, dass er, wenn er diesen einen Passagier an Bord belasse, der vom Direktorium der Gesellschaft keine Genehmigung hatte, sein Kommando einbüßen werde. Er bat Carey und Thomas das Schiff zu verlassen. Als der Geleitzug eintraf, standen die beiden mit ihrem Gepäck an Land, während Frau Thomas und Tochter an Bord blieben, da sie Ausreiseerlaubnisse hatten. Carey schrieb Fuller einen Brief mit der niederschmetternden Nachricht:

> Ryde, 21. Mai 1793
>
> Mein sehr geliebter Freund!
> Ich habe gerade Zeit, Euch darüber zu unterrichten, dass alle unsere Pläne im Augenblick vollständig zerschlagen sind …
>
> Wir müssen unsere Ladung davonziehen lassen, denn sonst wird sie am Zollamt beschlagnahmt *(d. h. die Waren, die die Missionare in Indien zum Bestreiten des Lebensunterhalts für das erste Jahr hätten mitnehmen sollen)*. Ich weiß nicht, was ich tun soll, aber ich werde Genaueres schreiben, sobald ich mehr Zeit dazu finde. Am Donnerstag lichtet das Schiff die Anker ohne uns. Alles, was ich in dieser Sache sagen kann ist dies, dass sie von einem unendlich weisen Gott überwacht wird …
>
> Euer W. Carey

Sollte dies das Ende ihres sechswöchigen Wartens, der Gebete der Missionsgesellschaft und aller Vorkehrungen seit dem vergangenen Oktober sein? Niemals sind zwei Menschen niedergeschlagener gewesen als Carey und Thomas auf der Hafenmauer in Ryde, während sie die Oxford unter ihren Blicken davonziehen sahen. Die Oxford war beschützt, aber Gott schien Carey und Thomas allein gelassen zu haben.

Die beiden vergeudeten indes ihre Kraft nicht mit Tränen über den erschütternden Schlag. Es war jetzt nicht die Zeit still zu stehen. Carey schlug vor, man müsse vom Direktorium der Ostindien-Gesellschaft formal um eine Reiseerlaubnis anfragen oder sonst auf dem Landweg nach Bengalen reisen. Das war tapfer, aber nicht realistisch. Diesmal war Thomas der Realist. Er wurde in der Klemme geradezu gestählt. Seine Frau und sein Kind waren unterwegs nach Indien; er musste ihnen einfach folgen. Er vertraute dem lebendigen Gott und dieser Glaube entwurzelte Bäume und warf sie ins Meer. So besorgte er innerhalb einer Woche nicht allein eine Passage für Carey, für Felix und für sich selbst, sondern schleppte auch Careys Familie durch. Er fand das Schiff, er besorgte das Geld, er bewältigte das Packen und er brachte alles und alle an Bord. Carey konnte nur staunen.

Thomas wusste, dass man jetzt schnell handeln musste. Es fuhren dieses Jahr bald keine Schiffe mehr nach Asien. Eine britische Buchung war ausgeschlossen; man musste ein skandinavisches Schiff finden und dann vielleicht damit vorlieb nehmen, dass es nicht Kalkutta, sondern einen anderen Hafen in Ostindien ansteuerte. Er eilte in den Londoner Osten in jenes Kaffeehaus, wo man immer das Neueste von eingehenden und ausgehenden Fahrzeugen erfahren konnte. Ja, ein dänisches Schiff werde erwartet, das Büro befinde sich an der Cannonstreet Nr. 10.

Ein Dänisches! Dann werde es mit Sicherheit nach Kalkutta und an die dänische Siedlung am Hoogly segeln. Er eilte zu Carey, und beide eilten nach London an die Cannonstreet. Von dort wurden sie an die Glowerstreet gewiesen und erfuhren, dass in der Tat ein Fahrzeug von Kopenhagen nach Kalkutta reise und dass es schon nach Dover unterwegs sein müsse. Ja, es habe noch mehrere freie Kabinen. Und die Preise? 100 Pfund für Erwachsene, 50 Pfund für Kinder und 25 Pfund für Dienstleute.

Wie sollten sie das Geld zusammenbringen? Sie hatten gerade 150 Pfund, und Thomas schlug vor, William und Felix sollten gehen, er werde sich auf seine Weise nach Indien durchschlagen. Carey protestierte und meinte, sie sollten lieber beide seine Familie aufsuchen und seine Frau zu überreden suchen, sich ihnen anzuschließen.

Am Tag darauf erreichten sie Northampton und gingen den Weg nach Hackleton zu Fuß. Aber der armen Frau Carey war es zu viel. Sie konnte diesen Kelch, der ihr so plötzlich gereicht wurde, nicht trinken. Niedergeschlagener als je kehrten die beiden zurück. Aber Thomas gab nicht auf. Er ließ Carey allein und trat noch einmal in die Stube, wo Dorothea saß. »Ich musste ganz einfach wiederkommen«, begann er. »Ich habe sechs Jahre lang getrennt von meiner Familie gelebt und ich bitte Euch: Verurteilt nicht Euch selbst zu einem solchen Wehe! Ich wollte Euch vorher nicht drängen, aber jetzt fühle ich mich genötigt hart zu sein. Wenn Ihr Euch weigert, jetzt zu gehen, dann werdet Ihr das bereuen, so lange Ihr lebt!« Das fuhr ihr in die Knochen, und schließlich rief sie: »Ich gehe, wenn meine Schwester *(Katharina)* mitkommt.«

Als nächstes musste Carey jemanden vom Vorstand um Geld angehen. Es mussten jetzt ganze sieben Überfahrten bezahlt und zusätzliche Ausrüstung gekauft werden. Ryland gab Carey einen Brief an die Londoner Gemeindeleiter mit und Thomas tat das seine: Er vereinbarte mit Katharina, dass er und sie als Diener von William und Dorothea reisen und damit die Kosten von je 100 auf je 25 Pfund senken würden. Und dann drängte und schob Thomas die ganze Reisegesellschaft, denn sie hatten es eilig. Und am Sonntag reisten alle acht nach London. Rylands Brief öffnete die Herzen; Freunde gaben großzügig, sodass sie am Ende 72 Pfund mehr als das benötigte Minimum von 200 hatten. Der Reeder an der Cannonstreet ließ sich von Thomas bewegen Thomas und Carey samt Familie »zu den niedrigsten Preisen, die man je gehört hat,« an Bord zu nehmen.

Am letzten Mai schrieb Pearce aus Birmingham an seine Frau:

> Freue Dich, meine Liebe. Ich habe einen Brief von Ryland erhalten und weißt Du, was er schreibt? Carey ist *mit seiner ganzen Familie* nach Indien gereist.
>
> Inzwischen müssen sie schon auf hoher See sein. Was haben wir doch für einen Gott, der Wunder tut! Drei Vorteile haben sich jetzt ergeben:
>
> 1.) Die Missionare werden jetzt ehrenwerter ausreisen, und die Feinde unserer Sache werden die Gesellschaft nicht der Unlauterkeit bezichtigen können, man habe die Missionare unter falschen Vorspiegelungen übers Meer gesandt; 2.) da Dänemark neutral ist, besteht keine Gefahr, dass sie unterwegs von Franzosen aufgebracht werden; 3.) Carey hat die Genugtuung, seine ganze Familie mit an Bord zu haben, und damit hat die Welt einen Einwand verloren, den sie oft gegen sein Ausreisen vorgebracht hat.

Es dauerte ganze zwei Wochen bis die *Kronprincessa Maria* einlief, denn sie hatte ungünstige Winde. Aber schließlich wurden sie an einem Morgen mit der Nachricht geweckt, dass das Fahrzeug mit seiner begleitenden Fregatte vor Anker liege. Bevor Carey ins Boot stieg, das sie zum Schiff bringen sollte, sandte er noch einige hastig hingeworfenen Zeilen an die Eltern seiner Dorothea; denn sie hatten jetzt zwei Töchter verloren.

Lieber Vater!
Wir sind gerade am Abreisen. Das Schiff fährt eben aus und wir gehen an Bord. Es ist der 13. Juni, Donnerstag Morgen um fünf. Wir sind alle wohlauf und guten Mutes.

Und Thomas schrieb an Londoner Freunde:

13. Juni. Das Schiff ist hier, das Signal ist gemacht, die Geschütze haben gefeuert und wir fahren mit einem guten Wind. Lebt wohl, meine lieben Brüder und Schwestern. Möge der Gott Jakobs Euer und unser Gott sein zu Wasser und zu Land für Zeit und Ewigkeit. Seid innigst Gott befohlen!

An jenem Abend schrieb Carey in sein Tagebuch:

Donnerstag, 13. Juni. Dies ist ein Tag der Freude gewesen. Ich wurde zurückgewiesen, damit ich meine Familie mitnehmen könne, und ich erfreue mich all der Segnungen, die ich Gott ausgeliefert hatte. Dieses mein Ebenezer richte ich hier auf. Ich hoffe, dass ich durch jede Erinnerung daran wieder neu gestärkt werde.

Carey hatte mit seiner Ausreise die Bahn gebrochen. Ihm folgten in rascher Folge weitere britische Missionsgesellschaften. Zunächst die *London Missionary Society*. Im Sommer 1794 hatte der Kongregationalisten-Pastor *David Bogue* eine Gruppe von Christen in Bristol besucht, denen er Careys erste Briefe vom Missionsfeld vorlas. Das bewegte die Anwesenden so sehr, dass Bogue in London eine größere Gruppe sammelte, die sich vornahm eine interdenominationale Mission der Art der Baptisten zu gründen. Die Gemeinden reagierten begeistert und bloße vierzehn Monate später segelten die ersten Missionare unter dem Jubel von Tausenden auf der *Duff* die Themse hinunter auf dem Weg nach Tahiti.

Dann folgten schottische Gesellschaften im gleichen Jahr. Zwei Pastoren aus Edinburgh hörten durch Samuel Pearce in Birmingham von Careys Arbeit und sie gründeten in der Folge eine Missionsgesellschaft in Edinburgh und gleich darauf eine zweite in Glasgow. *Robert* und *James Haldane* wurden vom ersten Band der *Baptist Mission's*

Periodical Accounts so aufgewühlt, dass sie ihren väterlichen Landsitz für 30 000 Pfund verkauften, um sich nach Benares zu begeben. Das wurde zwar durch die Ostindien-Gesellschaft verhindert, aber die beiden weihten ihr Leben der Evangelisierung Schottlands.

Die Entstehung der London Missionary Society spornte 1799 die Anglikaner zur Gründung der *Church Missionary Society* an. Im gleichen Jahr entstand durch die London Missionary Society die *Religious Tract Society*, aus der fünf Jahre später die *British and Foreign Bible Society* wurde.

Um 1800 begannen zwei Pastoren in New York und in Boston, USA, mit Carey zu korrespondieren und sandten ihm häufige und großzügige Hilfe. In beiden Städten entstanden Missionsgesellschaften, die sich mit dem Werk in Serampore verbanden.

1816 begannen die *Methodisten* mit einer Asienmission und die *General Baptists* zogen im gleichen Jahr nach.

Als Carey im Jahre 1834 seinen Lebenslauf beendete, gab es vierzehn britische Missionsgesellschaften, daneben waren etliche im übrigen Europa und in Nordamerika entstanden.

> Das Licht, das Carey entfacht hatte, pflanzte sich wie Höhenfeuer von Berg zu Berg fort; die Christen nahmen an allen Orten das Signal wahr und folgten dem Ruf (J. G. Greenhough).

Teil II

Careys 40 Jahre in Indien

Wie er und seine Mitarbeiter
allen späteren Missionsunternehmen
die Wege bahnten

11. Die fünfmonatige Seereise

13. Juni bis 11. November 1793

> Ich habe Ursache, die Dürre meiner Seele zu beklagen und bin daher oft sehr entmutigt. Wenn ich so tot und stumpf bin, wie will ich unter den Heiden brauchbar sein? Wenn aber irgendetwas mein Herz ins Gebet treibt, dann ist es das Flehen, dass die Heiden sich bekehren möchten.
>
> William Carey,
> Reisetagebuch, 2. August 1793

Carey beschrieb den Kapitän auf *Kronprincessa Maria* als einen »äußerst belesenen Mann, einen vollendeten Gentleman, einen der höflichsten Menschen, die je den Namen eines Schiffskapitäns getragen haben«. Er interessierte sich zwar nicht für Religion, aber erwies den Missionaren allen Respekt, wie sein Bruder in London ihn angewiesen hatte. Er wollte nichts davon hören, dass die Schwester von Frau Carey und Thomas als Bedienstete reisen sollten. Er gab der Familie Carey die größte Kabine mit einem separaten Abteil für Fräulein Plackett und Thomas bekam eine Firstclass-Kabine. Alle waren Gäste an seinem Tisch. Er ließ ihnen auch Wein servieren und ließ zweimal am Tag nachfragen, ob ihnen nichts fehle.

Sie erfuhren zahllose Aufmerksamkeiten von ihren Mitreisenden. Zu ihren Morgen- und Abendandachten und Sonntagsgottesdiensten kamen zehn oder zwölf in ihre Kabine und bildeten so einen »ganz akzeptablen Chor«. Frau Carey und ihre Schwester hielten sich gut und »die Kinder waren perfekte Seeleute. Klein Jabez gedeiht besser als an Land und wächst zu einem kräftigen Burschen heran.« Während einer Krankheit zwischen den beiden Tropen schrieb Carey:

> Ich habe großes Verlangen, dass meine Söhne das gleiche Werk fortsetzen und habe vor, einem von ihnen Sanskrit und dem andern Persisch beizubringen. Gott gebe ihnen Seine genügsame Gnade zu diesem Werk!

Obwohl er darüber klagte, dass er sich so geistlos vorkam, verbrachte er viel Zeit im Gebet und studierte in allen freien Stunden Bengali. Thomas meinte: »Er kommt sehr schnell voran.« Er arbeitete seinerseits an der Übersetzung des 1. Mosebuches ins Bengalische und bekam dabei wertvolle Hilfe von Carey, der Hebräisch konnte.

Der Kapitän wollte die guten Winde nutzen und legte daher zur Enttäuschung Careys am Kap nicht an. Zu gerne hätte er einen niederländischen Pastor aufgesucht, um von ihm Nachrichten über den geistlichen Stand Südafrikas zu erfahren.

Direkt unter dem Kap versenkte ein Sturm die *Kronprincessa* nahezu. Elf Tage dauerte die Reparatur des arg mitgenommenen Fahrzeugs. Aber dann hatten sie glatte Fahrt bis in die Bucht von Bengalen. Carey blieb bei bester Gesundheit und seine Frau »war ganz zufrieden mit dem Unternehmen« und blickte jetzt nicht mehr sehnsuchtsvoll zurück, sondern zuversichtlich in die Zukunft. In der Bucht von Bengalen wurden sie durch Strömungen einen ganzen Monat zurückgeworfen, bis der Kapitän befürchtete sie müssten im südindischen Vizagapatam anlegen. Am 11. November erreichten sie ihr Ziel dennoch. Die Reise hatte fünf Monate gedauert, sie waren dabei in Europa und Afrika gewesen und hatten sogar Südamerika gestreift, hatten aber nie angelegt. Während der letzten drei Monate hatten sie kein anderes Schiff gesichtet und auch nicht viel gesehen, außer einigen Delphinschwärmen, einen Wal und Flugfische.

Während des letzten, nervenaufreibenden Monats ließ der Kapitän Carey oft mit auf Poopdeck steigen. Seine Beobachtungen wurden ihm zum Gleichnis der vor ihm liegenden Aufgabe:

> Während fast eines ganzen Monats sind wir nun zweihundert Meilen vor Bengalen, aber die Strömungen sind so heftig, dass wir unmittelbar an der Pforte zurückgeworfen werden. Ich hoffe, dass ich gelernt habe, wie notwendig es ist, in den Sachen Gottes gegen widerliche Winde und Strömungen auszuharren. Wir haben unseren Hafen die ganze Zeit in Sicht und jede Bewegung von Sonne und Mond ist aufmerksam beobachtet worden, keine Gelegenheit hat man ungenutzt gelassen. Möchte ich lernen, so aufmerksam zu sein! Wenn der Wind ein wenig ändert, versucht man das sogleich auszunützen. Das alles ist ermüdende Arbeit und wenn die

> Strömung zu stark ist, kommen wir kaum voran. Manchmal können wir uns anstrengen so sehr wir wollen und treiben doch rückwärts. Aber es ist absolut unerlässlich, dass wir beständig arbeiten, wenn wir im Hafen ankommen wollen. So müssen wir Christen gegen Wind und Strömungen ankämpfen, wenn wir den Hafen erreichen wollen.

Es gab eine Gefahr, gegen die er sich mehr als gegen jede andere wappnete: Weder er noch seine Familie durfte sich von der Haltung der Mitreisenden gegenüber den Indern anstecken lassen. Offiziere und Reisende redeten alle mit der gleichen Geringschätzung über sie. Er wusste, dass ihre Kraft, diesem ersehnten Land zu dienen, gänzlich lahmgelegt würde, wenn nicht Christus sie vor dieser Pest bewahrt. Er betete daher mit allem Ernst und mit aller Kraft gegen diese Sünde. Sie beklagten, dass sie von ihren Andachten und Gottesdiensten, die »so lieblich und so nützlich« gewesen waren, nicht erkennen konnten, dass jemand sich bekehrt hätte. Sie trösteten sich mit dem Wort des Herrn an Hesekiel: »Wenn ich dich gleich zu großen Völkern, die fremde Rede und unbekannte Sprache haben, sendete, würden sie dich gern hören« (Hes 3,6).

Noch zwei göttliche Verheißungen gaben Carey Frieden in die Seele: »Siehe, ich bin bei euch bis an der Welt Ende«, und: »Wie deine Tage, so wird deine Kraft sein«. Mit diesem Stecken und Stab fühlte er sich geschützt und sicher. Einen oder zwei Tage bevor er an Land ging, schrieb er folgende oft zitierten Sätze an die Society:

> Ich hoffe, ihr werdet voranschreiten und zunehmen, und dass große Mengen die herrlichen Worte der Wahrheit hören werden. Afrika ist nur ein kleines Stück von England entfernt und Madagaskar ein klein wenig weiter weg. Südamerika und die vielen großen Inseln im Indischen Ozean und in der Chinesischen See werden nicht, so hoffe ich, vergessen werden. Ein weites Feld öffnet sich nach allen Seiten hin und Millionen in durch Unwissenheit, Aberglauben und Götzendienst gepeinigte Seelen flehen jedes Herz an, das mit Liebe zu Gott erfüllt ist. Möchten doch viele Arbeiter in den Weinberg hinausgesandt werden und die Heiden zur Erkenntnis der Wahrheit kommen!

Zahlreiche seiner Briefe aus Bengalen zeigen, dass er damals England verließ und, wie in einem Brief aus dem Jahre 1825 steht, »nie daran dachte, nach England zurückzukehren«. Er konnte natürlich nicht ahnen, dass er während vierzig Jahren das Steuer der Mission in Händen halten würde.

12. Erste Unternehmungen

9. November 1793 bis 6. Februar 1794

Die Engländer kamen nach Indien zuerst als Händler um reich zu werden, dann als Krieger um Land zu erobern. Erst als Carey kam, zog ein edlerer Geist ein.

A. M. Fairbairn, Indien 1898

Thomas und Carey waren die ersten Engländer, die aus reiner Liebe zu Asien und zu Christus nach Indien, ja überhaupt nach Asien gereist waren. Natürlich waren unter den zahllosen Söldnern, Seeleuten, Händlern und Abenteurern der vergangenen Jahrzehnte auch Geistliche gewesen; aber keiner war als Missionar gegangen. Niederländische Pastoren reisten nach Ostindien und der König von Dänemark hatte Botschafter an Christi statt nach Trankebar und Tanjore gesandt. Aber keine britischen Missionare waren ausgezogen; Thomas und Carey waren die ersten.

Als Gott Carey nach Indien brachte, begann eine Arbeit von größerer Tragweite als er sie in der Südsee, dem Land seiner frühesten Sehnsüchte, hätte tun können. Eliot und Brainerd, seine beiden großen Vorbilder, hatten unter Menschen sterbender Sprachen und Kulturen gewirkt. Kein Mensch spricht mehr die Sprache, in welche Eliot die ganze Bibel übersetzte. Die Herrnhuter suchten zum größten Teil wenig zivilisierte Völker auf. Carey hätte gerne auf Tahiti oder in Afrika Ähnliches getan. Gott aber ging ihm in der Feuersäule voran und führte ihn zusammen mit Thomas nach Indien. Er wurde so der erste britische Christ, der die tief verwurzelten Religionen Asiens durch das Evangelium Jesu Christi herausforderte. Mit Hilfe seiner Mitarbeiter sollte er das Wort Gottes in mehr indische Sprachen übersetzen als irgendeiner seiner niederländischen oder dänischen Vorläufer es getan hatte. So wurde er mehr als alle andern zur Leuchte Gottes für den Osten.

Als das Schiff den Hoogly hinauffuhr, begleiteten sie Fischerboote, um ihre Ware zu verkaufen. Die Fischer waren überrascht, von

Kalkutta zur Zeit, als Carey dort eintraf, von William Prinep.

Thomas die Frage zu hören, ob sie irgendwelche *Shastras* (Hindu-Schriften) besäßen oder läsen. Eine solche Frage hatte man sie ihr Leben lang noch nie gefragt. »Meint ihr, wir würden Fische fangen und verkaufen, wenn wir Shastras besäßen und sie lesen könnten? Das ist für die Großen und die Reichen. Wir sind arme Leute.« Carey hatte den Ehrgeiz, *Gottes Shastras* den Ärmsten in Indien zugänglich zu machen und ihre Schulbildung so zu fördern, dass sie sie lesen könnten und wollten.

Die Missionare stiegen für das letzte Stück der Reise auf ein bengalisches Boot um, um nicht Gefahr zu laufen, von den Behörden gefasst zu werden. Bis zur Rückkehr der Flut lagen sie bei einem Markt und warteten. Zum ersten Mal hörte Carey den Lärm und Betrieb eines bengalischen Marktes und zum ersten Mal hörte er seinen Gefährten auf Bengali predigen.

Der aufregende Anblick von *Sahibs* (Europäische Herren), *Memsahibs* (deren Frauen), englischen Knaben und eines englischen Säuglings ließ die Bengalen ihre Geschäfte vergessen und alles strömte zusammen und hörte zu, verwundert über die Fähigkeit des Predigers, in ihrer Sprache zu sprechen, und noch mehr verwundert über seine Sorge um ihr Wohl. Kein anderer Sahib hatte sie je so angesprochen. Drei Stunden lang hörten sie zu. Carey konnte kaum ein Wort verstehen, aber er war ganz begeistert vom Interesse der Menschen. Große Hoffnungen wurden wach, und die Hoffnungen wuchsen noch, als man ihnen auf Bananenblättern Reis und Curry vorlegte und sie in ihre Dörfer einlud.

Wie Thomas seine Frau, sein Kind und seine Cousinen fand, ist nicht bekannt. Ram Ram Basu konnte als *Pandit* (Lehrer) für Carey verpflichtet werden. Er sprach ganz leidlich Englisch, auch wenn er es weder lesen noch schreiben konnte. Carey hatte noch nie unter solchen Menschenmassen gelebt: 200 000 Einheimische neben Heerscharen von Europäern.

Die Stadt war angenehm in der Kühle des November, aber sie machte ihn traurig. Denn er stellte bald die Richtigkeit der Redensart fest, dass die Engländer alle ihren Glauben am Kap hinter sich ließen. Thomas fand bald einen Platz für sie in *Bandel*, einer alten ehemals portugiesischen Siedlung. Dort suchten sie den Rat des Schweden *Kjernander*. Er war schon achtzig und fast erblindet, aber Carey hatte noch keinen Menschen getroffen, der so für die Bekehrung Indiens brannte, aber dennoch zweifelte er am Erfolg der Mission von Carey und Thomas.

Die beiden waren aber jung und zuversichtlich, und sogleich begannen sie zu reisen, wobei Thomas durch die Begeisterung seines jüngeren Begleiters sehr ermutigt war. Täglich wurden sie in Booten zu neuen Dörfern gebracht. Hier war ein Sahib, der in Begleitung eines anderen Sahib predigte, und erst noch in fließendem Bengali, und dazu hatten sie einen Pandit als Berater – etwas Unerhörtes. Wo sie Halt machten, strömten die Menschen zusammen, und was sie von der Botschaft begriffen, machte sie noch verblüffter.

> Ihre Aufmerksamkeit ist erstaunlich. Jeder Ort bietet angenehme Aussichten auf Erfolg. Ein Volk zu sehen, das so interessiert und so neugierig ist, und so freundlich, aber so unwissend, genügt, um einen jeden aufzurütteln, der ein wenig Liebe Christi im Herzen hat. Ich habe nie größere Genugtuung gefunden als in dieser Tätigkeit. Ich hoffe, dass wir in kurzer Zeit erleben werden, wie eine Kirche Gottes gebildet wird.

So schrieb Carey im Überschwang des Neulings. »Zehntausend Verkündiger hätten hier Arbeit.« Wie Paulus in Athen berührte ihn die Religiosität der Menschen, während er sie beobachtete bei ihrer morgendlichen Andacht am heiligen Fluss und ihre Blumen, Bäume und Schreine sah, die an jedem Wegrand standen. Und welche Qualen nahmen einige in ihrem religiösen Eifer auf sich. »Ich habe schon zwei oder drei gesehen, die an den Fleischhaken geschaukelt haben und Wunden im Rücken tragen.«

Sie besuchten *Nadia,* den Geburtsort von *Chaitanya*, des gefeierten bengalischen Mystikers. Carey dachte, dieses Zentrum hinduistischer Gelehrsamkeit müsste ihre beste Sprachschule und den geeignetsten Ausgangspunkt für die Evangelisation abgeben. Denn, »wenn erst einmal dieses Bollwerk des Hinduismus erobert ist, wird das ganze Land für die Wahrheit offen liegen«. Der höfliche Empfang durch die Gelehrten der Stadt ließen seine Hoffnungen wachsen. Er plante, dass in diesem Oxford Bengalens Felix Sanskrit, William Persisch und Peter Chinesisch lernen sollten.

Kaum waren die Pläne gefasst, wurden sie nach Kalkutta zurückgerufen. Thomas musste seine Praxis wieder eröffnen, um ungeduldige Gläubiger zufriedenzustellen, und Carey war eine atemberaubende Hoffnung gemacht worden. Der Kapitän der *Princessa Maria* hatte Carey für die freigewordene Stelle des Kalkutta Botanikers vorgeschlagen und dem zuständigen Beamten eine botanische Monografie von Carey präsentiert. Als Carey eintraf, musste er erfahren, dass man die Stelle an Dr. Roxburg von Madras vergeben hatte. Die Enttäuschung wurde durch die warme Freundschaft mit Roxburg gemildert, der die Tochter eines Missionars geheiratet hatte.

Carey machte einen Antrag für Brachland, das bebaut werden konnte, wie das von Anbeginn sein Plan gewesen war. In der Zwischenzeit stellte ihnen Nelu Datta, ein Geldleiher in Manicktolla, ein baufälliges Gartenhaus mietfrei zur Verfügung. Carey vergaß ihm diese Freundlichkeit nie, und als Nelu Datta Jahre später in Not war, konnte er es ihm vergelten.

Dann eröffnete ihm Thomas Mitte Januar, dass die 150 Pfund, welche für das ganze erste Jahr in Indien hätten genügen müssen, aufgebraucht, und dass kein Geld vor dem kommenden Herbst zu erwarten war. Thomas hatte sich bezüglich der Ausgaben des ersten Jahres völlig verrechnet. Die bereitgestellte Summe war nicht einmal annähernd angemessen. So finstere Tage hatte Carey noch nie gekannt. Wer kann sein Wehe ermessen? Er musste eine siebenköpfige Familie versorgen, seine Frau und Felix waren von Ruhr befallen, ihr Zuhause war ein ärmliches Gartenhaus und sie brauchten Geld, um den Pandit zu bezahlen und Saatgut und Gerätschaft zu kaufen für das Land, das sie zu bebauen gedachten. Zehn Monate würde es noch dauern, bis Geld aus England kam. Was anders war zu erwarten, als dass er »sehr niedergeschlagen« war, und »ratlos, was unsere zeitlichen Bedürfnisse betrifft«, und »sehr matt und kraftlos«? Sogar im lieblichsten aller bengalischen Monate war »die Stadt des Sonnenscheins und der Paläste« bleich und unfreundlich.

Für die restlichen dreizehn Jahre ihres Lebens war Frau Careys Verstand angegriffen. Es begann mit diesem Elend. Sie lag mit Ruhr darnieder, ihr Erstgeborener war auch krank, sie konnten sich nicht einmal Brot kaufen und sie sah sich in ihrer Not in einer fremden Stadt ohne Freunde. Ihr Verstand gab nach und ihr freundliches Wesen brach ein. Sie wurde schwermütig. Wer wagte es, ihr Vorhaltungen zu machen? Und wer will Carey die Schuld geben? Er hätte die Umstände nicht vorhersehen können, die sie dahin brachten. Nein, hier sind nicht Vorwürfe am Platz, sondern einzig Tränen des Mitgefühls. Die Frauen der Missionare jener Pionierjahre bezahlten teuer, Careys Frau als erste und am teuersten. Ihm war es ein Kelch von Wermut. Er konnte nicht wie Thomas mit leichter Hand Geld aufnehmen. Aber in seinem Tagebuch finden sich dennoch Worte folgender Art:

> *17. Januar* – Fühlte gegen Abend die Allgenugsamkeit Gottes und die Festigkeit Seiner Verheißungen, was mein Gemüt erleichterte. Während ich nach Hause marschierte, konnte ich alle meine Sorgen auf Ihn wälzen.
>
> *22. Januar* – »Auf dem Berge wird der HERR gesehen.« Ich wünsche, ich hätte mehr von Gott in meiner Seele und wäre Seinem Willen mehr ergeben. Das würde mich über die Umstände erheben.
>
> *23. Januar* – Mir bleibt nur *ein* Freund, aber dieser Eine ist allgenugsam. Warum ist meine Seele unruhig in mir? Gott weiß um alles, und Er ist um die Mission besorgt. Ich freue mich, dass ich dieses Werk angefangen habe, und ich werde mich auch weiterhin freuen, und sollte ich darüber mein Leben verlieren.

In einem Brief sagt er:

> Wenn meine Seele mit Seinem Wort getränkt wird, vergesse ich alles.

Endlich wurden ihm einige Morgen Land in frisch gerodetem Dschungel gegenüber vom Städtchen *Debhatta* in den *Sundarbans* angeboten. Das Land war für die ersten drei Jahre frei, und die Pacht sollte dann innerhalb der darauffolgenden vier Jahre auf ein Maximum von acht *Annas* pro *Bigah* ansteigen. So wollte es Henckells Plan zur Urbarmachung der Sundarbans, jener Urwälder im Gangesdelta. Carey wusste, dass diese Wälder voll waren von Kobras und Tigern, aber er nahm das Angebot an, denn Christus würde sie bewahren.

Drei Tage waren sie im Boot unterwegs und am Morgen des vierten Tages kamen sie in Debhatta an. Der in Aussicht gestellte Bungalow des Salt Departement war zwar besetzt, aber der Salt Assistant des Departements, *Mr. Charles Short,* erwies sich als ein wahrer Samariter. Er war gerade mit seinem Hund und Gewehr draußen, als er hörte, Engländer seien angekommen, und zum Landesteg eilte. Er lud sie in sein Haus ein und verlor seine Wärme auch nicht, als er von den Gästen hörte, sie seien Missionare, wiewohl er ihr Unterfangen für absurd hielt. Nach dem Frühstück richtete er einem jeden der Gäste einen Platz ein, auch für die kranke Mutter und Felix. Er bestand darauf, »für alle ihre Bedürfnisse zu sorgen«. Während der vielen Monate ihrer Not gewährte er ihnen die vollste Gastfreundschaft, bis Carey, wie er sagt, sich schämte.

So nahm dieser englische Junggeselle Carey die Bürde von den Schultern. Zum großen Kummer von Carey ließ er sich nie bewegen, ein Bekenntnis des Glaubens an Christus abzulegen, aber er praktizierte die Goldene Regel und erwies sich diesen Gestrandeten als ein wahrer Nächster. Seine Freundlichkeit blieb indes nicht ohne Lohn. An jenem sechsten Februar begann für den Junggesellen eine Liebesgeschichte.

13. Der Siedler in den Sundarbans

Debhatta und Kalutala
6. Februar bis 15. Juni 1794

> Als unsere Brüder in Bengalen ankamen, waren sie von einer Einwohnerschaft von 100 Millionen Seelen umgeben. Sie hörten, man diene in diesem Land 330 Millionen Göttern. Sie sahen, wie man endlose Feiern zu Ehren der Elemente und der zur Gottheit erhobenen Heroen hielt, aber sie hörten nicht eine einzige Stimme, welche zur Ehre des allein wahren Gottes erhoben wurde. Sie sahen diese unermessliche Bevölkerung vor dem Affen, der Schlange und vor Bildern der personifizierten Sünde auf dem Angesicht liegen … Ihre drei Hauptgötter, der Erschaffer, der Erhalter und der Zerstörer, lieben nicht die Gerechtigkeit noch kennen sie irgendwelche festen Prinzipien der Regierung und streiten oft miteinander.
>
> WILLIAM WARD

Es bedeutete für Carey eine große Erleichterung, als er Manicktolla gegen Debhatta eintauschen durfte. Es war eines der größeren Dörfer am Ostufer des *Dschabna*, eines Mündungsarms des Ganges. Der Bungalow des Salt Assistant war ein prächtiger Ziegelbau mit einer großen Veranda und bedeutete für die Careys nach der baufälligen Hütte von Nelu Datta eine wahre Erholung. Und der schöne Dschabna und die kühle, reine Brise waren ihnen eine Erquickung.

Careys Boden lag auf der anderen Seite des Flusses etwas mehr als eine Meile nördlich in *Kalutala*, dessen Name auf einen mohammedanischen Fakir zurückgeht. Noch immer finden sich jährlich Menschen bei seinem Grab ein und bringen dem Heiligen ihre Opfergaben dar.

Carey war dankbar, wieder das zu sein, was er die ersten 28 Jahre seines Lebens gewesen war, ein Dorfbewohner. Hier ging mancher Traum in Erfüllung. Er liebte die Landwirtschaft, der Boden war fruchtbar und Wasser war reichlich vorhanden.

Wie die vielen *Ryots* (Kleinbauern), welche in den Sundarban siedelten, wollte Carey seine Familie zunächst durch den Verkauf von Edelhölzern, Brennholz, Muschelkalk von den zahllosen Muscheln und Wachs von den wilden Bienenstöcken unterhalten. Überdies wimmelte der Dschabna von ausgezeichnetem Fisch, Wild war reichlich zu haben. Der Reis kostete lediglich zwölf *Annas*[7] pro *Mand* (Zentner) und eine Ziege konnte man für sechs *Annas* kaufen. Die Lebensmittel waren kein Problem.

Die einzigen Nachteile waren die örtlichen *Samindars* (Landbesitzer), welche Henckells Plan fast zum Stillstand gebracht hatten; dazu kamen die *Dacoits* (bewaffnete Räuber), welche in den Sundarbans hausten. Der große Schrecken waren aber die Tiger. Zwanzig Menschen waren im Departement Debhatta in den zurückliegenden zwölf Monaten getötet worden. Kalutala war zu einem Großteil verlassen worden aus Angst vor diesen Menschenfressern. Wer draußen schlief, gefährdete sein Leben. Carey war kein guter Schütze wie Thomas, und so hätte er Ursache gehabt, das Land zu verlassen. Aber wohin hätte er gehen wollen?

Es dauerte nicht lange, bis er mit Hilfe von Kulis ein Stück Land gerodet hatte, auf dem er sein Bambushaus baute mitsamt Garten. Er pflanzte Linsen, Erbsen, Zwiebeln. »Ich habe mich nie glücklicher gefühlt«, schrieb er. Ein Mühlstein war ihm vom Herzen gefallen. Täglich überquerte er den Dschabna hin und zurück und sein Herz wurde ihm immer leichter. Er genoss die Arbeit an der frischen Luft und die Hitze war erträglicher als in Kalkutta. Jeden Tag beobachtete er auch noch nie gesehene Pflanzen, Vögel und Insekten. Und das Beste von allem war, dass seine Frau und Felix sich wieder erholten. Und es freute ihn, wie die aus Furcht vor den Tigern verscheuchten Siedler langsam wieder zurückkehrten, als sie merkten, dass der Sahib hier sein Haus baute. Vier- oder fünfhundert bereiteten ihre Rückkehr vor.

An beiden Ufern des Dschabna reihte sich Dorf an Dorf, in denen der Name Christi nie gehört worden war. Die Menschen schienen die zugänglichsten, interessiertesten und freundlichsten, die sich ein Fremdling wünschen könnte, und sie waren auf dem Fluss ohne Mühe erreichbar. Er schrieb:

[7] 16 Annas sind eine Rupie.

> Ich würde mein Unternehmen nicht hergeben für alle Schätze der Welt. Diese Länder hier sind nicht wie die Wildnisse Amerikas, wo man weit reisen muss, um vielleicht sechzig Menschen zu finden, denen man das Wort predigen kann. Hier ist es fast unmöglich Hunderten aus dem Weg zu gehen und es werden noch tausendmal mehr Verkündiger gebraucht …
>
> Und dann sind noch die Länder der Marathen, die ganze nördliche Region Kaschmirs, wo nicht eine Seele ist, die über Gott richtig denkt.

Als sein Haus schon weit gediehen war, erreichte ihn am 1. März eine unerwartete Nachricht. Thomas lud ihn ein, sich ihm bei einer wichtigen Arbeit anzuschließen: Er sollte die Aufsicht über eine Indigoproduktion in *Mahipaldighi* übernehmen. Carey widerstrebte es zwar, sein Stück Land in den Sundarbans sowie die Siedler, die wieder zurückkehrten, aufzugeben. Aber er konnte nicht daran zweifeln, dass der Ruf von Thomas eine von Gott geöffnete Tür war. Ein festes und großzügiges Gehalt, ein Christ als Arbeitgeber, Zusammenarbeit mit Thomas und genügend Geld um Bibeln herausgeben zu können. Ein überfließender Kelch! Er sagte sofort zu. Allerdings konnte er nicht auf der Stelle reisen, denn er musste für die Reise von 300 Meilen auf dem Fluss auf Geld von Malda warten.

In der Zwischenzeit erlebte er ein zweite Überraschung. Mr. Short hatte sich in Catharine Plackett verliebt und sie hatte seine Liebe erwidert. Beide waren großzügig und hilfsbereit gewesen, nun wurde ihnen reich vergolten. Careys Glückwünsche hatten nur einen Schatten: Der Mann, der ihnen so viel Güte erwiesen hatte, kannte die Güte und die Gnade Christi nicht.

Bei Vollmond im April strömten alle Siedler im Sundarban in Debhatta zur *Krischna-Mela* (religiöses Volksfest) zusammen, der *Dol-Jatra*, die man als »indische Saturnalien« bezeichnen muss. Nicht weniger als Zehntausend hatten sich eingefunden, wie Carey schätzte. Seit den Tagen *Gokul Anandas,* dessen Grab dort noch immer verehrt wird, hatte es einen Tempel gehabt, in dem *Radha* und *Krischna* verehrt werden. Bei der Dol-Jatra werden die Bilder der beiden herausgeführt und unter dem Jubel der Menschenmengen auf Schaukeln geschwungen. Das Bild eines Dämons aus der Krischna-Legende wird in ein Feuer geworfen, die Menschen bewerfen sich mit rotem Puder und bespritzen einander mit roter Farbe.

In diesem gleichen Monat sah er auch zum ersten Mal, wie Fakire sich auf Nagelbretter warfen und sich das Fleisch zerstachen, und er sah auch zum ersten Mal das groteske Fleischhaken-Schwingen, das er mit folgenden Worten beschrieb:

> Der Mann, der schwingen soll, legt sich auf den Boden, ein anderer macht ihm mit Staub Zeichen auf den Rücken, wo die beiden Haken versenkt werden sollen. Dann schlägt ihn jemand auf den Rücken und kneift die Haut zusammen, während ein anderer den Haken durch die Hautfalte bohrt. Er steht auf und man wirft ihm Wasser ins Gesicht. Dann stellt er sich einem andern auf die Schultern und die Seile an den beiden Haken werden am Ende einer horizontalen Bambusstange befestigt. Am anderen Ende ziehen mehrere Männer die Stange hoch, rennen dann im Kreis und der am Rücken Aufgehängte fährt in einem Kreis von ungefähr zehn Metern Durchmesser durch die Luft. Dabei streut er Kräuter, die zuvor Schiwa geopfert worden waren. Ich sah einen Mann, der sich auf diese Weise eine Viertelstunde im Kreis drehte.

Carey fand das alles so abscheulich und es erregte sein Mitgefühl so sehr, dass er einmal mehr schwor, er wolle sein Leben dafür einsetzen, damit Indien das Evangelium hören könne.

Da Carey jetzt nur noch auf die neue Verpflichtung in Mudnabati wartete, war es nicht mehr nötig an seiner Hütte weiterzubauen und so konnte er sich auf das Sprachstudium konzentrieren. Er schrieb über das Bengalische:

> Ich sehe jetzt, dass es eine sehr reichhaltige Sprache voller Schönheiten ist.

Über seinen geistlichen Zustand schrieb er in sein Tagebuch:

> Ich kann mit Habakuk sagen: »Auch wenn der Feigenbaum nicht blüht, so will ich mich doch freuen in dem HERRN.« Ich finde an keinem Ort Ruhe als im Ruheort der Seele, in Gott. Ich spüre ein

Fleischhaken-Schwingen, von James Moffats *View of Bengal,* zwischen 1805–1809

> brennendes Verlangen, dass alle Welt Gott erkennen möchte. Ich habe nie ein Opfer bereut, das ich um Seinetwillen gebracht habe.

Als er wieder einmal Brainerd las, fing er erneut Feuer, obwohl er durch die Ungleichheit mit ihm »beschämt wurde. Er war so beständig, und ich bin so unbeständig.« Aber er war nicht nur unbeständig, denn sonst hätte er folgende Worte nicht schreiben können:

> Als ich England verließ, war meine Hoffnung auf die Bekehrung Indiens stark. Aber angesichts so großer Hindernisse müsste ich umkommen, trüge Gott mich nicht. Ich habe Gott und ich habe Sein Wort, und Sein Wort ist wahr. Wäre der Aberglaube der Heiden auch tausendmal stärker und das Vorbild der Europäer tausendmal schlechter, so muss mein Glaube doch überwinden, so er auf dieses Wort ausgerichtet bleibt. Gottes Sache wird obsiegen.

Am 23. Mai brachen sie endlich zu ihrer langen Flussreise auf, nur Katharina (in Begleitung einer Anstandsdame) blieb zurück; denn Mr. Short hatte die Zuneigung von Katharina Plackett gewonnen. Im darauffolgenden Februar wurden sie getraut.

Die langwierige Reise dauerte 23 Tage, aber sie tat Careys Frau gut. Es gab immer Neues zu sehen – verschiedenartige Boote, die den Strom auf- und abfuhren, Menschen von verschiedenartigem Aussehen mit immer wieder andersartiger Tracht, die Bäume und Früchte am Ufer, die Vögel und die Krokodile, die sich am Flussufer räkelten, die Fischer und ihre seltsamen Netze, die Leichenbrände, die fremdartige Musik in den Abendstunden und die Schreie der wilden Tiere in der Nacht.

In Chanduria versuchte er ein erstes Mal zu predigen, musste aber immer wieder nach Worten suchen. Am 15. Juni 1794 legten sie endlich in *Malda* an und wurden sogleich in das gastfreie christliche Haus der *Udnys* aufgenommen. Carey konnte vor mehreren Europäern des Distrikts predigen. Er konnte die Freude kaum beschreiben, die es ihm bereitete, endlich wieder eine für das Evangelium befreite Zunge zu haben.

14. Der pflanzende Missionar

Mudnabati
15. Juni 1794 bis 10. Januar 1800

Die ersten zwei englischen Missionare in Indien schienen den aussendenden Gemeinden für immer verschwunden zu sein. Vierzehn Monate lang erreichte keine Nachricht über ihr Wohlergehen die armen betenden Christen in den Midlands, welche den Mut aufgebracht hatten, das ganze Unternehmen zu beginnen. Am 29. Juni 1794 bekamen Fuller, Pearce, Ryland und die Gemeinde in Leicester endlich die Berichte von der Seereise und Briefe, welche von den ersten Erfahrungen in Balasore, Kalkutta, Bandel und Nadia enthielten.

George Smith

Als erstes musste Carey mit seiner neuen Industrie vertraut werden. *Mr. Udny* veranlasste Besuche in den Indigoproduktionen von Malda und Goamalti, damit er das ganze Verfahren mit eigenen Augen sehen könne. Denn gegen Ende Juni begannen die Bauern ihre Bündel von Indigo in die Fabriken zu bringen. Er sah, wie diese in den oberen Bottichen eingeweicht wurden und fermentieren mussten, erfuhr, welch sicheres Auge es brauchte, um zu wissen, wann man das dunkelgrüne Wasser in die unteren Bottiche ablassen musste. Es amüsierte ihn zu sehen, wie Kulis in den Bottichen standen und mit Paddeln das Wasser schlugen um ihm Luft zuzuführen, bis es tief blau wurde. Man zeigte ihm, woran er erkennen konnte, wann das Wasser genügend geschlagen worden war, damit die Flüssigkeit ruhen, das Granulat sich setzen und endlich das Wasser abgezogen werden konnte. Dann schaute er zu, wie das kostbare Sediment gereinigt, gekocht, gesiebt, gepresst, langsam getrocknet und mit großer Sorgfalt in Würfel geschnitten wurde, die man für den Versand nach Kalkutta in Schachteln oder Kisten verpackte.

Carey, der jahrelang den praktischen Nutzen von Pflanzen eingehend studiert hatte, fand den ganzen Prozess hochinteressant und die erforderliche Sorgfalt gefiel seinem naturwissenschaftlich gelagerten Gemüt.

Am 3. August war sein Haus fertiggestellt und ein stolzer Vater konnte seine Familie in ihr erstes indisches Eigenheim bringen. Es war ein zweistöckiger Ziegelbau mit großen Zimmern und hohen Fenstern. Nach allen ausgestandenen Stürmen war es ein regelrechter Hafen der Ruhe und welch Aufbesserung gegenüber Manicktolla und Kalutala! Mit einem monatlichen Gehalt von 200 Rupien – damals eine gute Summe – und der Aussicht auf Gewinnbeteiligung, sah er sich als eine wohlhabende Person an. Am 5. August schrieb er in einem Brief an das Heimatkomitee:

> Ich kann die Society davon unterrichten, dass ich jetzt mein Auskommen ohne weitere Unterstützung aus der Heimat habe. Ich danke für alle Ihre Bemühungen und hoffe, dass Sie das, was für meine Unterstützung bereitgestellt worden ist, für eine andere missionarische Arbeit einsetzen werden.

Er bat auch um »Fruchtbäume und Waldbäume zum bleibenden Nutzen des Landes, das ich jetzt mein eigenes nenne. Eine große Tür ist geöffnet, und ich habe große Hoffnung. Wenn jemand um des Evangeliums Willen aus seiner Kaste verstoßen wird, dann kann ich ihm jetzt eine Anstellung verschaffen.« Zudem bat er auch um *Curtis's Botanical Magazine* und um *Parkhurst's Hebrew and Greek Lexicon.* Und in sein Tagebuch schrieb er:

> Sollte ich, nachdem Gott uns in so wunderbarer Weise den Weg geebnet hat, nachlässig sein, müsste das schwärzeste Schandmal auf meine Seele gebrannt werden.

Seine Angestellten hatten seine missionarischen Absichten nicht auf Anhieb erkannt. Am Vorabend ihrer ersten Indigoherstellung baten sie ihn, ihrer Göttin *Kali*, der blutrünstigen Gespielin *Schiwas*, ein Opfer darzubringen, um dem Unternehmen Glück zu sichern. Er antwortete, er würde eher sein Leben verlieren, als ihrem Götzen zu opfern.

Die erste Saison war von vielen Krankheiten begleitet, er selbst wurde von Malaria befallen, dem er glücklicherweise mit Chinin zu

Indigo-Fabrik, Aquarell von William Simpson, 1863

Leibe rücken konnte. Sein fünfjähriger Sohn Peter wurde von einem noch heimtückischeren Fieber befallen, dem er nach vierzehn Tagen erlag. Dann waren sie in der Tat einsam, denn die Einheimischen standen unter solch unerbittlichen Tabus bezüglich der Berührung von Toten, dass keiner, weder Hindu noch Moslem, bereit war ihnen bei der Beerdigung zu helfen. Keiner hätte gewagt, den Sarg zu Zimmern oder das Grab auszuheben. Vier ließen sich am Ende überreden das Grab zu schaufeln, aber niemand zeigte sich willens den Sarg zu tragen. Es fanden sich schließlich ein Kastenloser und ein Straßenkehrer, die den Sarg trugen. Am Tag nach der Beerdigung wurden die vier Männer, die das Grab geschaufelt hatten, vom Dorfpriester für kastenlos erklärt. Der Verlust zehrte heftig an den Eltern, besonderes an Dorothea Carey.

Carey musste erfahren, dass es nicht leicht war, die Bauern zu vermehrtem Anpflanzen von Indigo zu bewegen, denn die britischen Indigounternehmer hatten das Ihre getan, um das Ansehen der Engländer zu schmälern. Nur langsam stellten sie fest, dass dieser flinke, direkte und herzliche Unternehmer und Missionar anders war als die üblichen Ausbeuter. Was allerdings Careys Seele zu hellem Zorn entflammte, war die Ausbeutung, welche die Einheimischen aneinander betrieben. Die Landbesitzer saugten die Kleinbauern aus, die Vorarbeiter beraubten systematisch die Arbeiter. Als er den Aufseher dabei erwischte, wie er den zwanzigsten Teil des Lohnes eines jeden seiner Arbeiter für sich einheimste, entließ er ihn auf der Stelle. Diese herzlose Ausbeutung der Ärmsten, der er auf Schritt und Tritt begegnete, widerte ihn an.

Als einziger Engländer in Mudnabati – Thomas und seine Familie lebten in 30 Kilometer Entfernung – war er genötigt, Bengali und Hindustani zu lernen und machte entsprechend schnelle Fortschritte.

Im Frühjahr 1795 wurde seine Frau wieder krank. Alles Schwere, das sie erlebt hatten, fiel jetzt auf sie zurück, und sie verlor den Verstand. Ihr Gehirn wurde zur Behausung krankhafter Phantasien und quälender Ängste und sie wurde zum Gegenteil dessen, was sie von Natur war. Die Menschen, die sie am meisten liebte, griff sie nun am heftigsten an. Sie versank in geistige Umnachtung. Für Carey bedeutete das schwärzeste Dunkelheit. Er schrieb am 3. Februar 1795 in sein Tagebuch:

Das ist für mich wirklich das Tal des Todesschattens, nur ist meine Seele viel stumpfer als die von Bunyans Pilger. Was gäbe ich nicht für einen Freund, der mitfühlen und dem ich mein Herz ausschütten könnte! Aber Gott ist hier, der nicht allein Mitleid zu haben, sondern der auch bis zum Äußersten zu erretten vermag.

5. Februar – Ich ertränke meinen Kummer, indem ich nach England schreibe.

7. Februar – Wenn dieser Tag nur dem ewigen Vergessen anheim fallen könnte!

14. März – Mein Leben ist einsam.

Er hätte seine Einsamkeit besser ertragen, hätte er Briefe aus der Heimat erhalten. Aber obwohl seine Freunde treu gewesen und Schiffe während dreier Saisons angekommen waren, waren ihre Nachrichten nie durchgekommen. Ihr fast zwei Jahre langes Schweigen war für Carey, als sei er vergessen worden. Von Fuller und den andern, die am Eingang des Schachts das Seil festhielten, spürte er nicht das geringste Zucken im Seil! Das muss Dorotheas Schwermut noch gesteigert haben. Endlich, im Mai 1795, kamen Briefe. Fuller berichtete von Careys Vater und von seinen Schwestern, von der Beförderung seines Bruders, von den Wirren der Französischen Revolution, von seinen Predigtreisen, auf denen er für die Mission sammelte, von der überraschenden Freigebigkeit der Gemeinden, vom wachsenden Interesse in London, von der neuen Mission in Sierra Leone, von seinem Nachfolger und von Taufen in Harvey Lane. Pearce schrieb, dass Harvey Lane die blühendste Gemeinde im ganzen Verband war. Gott habe ihr Opfer in dieser Weise reich belohnt. 58 Seelen seien zur Gemeinschaft hinzugetan worden, seit Carey ausgereist war. Zudem seien nahezu alle Gemeinden als Folge der Mission belebt worden. Diese Briefe waren lebendiges Wasser auf eine ausgedorrte Seele.

Während neun Monaten des Jahres bereiste Carey im Auftrag seiner Fabrik den ganzen Distrikt, um den Anbau von Indigo sicherzustellen. So lernte er Nordbengalen aus nächster Nähe kennen. Er wurde mit jeder Einzelheit seiner Flora und Fauna vertraut. Er machte in alle Einzelheiten gehende Aufzeichnungen über die Tiere, Fische, Insekten und Vögel und kannte sie alle mit ihren einheimischen Namen; denn er stellte Tausende von Fragen.

Als Careys Brief vom 4. August 1794 Fuller erreichte und er erfuhr, dass Thomas und er nun bei Mr. George Udny angestellt waren, berief er eine Sitzung des Komitees ein und konsultierte eine Reihe von unterstützenden Leuten in London. Abraham Booth schreibt, dass viele »sehr betrübt sind, dass Carey und Thomas sich in eine weltliche Anstellung begeben haben, ohne die Zustimmung der Society abgewartet zu haben«. Und er, Booth, war der gleichen Meinung. Nun habe man gar keine Missionare mehr in Indien und daher riet er zusammen mit seinen Freunden, man solle keine Leute mehr nach Indien senden; denn wenn sogar Carey, dessen Herz doch so fest im Missionsauftrag verankert gewesen, in dieser Weise abgeglitten war, wen könnte man dann noch in jener Weltgegend mit dem Missionsauftrag betrauen?

Das Komitee hat nicht ganz so scharf geurteilt, denn sie kannten Carey besser. Aber auch sie waren sehr besorgt, wie der Brief des Kassierers zeigt: »Sie bitten die Missionare dringend, sich nicht zu sehr in die Geschäfte dieser Welt zu verflechten, damit nicht ihr Eifer gedämpft und sie von ihrer eigentlichen Aufgabe ganz abgelenkt werden.« Das verletzte Carey tief. Seit er seine *Untersuchung* geschrieben hatte, hatte er immer den Standpunkt vertreten, dass der Pioniermissionar es zu einer Gewissenssache machen müsse, sich so schnell wie möglich selbst versorgen zu können. Allein auf dieser Grundlage hatte er sich für die Aufgabe zu Verfügung gestellt. Er antwortete:

> Meinen eigenen Geist und mein Benehmen zu rechtfertigen ist mir sehr zuwider, da es schon lange mein stehender Grundsatz ist, dass mein Wandel es nicht verdient, gerechtfertigt zu werden, wenn er sich nicht selbst rechtfertigt. Wir dachten wirklich, wir handelten in Übereinstimmung mit dem Wunsch der Gesellschaft. Zwar wurde nicht ausdrücklich Indigo vorgeschlagen, aber Handel mit Hölzern und Landwirtschaft. Ob »der Geist des Missionars vom Ehrgeiz des Kaufmanns verschlungen wird« ist nicht meine Sache zu urteilen. Unsere Arbeit wird für sich reden. Ich kann sagen, dass nach Abzweigen des Allernötigsten für den Unterhalt meiner Familie alles Geld für die Förderung des Evangeliums verwendet wird, indem ich Pandits und Lehrer und Ähnliches bezahle. Liebe zum Geld hat mich nicht ins Indigogeschäft

> getrieben. Ich bin in Wirklichkeit arm, und werde es so lange bleiben, *bis die Bibel in Bengali und Hindustani veröffentlicht worden ist* und die Menschen hier keine weitere Unterweisung mehr brauchen.

Wären Carey und Thomas nicht durch Gottes Vorsehung zu diesem Geschäft geführt worden, wären sie verhungert. Die ersten Geldsendungen aus der Heimat trafen verspätet ein, einige kamen sogar nie an. Die ganze Mission wäre ohne das Indigounternehmen untergegangen.

Carey konnte sagen: »Als alle Gebäude für die Fabrikation standen (wie das im September 1795 der Fall war), hatte ich eine Aufgabe, welche mir mehr Gelegenheiten für den Dienst bot, als irgendeine andere es gekonnt hätte.« Einzig während der drei Monate, in denen der Indigo eingesammelt, hergestellt, verpackt und versandt wurde, war er voll beschäftigt. In den übrigen neun Monaten genügte ihm gewöhnlich der Vormittag für das Geschäft, sodass er die Nachmittage und Abende für sich hatte. Genau das entsprach dem Wunsch von George Udny. Er erlaubte Carey nicht lediglich die missionarische Arbeit, sondern als ernsthafter Christ förderte er sie mit allen Kräften. Sein Haus wurde zu Careys Bethanien, jeder Besuch dort brachte ihm geistliche Erquickung. Bei Careys Besuchen stand es immer der Verkündigung des Evangeliums zur Verfügung und mancher britische Beamte wurde durch das Zeugnis des Hausherrn gewonnen. Wiewohl die Ostindien-Gesellschaft Missionaren feindlich gesinnt war, war doch deren Bevollmächtigter in Malda ein herzlicher Freund der Missionare.

Jeden Sonntag, wenn die Produktion stillstand und auch an zwei oder drei Abenden unter der Woche war Carey in einem der 200 Dörfer seines Distrikts. Es gab keine Straßen, die dahin führten, und so musste er auf den schmalen Aufschüttungen zwischen den Reisfeldern marschieren, oft 20 Meilen an einem Tag. November bis Februar war die goldende Jahreszeit. Zu Fuß oder im Sattel konnte er jeden Winter das halbe Distrikt erreichen. »Das Evangelium zu predigen«, sagte er, »ist das wahre Element meiner Seele. In einem Gebiet von über 20 Meilen im Quadrat habe ich den Namen Christi bekanntgemacht.«

Die Hälfte seines Dorfes waren Hindus und die andere Hälfte Moslems. Die Hindus verehrten den *Lingam* und *Schiwa*, die Moslems sammelten sich um das Grab eines islamischen Fakirs. 1795 konnte er schon eine halbe Stunde bengalisch predigen und wurde leidlich verstanden, auch wenn er wusste, dass er noch immer englisch dachte und die Sätze entsprechend bildete und dass er noch weit entfernt war von freiem Ausdruck und von der Einfachheit der Sprache seiner Zuhörer. Es ermutigte ihn aber zu sehen, wie an Sonntagen oft an die 500 Zuhörer von allen Richtungen über die Felder kamen, systematische Unterweisung begehrten und ihn baten, in ihr Dorf zu kommen. »Nie waren Menschen williger zu hören und schwerer von Begriff«, schrieb er. Sie hörten vom neuen Weg, aber sie folgten dem alten. Die Vergangenheit hatte jede gegenwärtige Veränderung unmöglich gemacht. »Die Kaste hat jede Motivation zu Selbstkritik und Initiative erstickt und dumpfe Zufriedenheit zur Lebensgewohnheit gemacht. Harmlos, gleichgültig und leer trotten sie auf dem Weg ihrer Väter weiter …«

Ihr Aberglaube und ihre Unterwürfigkeit, so sagte er immer wieder, seien das Ergebnis langer Unterwerfung unter die Herrschaft der Brahmanen. Sie seien gedrillt worden, die Brahmanen als »eine Art halbgöttlicher Wesen« anzusehen, bis sie glaubten, dass die Flecken in der Sonne und das Salz im Meerwasser auf ihre mächtigen Zaubersprüche und Verwünschungen zurückgingen. Er schreibt in einem Brief:

> Ihre Unwissenheit ist bodenlos, abgesehen von wenigen Ausnahmen gelehrter Leute. Sie wissen nichts von Geografie oder Astronomie, sind aber ganz der Astrologie verfallen, indem sie Horoskope stellen und Unglückstage und Glückstage beobachten, welche sie mit eingebildeten Schrecknissen füllen. Wäret Ihr bei uns, Ihr würdet jeden Winkel des Landes voller Götzenbilder sehen, und nach jeder Meile eine »Kulthöhe«.

Und Thomas konnte schreiben:

> Sendet uns keine Männer von Mitgefühl, denn Ihr werdet Ihr Herz brechen. Sendet uns Männer von Mitgefühl, denn viele gehen hier

> zugrunde vor Kälte, vor Hunger und vor Mangel an Erkenntnis. Erst kürzlich sah ich die Straße von kranken, verletzten Menschen verstopft, welche inmitten dicht besiedelter Wohngebiete verhungerten, weil keiner mit ihnen Mitgefühl hatte – als ob sie nicht *sterbende Menschen, sondern sterbendes Unkraut* gewesen wären.

Obwohl die Menschen für seine Predigten dankbar waren, so wagte doch niemand zu gehorchen. Die sozialen Folgen waren ein zu hoher Preis. Thomas und Carey hatten immer wieder Hoffnungen bei diesem und dann bei jenem, aber nichts reifte zur Frucht. »Wir haben es im *Herzen,* der neuen Lehre zu folgen«, pflegten die Leute zu sagen, aber sie schreckten vor dem Gehorsam des Glaubens immer zurück. Darauf antwortete Carey einmal:

> Stellt Euch vor: Ich werde plötzlich von der Fabrik weggerufen und ich bitte Euch, nach einer halben Stunde das Wasser aus dem oberen Bottich zu lassen, und ich warne Euch, dass der Indigo verdorben sein wird, wenn Ihr es nicht tut. Und dann komme ich nach einiger Zeit wieder und finde den Indigo noch immer im vollen Bottich. Was nützt es, wenn Ihr dann sagt: Verzeiht, Sir, wir hatten es im Herzen zu tun, wie Ihr sagtet. Wir waren treue Diener im Herzen; entschuldigt daher den unterlassenen äußerlichen Gehorsam.

Carey hatte gehofft, dass Ram Basu der erste Inder sein würde, der sich taufen ließe. Aber ach! Im Sommer 1796 wurde er des Ehebruchs und der Erpressung überführt. Es brach Carey das Herz. Er schrieb an Pearce: »Es ist, wie wenn alles gesunken und untergegangen ist. Mehr als neun Jahre ist er Lehrer und Beistand zuerst von Thomas und dann vor mir gewesen. Ein Gelehrter mit den besten Gaben und ein zuverlässiger Ratgeber.« Bei keinem hatten sie so große Hoffnungen gehabt, für niemanden hatten sie so gearbeitet. Er hatte täglich mit ihnen zusammengelebt und kannte ihr Innerstes. Er hatte Thomas und Carey befähigt, über die Hälfte der fünf Mosebücher zu übersetzen und nahezu das ganze Neue Testament. In einem bengalischen Gedicht hatte er die Lehren und die Art der Brahmanen in satirischer Weise dem Evangelium Christi gegenübergestellt. Carey sagte: »Dieses Gedicht glich den donnernden Streitschriften der Reformatoren gegen die faule, verdorbene und unwissende Geistlichkeit der Kirche von Rom.«

Jetzt hatte er die Mission in den Schmutz gezogen und musste entlassen werden. Carey war sehr niedergeschlagen. Wenn sein Vertrauter sie enttäuschte, auf wen konnte man sich dann verlassen? Dennoch konnte er nach einiger Zeit an Fuller schreiben:

> Wir können das Werk nur aufgeben mit unserem Leben. Wir sind entschlossen auszuharren, auch wenn die Enttäuschungen noch tausendfach schlimmer werden sollten. Wir haben den gleichen Grund zur Hoffnung wie Ihr in England: die Verheißungen, die Macht und die Treue Gottes.

Gleichzeitig bat er um Mitarbeiter: »Wenn einer eintreffen sollte, ich würde ihn mit Entzücken umarmen.« Zu Beginn des nächsten Winters kam einer ganz unverhofft:

> Ich saß gerade mit meinem Pandit und lernte Sanskrit, als einer meiner Nachbarn mit einem Mann hereinstürzte, den er zwölf Meilen vor Mudnabati angetroffen hatte. Bevor ich lange fragen konnte, merkte ich: Es war ein Bruder, ein Missionar. Das verdarb den Sanskritunterricht für den ganzen Tag, aber auf welch willkommene Weise!

Es war *John Fountain,* der erste Missionar, der Carey und Thomas folgte. Er stammte aus den englischen Midlands wie Carey selbst und teilte eine Reihe seiner Interessen. In den einsamen Jahren Nordbengalens war er Carey eine wahre Erquickung. An seinem ersten Wochenende konnte er Carey bei seinem Besuch in Mahipal begleiten, wo Thomas stationiert war. Fountain hörte beide auf Bengali predigen, nahezu einhundert waren versammelt und hörten aufmerksam zu. Fountain schrieb in seinem ersten Brief nach Hause:

> Mr. Thomas findet seine Wonne darin, dem Leib und der Seele der Menschen Gutes zu tun. Er hat viele Eigenschaften, die ihn in hervorragender Weise zum Missionaren ausrüsten. Von Mr. Carey

> muss man sagen, dass sein ganzes Wesen von der Mission absorbiert ist. Seine Freunde in England brauchen sich keine Sorgen zu machen, dass Reichtümer sein Herz der Sache des Evangeliums je entfremden könnten. Er besitzt keine.

Und im gleichen Jahr 1796 gewann die Mission einen weiteren Mitarbeiter: *Ignatius Fernandez* aus dem portugiesischen Macao, gegenüber von Hongkong. Er war von einem Augustinermönch geschult worden und hätte Priester werden sollen. Fernandez hatte sich diesem auf seiner Reise nach Bengalen angeschlossen, aber der römische Bilderdienst stieß ihn so ab, besonders in einem Land, das voller Götterbilder war, dass er die Priesterweihe verweigerte. Er begann stattdessen in Dinadschpur eine Wachskerzenfabrik. Durch ein portugiesisches Neues Testament wurde er aufgerüttelt, dann lernte er John Thomas und dessen Neffen Samuel Powell kennen und diese führten ihn zu Christus. Von Stund an war er ein selbstloser Helfer der Mission. Er baute auf seinem Grundstück einen Evangeliumssaal für Inder und Europäer und gab sofort 40 Pfund an Thomas und an Carey für nötige Bücher. Während seines ganzen Lebens sandte er den Familien der Missionare Geld, Kerzen und Stoffe, und bei seinem Tod (mit 73) vermachte er seinen Besitz der Serampore Mission. Carey war besonders dankbar für die Wachskerzen, die ihm in den Stunden seiner nächtlichen Studien viel helleres Licht bescherten als die einheimischen Öllämpchen.

Carey erzählte Pearce in einem Brief von der Bekehrung des Portugiesen und fügte hinzu, dass er sich nach dem Tag sehnte, an dem er ihm Ähnliches von Indern berichten könne:

> Versetze England in die Situation Bengalens: Es gibt keine öffentlichen Straßen, keine Gasthäuser noch sonst etwas, das Reisen erleichtert; es gibt keine Post und keine Druckerpresse und das Land ist gefangen im Aberglauben des mittelalterlichen römischen Mönchstums. In dieser Situation kommen zwei oder drei Männer aus Grönland um die Engländer zu evangelisieren und lassen sich in New Castle nieder. Sie müssen für ihren Lebensunterhalt arbeiten und viel Zeit mit dem Übersetzen der Heiligen Schrift verbringen. Das gibt Dir eine Vorstellung von unserer Lage hier.

Und Thomas schrieb:

> Ich würde nur zu gerne von großen Erfolgen berichten, von Tausenden bekehrter Seelen. Aber es mag noch sieben Jahre dauern, und noch sieben Jahre dazu, bis Ihr solche Nachrichten bekommt. Denkt an Joseph, als er gesandt wurde, um Millionen zu retten. Es dauerte sieben Jahre, bis *einer* durch seine Sendung gerettet wurde, und danach *wurden* sie zu Millionen gerettet.

Der deutsche Sanskritologe *Max Müller* pflegte zu sagen: »Das Studium der Sprache und der Literatur des Sanskrit ist die beste Methode, um einen Menschen, der 25 Jahre in Indien verbringen will, unter den Indern heimisch zu machen.« Nach seinem zweiten Jahr in Mudnabati begann Carey Sanskrit zu lernen, eine Sprache, welche Rambasu als nahezu göttlich gepriesen hatte. Es war Indiens Ausweis von Kultur, das Entréebillet zu ihrer wahren Aristokratie; die Sprache, in der ihre heiligen Schriften verfasst sind und die daher der Schlüssel zur Seele Indiens ist. Sie ist die Mutter und Königin der zahlreichen indischen Sprachen. Wer sie beherrschte, war bald Herr eines Dutzends abgeleiteter Sprachen. Gleichzeitig begann Carey Hindustani zu lernen. 1796 konnte er Ryland erzählen:

> Ich habe mir so viel Hindustani angeeignet, dass ich mich darin unterhalten und sogar verständlich predigen kann. Es ist die geläufige Sprache des Westens von Radschmahl bis Delhi und darüber hinaus. In dieser Sprache kann ich mich in nahezu ganz Hindustan verständigen.

Es war offenkundig: Carey stellte sich auf einen Dienst ein, der weite Teile Indiens im Auge hatte. Im Frühling 1797 war die bengalische Übersetzung des Neuen Testaments fertig. Matthäus, Markus, Lukas und Jakobus waren das Werk von Thomas gewesen. Er berichtete Fuller davon:

> Es gibt in jedem Land nur zwei Hindernisse, die dem Werk Gottes im Weg stehen: die Sündhaftigkeit des menschlichen Herzens und das Fehlen der Heiligen Schrift. Das zweite Hindernis hat Gott

> begonnen wegzuräumen; denn jetzt ist das Neue Testament ins Bengalische übersetzt. Es wird wertvoller sein als Edelsteine.

Carey wusste welche ungeheure Verantwortung der Übersetzer hatte: »Fehler in der Quelle verseuchen alle Ströme.« Er hatte nach folgender Methode gearbeitet:

> Mein Pandit beurteilt den Stil und den Satzbau meiner Übersetzung, ich beurteile die Treue. Er liest mir die Übersetzung vor, und ich versuche an der Art, wie er die Betonungen und Schwerpunkte setzt, zu erkennen, ob er es vollkommen verstanden hat. Wenn er versagt, dann nehme ich an, es liege an meiner Übersetzung …

Wie konnte man nun das übersetzte Werk drucken? Man musste die Typen in England gießen lassen, eine Guinea das Stück, und das bedeutete, dass eine Auflage von zehntausend Exemplaren 4400 Pfund gekostet hätten, eine astronomische Summe. Im Dezember 1797 erfuhr Carey, dass in Kalkutta die erste Typengießerei für indische Typen eingerichtet worden war, und einige Monate später, dass eine Druckerpresse aus England eingetroffen sei, die für 47 Pfund ausgeschrieben war. Er redete mit solcher Begeisterung davon, dass Mr. Udny beschloss, sie ihm zu schenken. Im September 1798 kam die Nachricht, die Presse sei in Mudnabati am Landesteg. Wiewohl Carey und seine Freunde ganz aufgeregt waren, »widerstanden sie der Versuchung, sie sogleich zu holen, da es Sonntag war. Stattdessen zogen sie sich zurück und dankten Gott.«

Als dann die Dorfbewohner sie sahen und bemerkten, wie Carey und Fountain ihr solche Aufmerksamkeit widmeten, nannten sie sie »Sahibs Götzen«. In Wahrheit war sie natürlich dazu gedacht, die Götzen zu zertrümmern. Bis die Bibel gedruckt und verbreitet worden war, konnte das Werk nur langsam voran gehen. Die Missionare hatten noch nichts in Händen, das sie vorweisen konnten, keine Bekehrten, nicht einmal unter den Sprachlehrern. 1799 bekannte Carey in einem Brief an Pearce sein Enttäuschung:

> Ich bin fast empfindungslos geworden … eine empfindungslosere Seele als die meine gibt es kaum. Ich bin vielleicht das trägeste und

> kälteste Geschöpf, das je die Gnade Christi besessen hat. Ich habe keine Liebe. O Gott, mach mich zu einem wahren Christen! Wenn Gott mich gebrauchen kann, dann braucht keiner zu verzweifeln. Ich sprach heute mit Mohammedanern, aber ich fühle mich um nichts besser als sie. Ich bin keiner von den Männern, die stark sind und Großes unternehmen. Ich befürchte, ich könnte der Mission Schande bringen.

John Newton schrieb er im Dezember 1799. diesen Brief:

> Ich weiß, dass Gott schwache Werkzeuge verwenden kann, aber ich frage mich oft, ob es Ihm zur Ehre gereichen würde durch Menschen wie mich zu wirken. Es könnte so aussehen, als ob Gott Trägheit guthieße, wenn ich offenkundigen Segen erfahren sollte.

Ob Segen fließen würde oder nicht, er war entschlossen, im Werk zu leben und zu sterben. Er schrieb an Pearce:

> Möge ich brauchbar sein, um den Grund zur Gemeinde Christi in Indien zu legen. Ich begehre keinen größeren Lohn, noch kann ich höhere Ehre empfangen. Das Werk, das Gott in Seine Hand genommen hat, wird unweigerlich gedeihen. Christus hat begonnen diese alte und starke Festung zu belagern und Er wird sie auch einnehmen. Es ist nicht Seine Art ein Werk zu lassen, das Er begonnen hat.

Und an Ryland schrieb er:

> Wenn ich wie David nur die Werkstoffe bereitstellen soll, damit ein anderer das Haus bauen kann, werde ich mich nicht weniger freuen.

Und an die Society ging dieser Brief:

> Ich hoffe, Ihr seid durch unseren bisher sehr geringen messbaren Erfolg nicht mutlos geworden, sondern, dass ihr das eher als einen Ruf zu verdoppelter Anstrengung auffasst und uns mehr Leute

Witwenverbrennung, Ölgemälde von James Atkinson, 1831.

sendet. Hindustan *muss* unter »allen Nationen« sein, welche Ihn preisen werden.

Die unermessliche Not Hindustans wurde ihm bewusst wie nie zuvor, als er im Frühling 1799 an einem Abend in *Nawasarai* (50 Kilometer von Kalkutta) mit eigenen Augen eine Witwenverbrennung sah. Carey beschrieb das abscheuliche Geschehen ausführlich:

> Wir sahen eine große Menschenmenge am Flussufer. Als ich fragte, was sie zusammenführte, sagten sie, der Leichnam eines Mannes werde verbrannt. Ich fragte, ob seine Ehefrau mit ihm sterben werde, was sie bejahten, indem sie auf sie zeigten. Sie stand neben dem hohen Stapel Brennholz, auf dem der Leichnam ihres Ehegatten lag. Ihre nächsten Verwandten standen neben ihr und in der Nähe stand ein Korb mit Süßigkeiten. Ich wollte wissen, ob sie freiwillig gekommen sei oder ob man sie mit unerlaubten Mitteln genötigt habe. Es sei vollkommen freiwillig. Ich redete, bis ich merkte, dass keine logischen Argumente etwas ausrichteten und begann dann mit aller Kraft ihr Tun zu verurteilen, es sei schändlicher Mord. Sie behaupteten, es sei vielmehr ein Akt großer Heiligkeit und bedeuteten mir mit mürrischer Miene, ich solle doch weitergehen, wenn ich es nicht sehen wolle, worauf ich antwortete, dass ich bleiben und den Mord mit eigenen Augen sehen wolle und vor dem Richterstuhl Gottes gegen sie zeugen werde.
>
> Ich ermahnte die Frau, ihr Leben nicht wegzuwerfen, dass sie nichts fürchten müsse, nichts würde ihr angetan werden, wenn sie sich weigerte, dem Mann in die Flammen zu folgen. Ohne ein Wort bestieg sie den Scheiterhaufen und tanzte allem Anschein nach in absoluter Seelenruhe auf ihm mit ausgestreckten Armen. Vorher hatten ihre Verwandten, deren Aufgabe es war, den Brand anzufachen, sie sechsmal um den Holzstapel geführt. Während sie ihre Runden drehte, warf sie Süßigkeiten in alle Richtungen unter das Volk, welche sie als etwas ganz Heiliges aßen. Sie legte sich danach neben den Leichnam, legte einen Arm unter seinen Hals und den andern darüber und dann schüttete man eine Menge Kokosblätter und andere Dinge über die beiden und goss dann Ghii über das Ganze. Man legte zwei Bambusstangen über sie und

drückte sie fest nieder und dann wurde das Holz in Brand gesteckt, welches sofort hell aufloderte. Kaum brannte das Feuer, stießen die Zuschauer laute Freudenschreie aus und riefen den Namen Schiwas an. Man hätte die Frau nicht hören können, hätte sie gestöhnt oder sogar laut geschrieen, und sie hätte sich der Bambusstangen wegen auch nicht vom Fleck rühren können. Wir protestierten, die Frau würde mit Gewalt im Feuer gehalten, sie aber behaupteten, es brauche diese Stangen, damit der Holzstapel nicht umfalle. Wir ertrugen den Anblick nicht mehr und verließen sie, nicht ohne diesen Mord laut verurteilt zu haben, voll Grausen über das, was wir gesehen hatten.

Careys Geist brannte vor Schmerz. Sein Gemüt brannte zusammen mit dem Leib der Brennenden und er gelobte, wie später Lincoln bezüglich des Sklavenhandels, »dieses verfluchte Treiben zu zerschlagen, wenn Gott mich am Leben halten sollte«. Er seufzte nach weiteren Mitarbeitern, die, wie dieser Anblick ihm neu vor Augen führte, bitter nötig waren. Und in der Tat: Im Mai des gleichen Jahres bekam er diesen ziemlich kurzen Brief:

Edwood Hall, Halifax, Oktober 1798

Lieber Mr. Carey!
Ich weiß nicht, ob Ihr Euch an den jungen Mann, er ist Drucker, erinnert, der an einem Sonntag mit Euch von der Rippon's Kapelle wegging und sich mit Euch über Eure Reise nach Indien unterredete. Am 16. dieses Monats hat die Society seinem Dienst zugestimmt. Es war ein glückliches Treffen. Der missionarische Geist war lebendig. Pearce entflammte die ganze Zusammenkunft. Ich erwarte, irgendwann im Frühling *zusammen mit den andern* abreisen zu können. Es ist mein Herzenswunsch, mit Euch zu leben und zu sterben, mit Euch auszugeben und verausgabt zu werden.

Ich vertraue, dass Eure Gebete uns auf der Reise begleiten und dass ich durch Eure Gegenwart werde erquickt werden. Möge Gott mich treu machen bis in den Tod und mir Ausharren, Stärke und Eifer für den großen Auftrag geben.

Es grüßt Euch voller Zuneigung
W. Ward

Im gleichen Monat Mai beschloss Mr. Udny, Mudnabati bis zum Jahresende aufzugeben. Die vorangegangene Saison war eine Katastrophe gewesen. Von den fünf Jahren, die Carey in Mudnabati gearbeitet hatten, waren drei von Fieber, Überschwemmungen und Dürre verdorben worden. Um weiterhin eine Einnahmequelle für Missionare zu sichern, hatte Carey in *Kidhurpur*, 12 Kilometer nördlich von Mudnabati, für 3000 Rupien ein Grundstück gekauft, wo er ebenfalls Indigo herstellen wollte. Als er im November hörte, dass drei oder vier Missionarsfamilien aus England unterwegs waren, beschleunigte er seine Vorbereitungen, um diese dort aufnehmen zu können. Udny konnte Carey noch bis August den Lohn versprechen und dann würde er wieder ohne Einkommen dastehen. »Wir werden in große Not kommen, es sei denn, der Herr greife in einer Weise für uns ein, die uns nicht bekannt ist. Aber Armut wird für keinen von uns beiden etwas Neues sein«, schrieb Fountain.

Bald kam die Nachricht, dass zusammen mit *William Ward* drei Familien gekommen waren: die Familien *Marshman, Brunsdon* und *Grant*, dazu Fräulein *Tidd*, die Verlobte von Fountain. Wiewohl sie in einem amerikanischen Schiff im dänischen Serampore angelegt hatten, wurden sie von den britischen Behörden zurück aufs Schiff beordert, sobald diese erfahren hatten, dass sie Missionare waren.

Ole Bei, der über siebzigjährige Gouverneur von Dänisch Serampore, versprach furchtlos Unterkunft und Schutz für sie, aber die britischen Behörden blieben bei ihrem Beschluss, und so saßen die Missionare in Serampore fest. Sie suchten Careys Rat, der ihnen Fountain entgegensandte, damit er seine Braut holen und an seine einflussreichen Freunde Roxburgh und Colebrook Briefe überbringen könne, in denen er sie bat, sich bei den Behörden für die Neuankömmlinge zu verwenden, dass sie doch zu ihm weiterreisen dürften. Sie taten, was sie konnten, aber alles war vergeblich. Nach fünf Tagen in Kalkutta kehrte Fountain zusammen mit Ward nach Mudnabati zurück.

Ward hielt folgende Sätze in seinem Tagebuch fest:

Sonntag, 1. Dezember, Mudnabati. Diesen Morgen verließen wir das Boot und gingen die halbe Meile zu Fuß zu Careys Haus. Endlich sah ich ihn! Er hat sich kaum verändert, seit ich ihn in Lon-

> don sah, vielleicht ist er etwas kräftiger geworden … Mrs. Carey ist geistesgestört. Ihre vier Jungen sprechen fließend Bengali, Felix ist 14 oder 15. Wir kamen gerade rechtzeitig zum Bengali Gottesdienst. Carey predigte. Der Gesang bewegt mich sehr. Da ist eine Missionsschule von etwa dreißig Schülern.

Carey war schockiert zu erfahren, Grant liege schon in Serampore begraben. Er war einem Fieber erlegen und ließ zwei Waisen zurück. Und er war entsetzt, als er vernahm, die britischen Behörden hätten den Neuankömmlingen das Betreten des Hoheitsgebiets der Ostindischen Gesellschaft kategorisch verboten und sie nach England zurück beordert. Die einzige Hoffnung für sie, in Indien bleiben zu können, war die Zuflucht bei Colonel Bei, dem Gouverneur von Serampore. Er hatte lange den Wunsch gehabt in der Siedlung von Serampore eine protestantische Kirche zu bauen und sammelte Geld zu diesem Zweck. Er war überzeugt, die Anwesenheit der englischen Missionare würde sein Anliegen beschleunigen und zudem hatte er von *Schwarz* in Trankebar vom Wert der protestantischen Mission erfahren. Sie wären alle willkommen in Serampore, könnten dort Häuser mieten oder kaufen, Schulen eröffnen, die Bibel drucken und Pässe für britisches Territorium bekommen und ungehindert predigen. Das Angebot war verlockend, aber Kidhurpur müsste aufgegeben werden, und das bedeutete ein Verlust von vollen 500 Pfund. Ward schrieb am 2. Dezember in sein Tagebuch:

> Carey hat sich zu einer Entscheidung durchgerungen. Er ist bereit, alles zu verlassen und unserem Heiland nach Serampore zu folgen. Er hat uns dort eine Tür geöffnet, während Er alle anderen geschlossen hat.

Carey begann sofort mit den Vorbereitungen zum Umzug. Die göttliche Führung war bald offenkundig. Udny wurde fast unmittelbar nach Kalkutta befördert und sein Nachfolger in Malda war ein entschiedener Gegner aller Mission und hätte ihre Arbeit bekämpft. Zudem hatte der Generalgouverneur *Lord Mornington* aus Gründen der Staatsräson soeben den Gebrauch der Presse in Britisch Bengalen außerhalb Kalkuttas verboten.

Ward fragte Carey, wie viel es denn schon zu drucken gebe, und er war über die Antwort äußerst verblüfft. Bis auf wenige Kapitel des Alten Testaments war die ganze Bibel zum Druck bereit, geschrieben auf Tausenden von Blättern in Careys sauberer Handschrift. Fountain hatte Entwürfe zu einigen der alttestamentlichen Geschichten erstellt, und Thomas hatte die Vorarbeit zu Genesis, Matthäus, Markus, Lukas und Jakobus geleistet. Die Überarbeitung dieser Teile und der ganze Rest waren Careys Arbeit gewesen. In seinen fünfeinhalb Jahren in Mudnabati hatte Carey die Hauptarbeit zu seiner ersten Bibelübersetzung geleistet.

Die Kranken in Mudnabati beklagten seinen Weggang, denn von Thomas hatte er eine Menge erste Hilfe gelernt, und so kamen Menschen fast täglich aus Meilen Entfernung und holten sich Arzneien und Ratschläge.

Wohl hatten Hunderte Hilfe für ihre körperlichen Gebrechen gesucht, aber kein Inder hatte die Botschaft des Heils zur Errettung der Seele aufgenommen. Nicht einmal bei seinem Abschied zeigte jemand auch nur das kleinste Verlangen nach Christus. Er war wie eine Frau, die sehnsüchtig auf ein Kind wartet.

Und was war mit John Thomas? Bevor irgendein Gedanke an Serampore aufgekommen war, hatte er, tief entmutigt, die Verwaltung von Mahipal aufgegeben. Danach wurde seine Beziehung zur Mission sehr locker. Mit seiner Frau und seiner Tochter zog er immer wieder um, war einmal Prediger, dann raffinierte er Zucker, dann war er Destillateur und wieder Indigopflanzer. Er war eine unstete Seele, mit einem für den Herrn brennenden Herzen.

Als Careys und Fountains Gepäck samt Druckerpresse verladen waren, verließen sie am ersten Morgen des Jahres 1800 Malda und fuhren flussabwärts nach Serampore. Am 10. Januar gingen sie von Bord. Carey hatte damit seine Lehrzeit als Missionar hinter sich. Nun begann die Zeit, da er einer Missionsmannschaft als Leiter vorstand.

15. Die Anfänge in Serampore

10. Januar 1800 bis 5. März 1801

In der ganzen Geschichte der Mission kennen wir kein größeres Kapitel als das von Serampore.

George Smith

Die drei Männer von Serampore gehörten zu jener Sorte von selbstgeschulten Männern, denen man in der englischen Geschichte so oft begegnet. Es waren Männer mit einem unstillbaren Wissensdurst und von praktischem Geschick, die sich von keinen Schwierigkeiten entmutigen ließen und deren Fleiß und Geduld grenzenlos waren. Jeder ergänzte den andern so vollkommen, dass ihr Zusammenleben ihre Arbeitskraft verdreifachte. Sie lebten in Serampore in einem gemeinsamen Haushalt und hielten während Jahren schwerster Prüfungen in Wohl und Wehe zusammen.

Julius Richter, Geschichte der Mission in Indien

Dank sei Euch, Ihr Herrnhuter. Wenn ich je auch nur ein halbwegs brauchbarer Missionar geworden bin, dann verdanke ich das alles – außer Gott – Euch.

Joshua Marshman

Ich habe es nicht eilig gehabt mit Carey nach Serampore zu kommen, denn man lernt am meisten von der Eigenart eines Menschen, wenn man ihn beobachtet, während er seine ersten schweren Probleme schultert und an seinen Lehrstücken arbeitet. Darum habe ich mir die Zeit genommen, von seinem Aufenthalt in den Sundarbans und von den fünfeinhalb Jahren in Mudnabati in Nordbengalen zu erzählen. Dort erwarb er sich seine Kenntnisse vom ländlichen und damit eigentlichen Indien, dort stellte er seine ersten bohrenden Fragen, erwarb er sich die Kenntnis in den Umgangssprachen und in Sanskrit und legte den Grund zu all seiner späteren Übersetzungsarbeit.

Von Serampore an wird Careys Leben mit Wards und Marshmans verwoben, und wir haben es in der Folge mit einer dreifachen Biografie zu tun. Die drei Stränge sind so eng miteinander verflochten, dass man sie kaum gesondert verfolgen kann. Nie waren drei Männer so sehr ein Herz und eine Seele wie diese. Carey war den andern zwei um sechs Jahre voraus, aber sie holten ihn schnell auf, und seine Ziele wurden vollständig ihre Ziele. Ihre Ankunft war nach den einsamen Jahren in Mudnabati für Carey Segen und Heil, da er wesentlich ein soziales Gemüt war.

Kidhurpur wäre ganz abseits der befahrenen Wege gelegen, aber Gott lenkte es anders und er verwendete die Feindschaft der britischen Behörden, um die Mission an einen Ort unvorhergesehener Vorteile zu bringen. Serampore lag an einer Hauptverkehrsader, an einem Hauptstrom. Es lag weit genug von Kalkutta, um vor Belästigungen sicher zu sein, und es war doch nur zwei Stunden davon entfernt. Serampore war »volkreich, wohl organisiert, gesund und schön«, es stand gerade an der Schwelle seiner besten Jahre, was es der weisen Führung von Gouverneur Bei verdankte. Die Bewohner waren Dänen, Deutsche, Franzosen, Engländer, Portugiesen, Armenier, Griechen, Sikhs, Moslems und Hindus. Es war Dänemarks Bengalischer Hafen. Der Fluss Hoogly war so breit wie die Themse bei Gravesend und in seiner Fahrrinne kamen und gingen die Schiffe von Dänemark und aus aller Welt. Bis zweihundert große Schiffe unter vollen Segeln passierten während einer einzigen Flut. Hier fand nun die Mission Zuflucht und konnte von da einen nie erwarteten Einfluss auf die Welt ausüben. Gouverneur Bei brachte oft Besucher von weit her mit auf die Missionsstation. So konnte Carey schon vom ersten Jahr in Serampore an zu Menschen aus vielen Nationen predigen. Der Ort lag strategisch ideal. John Fountain sagte: »Während einer Woche hörten in Serampore mehr Menschen das Evangelium als während sechs Monaten in Mudnabati.«

Und doch brauchte es Mut, die Mission dort zu gründen. Der Distrikt war ausgesprochen hinduistisch, es war nach *Puri* das bedeutendste Zentrum der Verehrung Dschagannaths, dessen Feste riesige Menschenmengen zusammenbrachten. Zudem war bereits ein Versuch unternommen worden. 1777 hatten die beiden Herrnhuter *Karl Friedrich Schmidt* und *Johannes Grassmann* sich in Serampore niedergelassen. Sie hatten Bengali gelernt und bereits ein bengalisch-deutsches Wörterbuch erstellt. Die Hindus und die Moslems hielten aber so hartnäckig an ihren Überlieferungen fest, dass sie nach fünfzehn Jahren Arbeit als Frucht nur einen einzigen zweifelhaften Bekehrten zählen konnten. So wurde dieses Unternehmen der Herrnhuter im Jahre 1792 aufgegeben, gerade in dem Jahr also, da die Missionsgesellschaft der Baptisten in England gegründet wurde. Carey und seine Freunde setzten damit den Kampf da fort, wo ihre Herrnhuter Kämpfer hatten aufhören müssen. Careys Jahre in Nordbengalen hatten ihn gelehrt, dass der Kampf hart sein und lange dauern würde.

Carey war von der Arbeitsweise der Herrnhuter überzeugt, dass die Missionare mit ihren Familien in Gemeinschaftssiedlungen leben sollten. Sie war wirtschaftlich, effizient und förderte die Bruderschaft. Er machte sich daran, die Familien zu einer solchen Gemeinschaft zusammenzuschmieden. Er wusste, dass Zusammenleben auf engem Raum von der menschlichen Natur viel abverlangte. Schon auf dem Schiff hatten einige Frauen Reibungen untereinander gehabt, und während seiner ersten Woche in Serampore, noch bevor sie das Missionshaus gekauft hatten, waren zwei der Männer in einen heftigen Streit miteinander geraten, »und das vor den Bengalen!« Ward schrieb:

> Ich zittere schon, bevor wir richtig angefangen haben zusammenzuleben. Es hängt so viel an der Selbstlosigkeit, an der Nachsicht, an der Sanftmut und an der Selbstverleugnung eines jeden. Eine einzige Person mit dem falschen Temperament kann unser Haus zur Hölle machen. Es braucht so viel Weisheit. Nur hie und da macht man sich ein Gewissen über hartnäckige Gedanken, die einen nicht loslassen wollen, und bedenkt man, dass wir den andern höher achten müssen als uns selbst. Nur wenige sind dafür geeignet in einer solchen Lebensgemeinschaft zu leben, in der man egoistische Leidenschaften zerschlagen und die Liebe Christi alles andere verschlingen muss.

Die Gemeinschaft wurde aber zusammengeschweißt und von diesen ersten Bundesgenossen in jedem einzelnen Fall aufrechterhalten bis zum Tod, der allerdings innerhalb weniger Monate Fountain und Brunsdon wegraffte, aber Ward, Carey und Marshman noch 23, 34

Joshua Marshman und William Ward.

und 37 Jahre verschonte. Diese dreifache Schnur riss nie, obwohl viele es gewünscht hätten.

Die Gemeinschaft der drei wurde durch die Tatsache verstärkt, dass sie in den Mitarbeitern an der Heimatfront, Fawcett, Fuller, Sutcliff und Pearce, schon gemeinsame Freunde hatten. Und es war auch eine Hilfe, dass alle noch unter 40 waren: Carey war 39, Marshman 32 und Ward 31. Zudem waren sie bereit, sich bis zum Äußersten zu verausgaben.

Die Neuankömmlinge fanden bald bestätigt, dass die Missionsleiter in England Recht gehabt hatten, als sie von Carey sagten: »Ihr werdet feststellen, dass er ganz und gar nicht diese Sorte Temperament hat, die es einem schwer macht, Rat anzunehmen.«

In einer bestimmten Einzelheit wich Carey von den Vorgaben der Herrnhuter ab. *Spangenberg* hatte in seinen Anweisungen (die 1788 unter dem Titel *Instructions* in Englisch erschienen), geschrieben, »jede Niederlassung soll ein Haupt oder einen Hausvater bestimmen, dem die Übrigen in Liebe untertan sein sollen«. Carey wollte nicht als Haupt oder Hausvater gelten, sondern gründete Serampore auf der Grundlage der Gleichheit aller. Die Mehrheit sollte bestimmen, über die verschiedenen Aufgaben und Funktionen wurde abgestimmt; die Aufsicht hatte ein jeder im Turnus jeweils für einen Monat, was bedeutete, dass er verantwortlich war für den Einkauf von Lebensmitteln, Vorsitz am Tisch, Buchführung, Anweisung der Dienerschaft, Empfang der Besucher und Führung des wöchentlichen Gottesdienstes. Carey wollte nicht, dass irgendjemand Meister heiße, zuallerletzt er selbst. »Einer ist unser Meister, Christus.«

Eine Hauptaufgabe von Spangenbergs Hausvater war, »Zank zu verhindern, sobald er sich zeigte, und ihn zu schlichten, wenn er ausgebrochen war«. Auch diese Aufgabe übertrug Carey auf die fünf Männer:

> Wir haben jeden Samstagabend ein Treffen, um Familienangelegenheiten zu besprechen und Differenzen zu schlichten, wenn unter der Woche etwas vorgefallen ist. Sollte jemand verletzt worden sein und es dann nicht sagen, würde er später auf wenig Nachsicht stoßen, ja sogar eines Vergehens schuldig geworden sein.

Diese Offenheit war ein solcher Erfolg, dass er am Ende von zwei Jahren sagen konnte: »Wir haben seit Monaten keine Klage gehabt, und sollte eine Klage gemacht werden, würden wir sie in freundschaftlicher Weise klären.« Er sagt, dass er von Anbeginn insgeheim sich selbst vorgenommen habe, nie willentlich die Ursache von Reibungen zu sein, und dass kein Bruch von ihm ausgehen dürfe, was er auch erdulden sollte. Dass ihre Gemeinschaft der Belastung ihres ganzen Lebens standhielt, spricht Bände über die Gesinnung der Beteiligten.

Jedes Handeln oder Arbeiten zur persönlichen Bereicherung war verboten und alle Einkünfte mussten in die gemeinsame Kasse fließen, aus der jede Familie entsprechend ihren Bedürfnissen einen bescheidenen Betrag bekam. Aller Überschuss war für die Ausweitung der Mission bestimmt. Hier folgten sie exakt dem Vorbild der Herrnhuter und konnten so jede Regung der Habsucht schon beim ersten Keimen ersticken. Ebenso gehörten alle Immobilien der Mission und sie selbst waren lediglich Treuhänder, nicht Besitzer.

Die Aufgabenverteilung ergab sich von selbst. Man war sich eins, dass der Druck und die Verbreitung der Bibel ihr oberstes Ziel war. Die Korrektur der Satzfahne und die Freigabe zum Druck waren Careys, Fountains und Felix Careys Pflicht. Der Fachmann Ward hatte die Aufsicht über den Druck und wurde von Brunsdon unterstützt. Um an Geld für die hohen Kosten zu kommen, eröffneten Josua Marshman und seine Frau Hanna ein Knaben- und ein Mädcheninternat, das wohlhabende Europäer dankbar beanspruchten. Colonel Laurie sagte: »Jedermann sandte einen Sohn nach Serampore.« Sehr schnell hatten sie 40 Schulkinder und verdienten damit 2000 Pfund im Jahr. Aber noch wertvoller war der Umstand, dass ein beständiger Strom von jungen Menschen durch diese Schule ging, die dort großen geistlichen Segen in Form von geistlicher Unterweisung empfingen. Neben dem Internat führten die Missionare auch eine kostenlose Schule für die Kinder der Armen in Indien.

Die Mitarbeiter brachten Carey große Befriedigung:

> Alle haben ihr Herz ganz dem Werk geweiht. Ward ist genau der Mann, den wir brauchten. Marshman ist ein Wunder an Fleiß und Verstand. Sprachen zu lernen, scheint ihm ein Spiel zu sein. Er hat in vier Monaten so viel gelernt wie ich in acht.

Carey war auch unendlich dankbar für Hanna Marshman, deren »außergewöhnliche Klugheit«, Hingabe und Eifer sie zur eigentlichen Mutter der Siedlung machten. Ihr Herz war voll von Mitgefühl und ihre Tage waren voll guter Werke. Sechsmal musste sie über den Verlust eines neugeborenen Kindleins trauern, aber sie war zu tief verankert im Vertrauen auf Gott, als dass sie unzufrieden geworden wäre.

Die Freundlichkeit des Gouverneurs der dänischen Kolonie beglückte alle. Er wurde der erste Subskribent der bengalischen Bibel, vergab an Ward alle amtlichen Druckaufträge und drängte die Dänen, ihre Kinder in Marshmans Schule zu schicken.

Auf seine Einladung hin hielten die Missionare von Anfang an Sonntagsgottesdienste im Haus des Gouverneurs, bis im Jahre 1808 die dänische Kirche erbaut worden war. Während fünfzig Jahren machten die drei von Serampore und ihre Nachfolger einen unschätzbaren Beitrag zum religiösen Leben des Gouverneurs und der ganzen europäischen Gemeinschaft. Aber sie versuchten auch die Einheimischen zu gewinnen. Ward beschreibt ihre ersten Bemühungen in Serampore:

> In diesem Land ist es üblich, dass einige der Ärmsten in der Bevölkerung zu Balladensängern werden, denn sie haben keine geschriebenen oder gedruckten Bücher, die sie verkaufen könnten. Heute früh stellten Carey, Marshman und ich uns an einer Kreuzung auf und begannen *unsere* Ballade zu singen. Die Leute guckten aus ihren Häusern, einige kamen, und alle schienen erstaunt, drei *Sahibs* zu sehen, die zu Balladensängern geworden waren. Die Leute scheinen begierig, die Lieder zu bekommen, die wir verteilten.

Kurz nachdem sie ins Missionshaus gezogen waren, kam John Thomas aus Birbhum auf Besuch. Carey hatte ihn einige Jahre nicht gesehen. Die Stadt war überfüllt mit Besuchern, die sich zur *Ganga Mela* (einer religiösen Feier) eingefunden hatten und schwoll noch mehr an, als die hinduistischen Dulder mit ihrem Fleischhakenschwingen anfingen. Gegen diese Barbarei erhoben Carey und Thomas einmal mehr lautstark ihren Protest.

Am 24. April des Jahren 1800 konnten sie einen Dankgottesdienst für den glücklichen Abschluss ihrer Bauarbeiten halten. Um den Tag zu krönen, kamen am Abend Briefe aus der Heimat, in denen sie erfuhren, wie in Schottland die Begeisterung für die Mission wuchs. Colonel Bei schrieb an Fuller:

> Ich bin glücklich, diese Leute bei mir zu haben und werde mich freuen, wenn noch mehr kommen.

Es waren aber nur wenige, die die Missionare auf solche Weise empfingen wie Gouverneur Bei. Die meisten Europäer höhnten, sie seien verrückt. »Viele spotten über uns, aber wir bereiten die Werkstoffe für Gottes Tempel in diesem Land, und Er ist unsere Zuversicht«, schrieb Carey. Um seine Gemeinschaft mit Ihm zu pflegen, richtete er sich einen von Bäumen umgebenen Winkel im Garten ein, in dem er sich täglich bei Sonnenaufgang, vor dem Nachmittagstee und nach dem Abendessen zurückzog, um die Bibel zu lesen und zu beten.

Zwei Monate nach seiner Ankunft in Serampore lernte er *Panchanan* kennen, einen indischen Schmied, der unter Sir Charles Wilkins gelernt hatte Punzen und Typen zu fertigen. Er stellte ihn und dessen Neffen *Manohar* für die Mission an und im Mai konnten sie die erste Seite des bengalischen Neuen Testaments drucken. Während der nächsten neun Monate setzten Ward, Brunsdon, Felix und ein indischer Setzer Seite für Seite die von Carey laufend zum Druck bereiteten Abschnitte seiner Übersetzung des Neuen Testaments. Er schrieb:

> Sie sind mir auf den Fersen wie die Bluthunde dem Hirsch. Ihre Arbeit ist ein Zehnfaches dessen, was sie in England gewesen wäre, da Drucken, Schreiben und Buchstabieren auf Bengali etwas so vollständig Neues ist. Wir müssen in gewisser Weise die Rechtschreibung festlegen und mein Pandit ändert so oft seine Meinung. Dennoch wage ich die Behauptung, dass unsere Manuskripte viel korrekter sind als irgendwelche ihrer eigenen Schriften.

Sie rühmten sich ihrer Arbeit. Ward schrieb: »Mir, dem allergeringsten von allen Heiligen, ist die Gnade gegeben worden, unter den Nationen die unausforschlichen Reichtümer Christi zu drucken, solchen ein Neues Testament zu geben, die noch nie eines gesehen haben.«

Obwohl die Herrnhuter Grassmann und Schmidt zu der Ansicht gelangt waren, in Bengalen predigen sei so viel wie auf Felsen zu pflügen, glaubte Carey noch immer an die durchschlagende Kraft der Predigt. Darum war er viel draußen und streute den Samen des Wortes in die Herzen. Von seinem ersten Sonntag an war er sonntags meist ein Gesandter des Herrn, der an die Hecken und Zäune ging und dreimal an einem Tag predigte, in den kühlen Monaten sogar viermal. Bald ging er auch an den Freitagen zum Predigen und verteilte immer auch Flugschriften.

»Freund, könnt Ihr lesen?«, fragte er jeweils. »Nein, Sahib«, war meist die Antwort. »Kann jemand in Eurer Familie lesen?« »Nein.« »Jemand in Eurem Dorf?« »Ja, einer.« »Dann gebt ihm das hier und sagt ihm, er solle es Euch und Euren Nachbarn vorlesen. Hier wird Euch der Weg erklärt, auf dem Ihr errettet werdet, wie ihr Vergebung der Sünden empfangen und im Leben und im Sterben glückselig werden könnt.« Meistens wurden die Schriften mit Verwunderung angenommen.

Es kamen immer mehr Zuhörer, aber niemand wagte, sich ihnen anzuschließen. Sie sagten: »Zuerst müssen die Brahmanen diesen Glauben annehmen.« Die Brahmanen waren verblüfft über Careys Kenntnisse der *Shastras* (heiliger Hinduschriften), welche einer von Hunderten unter ihnen nicht einmal mit eigenen Augen gesehen hatte. Sie versuchten ihn in ein Gespräch zu verwickeln, wurden aber bald vorsichtiger. Manchmal luden sie ihn in ihre Dörfer ein oder trafen sich mit ihm auf den Treppen eines Tempels und redeten, bis es dunkel wurde. Manchmal behaupteten sie, ihre und Careys Religion seien im Wesentlichen gleich, und es müsse ein jeder nach dem Glauben seines Volkes selig werden. Darauf fragte er sie, ob eine *Rupie* und eine *Paisa* (die kleinste Münze) auch das Gleiche seien und welche der beiden sie wählen würden, wenn man ihnen beide anböte. Zuweilen gaben sie zu, dass ihre *Devtas* (Götter) sie nicht retten konnten und dass sie willens wären, ein Traktat mit einer christlichen Hymne anzunehmen, jedoch nicht in der Nähe des Flusses; dann wieder lehnten sie ab, irgendetwas Christliches zu hören, da dies ein Verstoß gegen ihre Kaste darstelle, oder dass es eine Sünde sei, von einem Geringeren unterwiesen zu werden. Oft verlangten sie von ihm ein Zeichen, um seine Lehre zu beweisen. Sie drohten Carey und seinen Freunden auch ihre Flüche an, »und vergesst nicht, unsere Flüche treffen!« Manchmal stellten sie auch einen Haufen jugendlicher Störenfriede an, welche ihn beim Predigen verspotteten und laut zischten.

Carey musste sich oft der Satire als Waffe bedienen: »Ihr glaubt, ihr könnt erlöst werden, indem ihr den Namen eurer Devtas endlos hersagt? Was ist das anderes als Papageienheiligkeit?« Wenn er ein Götzenbild sah, fragte er oft: »Was ist das?«, und bekam zur Antwort: »Unser Gott.« »Hat dieses Ding die Menschen oder haben Menschen dieses Ding gemacht?« »Der Ganges ist heilig? Es wimmelt von Räubern auf ihm und er fließt am Gefängnis von Kalkutta vorbei, das voll ist von Brahmanen, die sein Wasser weder ehrlich machen noch befreien kann.« »Ihr schaut auf die *Paita* (der heilige Faden, den die Angehörigen der drei höchsten Kasten tragen); Gott schaut auf das Herz.« »Wenn Mangos an Dornsträuchern wachsen, dann werden sündige Herzen ein heiliges Leben hervorbringen.« Ein Hindu-Mönch brüstete sich damit, dass er einen Krug Wasser in Milch verwandelt habe und Carey lud ihn zum Essen ein. »Ihr braucht keine Angst zu haben, das Essen könne für Euch unrein sein. Jemand, der Wasser in Milch verwandeln kann, kann sicher verbotenes Essen in erlaubtes Essen verwandeln.«

Als man Carey fragte, warum er mit den Brahmanen so schroff sei, antwortete er: »Wenn ich meinen Nachbarn antreffe, wie er in seinem brennenden Haus schläft, dann fasse ich ihn hart an, reiße ihn aus dem Schlaf und helfe ihm heraus aus dem Feuer.« Dennoch verließ er sich weniger auf das harte Anfassen denn auf die Geschichte vom Leiden des Herrn. Im Mai 1800 schrieb Ward einmal:

> Carey und ich gingen heute Morgen in ein Dorf. Die Versammlung war sehr unruhig, aber während er von den Leiden und vom Tod des Herrn redete, waren sie ganz still. Das ist mehr und mehr sein Thema.

Ward sah manchmal wie Brahmanen unter dieser Botschaft weinten und unter Tränen sagte Carey: »Es gibt einen *Ganga,* der Sünden wegnehmen kann, aber das ist nicht der Ganges.«

Carey bedauerte die Hindus, die alle erdenkliche Mühsal ihrer Religion auf sich nahmen, während sie Christus und Sein Werk verwarfen: »Ich miete ein Boot und sage dem Schiffer, er soll mich nach Kalkutta hinunterfahren. Statt dessen müht er sich stromaufwärts nach Nadia. Seine Arbeit ist ganz unnötig und dazu ist es ganz gegen meine Anweisung und meinen Willen.« Vor Jahren hatte Robert Hall in England gesagt, Carey verwendete beim Predigen zu wenig Vergleiche. Das hätte er jetzt nicht mehr sagen können. Er hatte die Art des Orientalen gelernt und angenommen.

Aber noch immer zeigte alle Mühe kein einziges Ergebnis. Ward sprach aus dem Herzen aller:

> Wir sind oft sehr mutlos, obwohl wir einander gegenseitig Mut zu machen versuchen. Zur Zeit liegt Totenstille über allem; nicht einer lispelt: »Was muss ich tun, um errettet zu werden?«

»Macht uns zu Zimmerleuten oder Schmieden wie die Eurigen, aber eure Religion wollen wir nicht«, sagten viele. Jahre später zeigte Hanna Marshman ihrer Tochter Rahel einen großen Baum in Serampore, unter dem die Missionare regelmäßig gesungen und gepredigt hatten und von wo sie manchmal mit blutenden Köpfen zurückkamen, nachdem man mit Steinen nach ihnen geworfen hatte. Es schien, dass Schmidt und Grassmann Recht gehabt hatten: »In Serampore predigen ist so viel wie auf Felsen pflügen.« Pfarrer Brown meinte, sie müssten einsehen: »Gottes Zeit für die Bekehrung Bengalens ist noch nicht gekommen. Ihr habt Grant und Fountain verloren; ihr habt treu gearbeitet, aber ohne Erfolg. Wenn die Apostel an einem Ort abgewiesen wurden, zogen sie an den nächsten.«

Auch die Einheimischen forderten sie heraus: »Wenn Gott euch gesandt hat, warum sind dann zwei von euch schon tot?« Schwer zu beantwortende Fragen. Ein Brief vom Oktober 1800 zeigt einen entmutigten Carey:

> In anderen heidnischen Ländern kann man wenigstens das Gewissen ansprechen, hier aber ist Gottes Gesetz aus dem Gewissen getilgt worden und götzendienerische Zeremonien haben dessen Platz eingenommen. Die Menschenmassen huldigen den Brahmanen tausendfach mehr als das Volk den römischen Priestern in den dunkelsten Tagen des Papsttums. Und alle sind durch ihre Kaste gebunden. Jedes Band, das das Herz eines Ehemannes, Vaters und Nachbarn bindet, muss zerrissen werden, bevor sich jemand Christus ergeben kann.

Trotzdem schrieb Carey gleichzeitig an John Williams:

> Ich habe keinen Zweifel, dass Gott in diesem Land Seinen Namen aufrichten wird. Unsere Arbeit mag nur die Arbeit von Pionieren sein, aber die Wahrheit wird mit Gewissheit obsiegen, und dieses Reich wird ebenso wie andere Reiche das Heil unseres Gottes sehen.

Carey bekennt, dass er »vor Entmutigung oft fast ganz vertrocknet und versucht war zu seiner Arbeit zu gehen wie ein Soldat, der mit einer Niederlage rechnet«. Oft sagten sie einander: »Wenn wir nur einen einzigen Hindu hätten, der Christ geworden ist und mit dem wir frei und offen Umgang pflegen könnten. Nichts als die Errettung von Seelen kann uns zufriedenstellen.« Hätten sie sich mit einem christlichen Einfluss begnügt, wären sie nicht so enttäuscht gewesen. Ihre Sehnsucht nach Bekehrungen war die Ursache ihres Kummers.

Es war ein Glück, dass Ward sich in erster Linie um Careys beide ältesten Söhne, *Felix* und *William*, kümmerte. Sie arbeiteten neben ihm an der Druckerpresse und waren mit ihrer perfekten Beherrschung von Hindustani und Bengali unersetzlich. Durch seinen Einfluss wurden beide auch Jünger Jesu. Am 20. Oktober gab Felix sein Leben dem Herrn, am Tag darauf ging er hinaus und predigte.

Für Carey änderte sich alles, als nun seine beiden Söhne mit ihm selbst eines Herzens und einer Seele waren. Er schrieb: »Ich habe mehr Grund zur Freude als irgendjemand sonst.« Er konnte nicht mehr niedergeschlagen sein. In der Bekehrung seiner Söhne gab ihm Gott das Angeld auf den Erfolg.

Die Freude der Missionare wurde noch größer, als John Thomas sich ihnen wieder anschloss. Er brachte einen verwitweten Arbeiter Namens *Fakira* mit sich, der seit einem Jahr ein Wahrheitssucher war. Er war in Thomas' Zuckerraffinerie geblieben, um Gelegenheit zu haben die Wahrheit zu hören, obwohl er dort nur ein Drittel des vorherigen Gehalts bekam. Am 25. November, einem Dienstag, erzählte er vor den Mitgliedern der Mission seine Erfahrung, bekannte Christus zu gehören und bat um die Taufe: »Ich habe nichts, das ich Gott geben könnte, aber wenn ein Reicher sich zum Bürgen für einen Armen erklärt, dann kann der Arme ihm wohl vertrauen. Ich vertraue auf Jesus.« Die Missionare schossen hoch und sangen stehend einen Lob Gottes. Fakiras Taufe wurde auf den Sonntag vereinbart, nachdem er aus seinem Dorf zurückgekehrt wäre, wo er sein Kind holen wollte. Tragischerweise hörte man nie mehr etwas von ihm. Vielleicht verlor er den Mut oder wahrscheinlicher ist, dass seine Verwandten ihn mit Gewalt zurückhielten. Vielleicht war auch der erste aufrichtige Jünger der erste indische Märtyrer. Der Freudenkelch wurde den Missionaren aus der Hand geschlagen.

Eines Tages traf Thomas einen Schreiner, der auch ein *Guru* war, und fragte ihn, wo die nächste Brahmanenschule sei und ob er sie innerhalb einer Stunde erreichen könne. Darauf antwortete der Schreiner nein, sie liege eine gute Tagereise entfernt von Serampore – was Thomas natürlich genau wusste. Aber das gab dem gewieften Evangelisten Gelegenheit, von der Schule Christi zu sprechen, und wie man diese auf kürzestem Weg erreichen könne, nämlich durch die von Ihm gewirkte Erlösung.

Das war nicht die erste Begegnung, die *Krischna Pal* mit dem Evangelium hatte. Jahre zuvor hatte er es aus dem Mund des Herrnhuters Johannes Grassmann gehört, für den er einige Schreinerarbeiten gemacht hatte. Dann hatte er wieder von John Fountain etwas gehört, aber nie hatte ihn die Botschaft mit solcher Kraft getroffen wie dieses Mal. Er war als Neunzehnjähriger nach einer schweren Krankheit ein Jünger der Hindusekte von *Ram Tscharan Pal* von *Ghospara* geworden und hatte von diesem eine Reihe von Mantras gelernt. Jetzt, mit 35, war er ein Laienlehrer, der andern Mantras beibrachte, aber wollte nun mehr von diesen neuen Lehrern des Christentums erfahren.

Er brauchte ihre Hilfe bald, denn am 25. November glitt er am Ufer des Hooghly aus und verrenkte sich eine Schulter. Er forderte die Hilfe des Arztes und Missionars, den er eben kennen gelernt hatte. Thomas war sofort zur Stelle, und als er sah, von wem der Hilferuf kam, erwachte in ihm sogleich eine große Hoffnung. Nachdem er ihm die Schulter wieder eingerenkt hatte, ließ er ihm folgendes Wort zurück: »Der Vater züchtigt ein jedes Kind, das er liebt.«

Am Nachmittag brachten ihm Thomas und Marshman ein gedrucktes Gebet, das man in Art ihrer täglichen Andachten singen konnte:

Sünde bekennen, Sünde lassen,
Christi Gerechtigkeit erfassen,
Und die Seele ist frei.

Am Tag darauf suchte er die Missionsstation wieder auf, weil er noch heftige Schmerzen hatte. Bald kam er täglich um mehr zu hören und sowohl Ward als auch Felix erklärten ihm in aller Ausführlichkeit den Heilsweg. Alles, was er erfuhr, sagte er seiner Frau *Rasamaji* und seiner Schwester *Dschajmani* weiter. Am 22. Dezember fragte Thomas Krischna, ob er auch verstehe, was er gelernt hatte, worauf dieser entgegnete, dass der Herr Jesus Christus Sein Leben für Sünder dahingegeben habe und dass er und sein Freund *Gokul* aufrichtig daran glaubten. »Dann seid ihr unsere Brüder«, sagte Thomas. »Kommt, lasst uns in Liebe miteinander essen.« Serampore war entschlossen, von einem jeden Bekehrten zu verlangen, dass er alle Kastenschranken ablege. Gokul und Krischna willigten ein, sie setzten sich mit den Missionarsfamilien zu Tisch und aßen miteinander. Am Abend gesellten sich auch Rasamaji und Dschajmani zu ihnen, und die Verzückung war vollendet. Ward rief:

> Damit ist die Tür des Glaubens auch den Heiden geöffnet worden. Wer will sie wieder schließen? Die Fessel der Kaste ist zerrissen. Wer will sie wieder zusammenschmieden?

Ihre Zeugnisse waren überzeugend: »Die Worte Christi haben unsere Seele gesegnet. Er hat unsere Sünden weggenommen. Er ist uns alles. Die Liebe, die für uns starb, ist wunderbar. Unsere Herzen sind ans Kreuz geheftet. Fortan bedeutet uns der Segen oder der Fluch eines Brahmanen nichts.« Die Taufe der vier wurde auf den folgenden Sonntag vereinbart. Thomas war außer sich vor Glück; er hatte fünfzehn Jahre auf diese Freude gewartet. Carey selbst hatte die Hoffnung schon fast aufgegeben. Thomas jubelte:

> Singe, Seele, singe laut! Meine Freude ist unaussprechlich. Wenn du kannst, meine Seele, singe durch deine Tränen hindurch ein Lied von fünfzehn Jahren. Die fünfzehn Jahre sind mir jetzt wie fünfzehn Augenblicke. Ein armer Fuchs stößt Sanballats Mauer um. Mir ist, die Freude werde nie ablassen. Ihr Engel, seht! Oh welche Wonne!

Während die Freudenglocken auf der Missionsstation läuteten, machten alle Höllenhunde die Runde um Krischnas Haus. Man schleppte ihn vor die Behörden und er wurde ins Gefängnis geworfen. Aber auf Careys und Marshmans Intervention hin zitierte der Gouverneur Krischna vor sich. Das Volk schrie: »Dieser Mann hat mit Europäern gegessen und ist selber einer geworden«, worauf der tapfere alte Däne antwortete, nachdem er die Fakten vernommen hatte: »Nein, er ist ein Christ geworden und nicht ein Europäer und er hat gut getan daran. Ich stehe für ihn ein und ich verbiete Euch ihn anzutasten.«

Die aufgebrachte Menge zog sich zurück, ließ sich aber nicht besänftigen. Hunderte umstellten Krischnas Haus und schrieen und höhnten ihn *Feringhi* (das war das Schimpfwort für jeden Ausländer).

Carey traf Rasamaji weinend auf der Straße und er weinte mit ihr: »Treue zu Christus hat Euch diese Not beschert. Er wird Eure Tränen in Seinem Schlauch verwahren und wird Euch nie verlassen.« An diese Worte konnte sie sich noch Jahre später erinnern. In jener Nacht wären sie alle umgebracht worden, hätte der Gouverneur nicht vom Anschlag Wind bekommen und sie bewachen lassen.

Die Nachbarn setzten ihnen unablässig mit Bitten, Drohungen und Verhöhnungen zu, bis am Sonntag Krischna allein bereit war herauszutreten. Die anderen erbaten sich etwas Zeit. Während die Leute ihn höhnten – »Krischna, du Teufelssohn, in der Hölle ist dein Thron« –, legte er scheinbar ungerührt Zeugnis von seinem Glauben und von seiner Hoffnung ab. Ward hat einen lebendigen Bericht vom historischen Ereignis hinterlassen:

> *Sonntag, 28. Dezember 1800.* Nach unserem englischen Gottesdienst gingen wir zum Fluss, wo der Gouverneur, eine Anzahl Europäer und viele Hindus und Mohammedaner standen. Wir sangen ein bengalisches Lied, dann predigte Carey auf Bengali. Nach dem Gebet stieg er zum Wasser hinab mit Felix an seiner rechten Hand und taufte ihn. Dann ging Krischna zum Wasser hinab und wurde getauft. Alles war still, der Gouverneur konnte die Tränen nicht zurückhalten. »Ihr Götter aus Stein und Ton, bebtet Ihr nicht, als im Namen des Dreieinen eine Seele Euch wie Staub von seinen Füßen schüttelte?« Als Krischna sich wieder umgezogen hatte, reichte ihm eine dänische Dame die Hand und dankte ihm von Herzen. Thomas, ach!, musste in seinem irrsinnigen Rasen in der Schule zurückgehalten werden.
>
> Am Nachmittag hielten wir zum ersten Mal das Abendmahl auf Bengali. »Wie lieblich sind deine Wohnungen, HERR der Heerscharen!«, sagte Krischna und war voller Lob. Felix und ich begleiteten ihn heim und wir redeten mit den Frauen. Um neun Uhr kam Krischna und sagte uns, sie wünschten auch die Taufe. Gesegneter Tag!

Die Bürde seiner Freude war Thomas zu viel geworden, und er war zusammengebrochen. Aber auch Careys Frau konnte nicht an der Freude ihres Mannes und ihres Sohnes teilhaben.

Krischna (wenn nicht Fakira) war der erste Bekehrte. »Er war nur ein Einziger, aber ein Kontinent folgte ihm«, sagte Marshman. »Die Bekehrung und Veränderung eines einzigen Hindu war wie das entscheidende Experiment in einer naturwissenschaftlichen Untersuchung und hatte allgemeine Gültigkeit. Die göttliche Gnade, die das Herz von einem einzigen Inder veränderte, konnte offenkundig das Herz von Hunderttausenden verändern.« Krischna war der Erstling Bengalens und Nordindiens. Er begleitete die Missionare öffentlich; kein Schaudern seiner Landsleute und keine Verwünschungen seines Guru konnten seine Seele erschüttern.

Zwei Wochen später ließ Dschajmani sich taufen, die erste bengalische Frau, welche dieses tapfere Bekenntnis ablegte. Auf die Frage, wie viel Rupien man ihr dafür geboten habe, antwortete sie: »Ich habe wahrlich große Reichtümer erhalten und in Jesus einen Schatz, der mehr wert ist als alle Schätze der Welt.« Dschajmani nannte ihr Herz »ein Buch, worin alles eingeschrieben ist, was ich vom Retter gehört habe«. Sie ermutigte ihre Schwester Rasamaji so kräftig, dass auch sie Ende Februar den Mut hatte sich taufen zu lassen, zusammen mit Annada, der Witwe eines *Tschamar,* eines Gerbers.

Serampore war selten irgendwo besser beraten als bei ihrer unbedingten Forderung, unter den Bekehrten keinerlei Kastenunterschiede mehr gelten zu lassen. In Südindien hatten die Pastoren innerhalb der Kirchengemeinschaft Kastenunterschiede erlaubt, in der Meinung, das sei nicht schwerwiegender als die Anerkennung von gesellschaftlichen Rangunterschieden in der westlichen Gesellschaft. Die Serampore Missionare waren aber überzeugt, dass die Kaste das Bollwerk des Hinduismus darstellte und dem Geist des Evangeliums diametral widersprach. Sie weigerten sich von Anfang an ihr das Knie zu beugen, auch wenn sie wussten, dass diese unerbittliche Haltung den Erfolg erschweren würde.

Die südindischen Zugeständnisse trugen mit den Jahren skandalöse Früchte – getrennte Abendmahlskelche für die höher und für die niedriger Geborenen, und sogar nach Geburt getrennte Kirchen. Liebe und Demut und Einheit, der Genius des Christentums, waren dadurch zerstört. In Serampore wurden Brahmanen und Sudras als Brüder angesehen, sie wurden täglich zur Freundschaft ermutigt und sie heirateten sogar untereinander.

Fast so gesegnet wie der Tag von Krischnas Taufe war der 5. März 1801, als das gebundene Neue Testament auf Bengali auf den Abendmahlstisch gelegt wurde. Es war das erste Buch des Volkes, das in dieser Sprache gedruckt worden war, die Frucht von siebeneinhalb Jahren Arbeit Careys. Er war nun bald vierzig. Ward, der den Druck besorgt hatte, schrieb:

> 5. März. Wir hatten heute Abend einen Gottesdienst der Danksagung für die Fertigstellung des Neuen Testaments. Carey sprach auf Englisch und auf Bengali und wir übrigen beteten. Ein trostreiches Zusammenkommen!

Zusammen mit einer Kiste mit 100 Exemplaren für Ryland sandte Carey auch einen Kasten mit indischen Schmetterlingen, die Ward und er gefangen und befestigt hatten. Ein Exemplar wurde Earl Spencer aus Careys Grafschaft überreicht, der veranlasste, dass auch dem König ein Bengali Neues Testament geschenkt werde. Der König nahm es mit den Worten entgegen: »Mit großer Genugtuung erfahre ich, dass einer meiner Untertanen in solcher Arbeit beschäftigt ist.« Ein weiteres Exemplar wurde dem König von Dänemark zugesandt.

Dieses Neue Testament war »der erste Axthieb der Wahrheit gegen den Banyanbaum des indischen Aberglaubens«.

16. Der Professor von Fort William

Kalkutta
8. April 1801 bis 31. Mai 1830

Carey war das Zentrum gelehrter Bengalis, welche von seinem Eifer angezogen wurden. Den Schub, den er bengalischer Gelehrsamkeit vermittelte, kann nicht allein an seinen Veröffentlichungen gemessen werden, sondern man muss ebenso den persönlichen Einfluss seines Vorbildes berücksichtigen.

Dr. Susil Kumar De (Universität von Kalkutta)

Carey war der Pionier des wiedererwachten Interesses an den einheimischen Sprachen.

Rabindranath Tagore

Der bescheidene Carey war angenehm aufgeregt an jenem Vormittag, den Marshman folgendermaßen beschrieben hat:

> *Mittwoch, 8. April 1801* – Carey hatte einen Brief von unserem guten Freund Rev. David Brown bekommen. Er wünsche, ihn als Professor für Bengali am neu gegründeten College vorzuschlagen und wollte wissen, ob Carey sein Ja dazu geben könne. Zusammen mit Ward diskutierten wir die Sache ausführlich und kamen zu dem Schluss, dass er der Sache, die ungesucht anerboten worden war, zustimmen sollte, da man unschwer absehen konnte, dass sie der Sache der Mission sehr nützlich sein könnte.

Die Ostindien-Gesellschaft war inzwischen zu einem Imperium angeschwollen und deren Beamte waren für ihre Aufgabe unzulänglich gerüstet. Die neue Lehranstalt – *Fort William College* –, sollte diesem Mangel abhelfen. Die nunmehrigen Regenten des indischen Subkontinents mussten seine Geschichte und auch seine Sprachen kennen. Neben Urdu, Hindi und Sanskrit hatte Bengali seine ganz einzigartige Bedeutung, da es die Sprache der Hauptstadt war und zugleich der

Ein Blick auf das Gebäude in Kalkutta, in dem die Studenten des Fort William College lebten, von J.B. Fraser, 1819.

zahlreichsten Niederlassungen der Company. *Chaplain Brown,* der anglikanische Pfarrer in Kalkutta, hatte Carey für den Lehrstuhl des Bengalischen vorgeschlagen und dabei nicht verheimlicht, dass er ein Nonkonformist war. Aber das erst frisch gedruckte Neue Testament in Bengali und die Tatsache, dass dessen Herausgeber Bengali so gut sprechen konnte, wie er es schrieb, waren gewichtige Beweise seiner Kompetenz. So kam es, dass Carey, dem die Company die Aufenthaltsgenehmigung auf indischem Boden verweigert hatte, jetzt von der Company selbst gerufen wurde, einen so verantwortungsvollen Posten im Bildungssektor der britischen Regierung zu übernehmen.

Dabei hatte er die dazu erforderliche sprachliche Fertigkeit erworben, indem er etwas tat, was die britischen Behörden bekämpft hatten. Und es war die Feindseligkeit der britischen Beamten gegen seine Arbeit gewesen, die ihn überhaupt in die Nähe von Kalkutta gebracht hatte, wodurch allein man in dieser Sache auf ihn hatte aufmerksam werden können. So hatte Gott allen Widerstand zur Förderung Seiner Sache gelenkt.

Die anderen Missionare in Serampore konnten sich nun sicher wähnen, da einer der Ihren einen solchen Posten im Dienst der Regierung innehatte. Hätten sie diese Sicherheit nicht gehabt, wäre es für sie sehr ungemütlich geworden, als sie am Morgen nach Careys ersten Arbeitstag am College sahen, dass die britische Flagge über dem Haus des dänischen Gouverneurs flatterte. Während Serampore schlief, hatte eine britische Einheit die Stadt im Handstreich genommen und ihre Farben gehisst, ohne dass ein Schuss gefallen war. Die Missionare wurden vor den britischen Bevollmächtigten zitiert, der ihnen aber völlige Freiheit zusicherte, ihre Arbeiten ungehindert weiterführen zu können.

Als die Missionsstation in Serampore gegründet worden war, hatte Carey darauf bestanden, dass jeglicher etwaige Gewinn, den einer der Missionare machen sollte, in eine gemeinsame Kasse fließen müsse. Nun bekam er einen monatlichen Lohn von 500 Rupien, der bald auf das Doppelte erhöht wurde. Damit hatte er nun das Vorrecht, neben Marshman, dessen Schulen große Gewinne abwarfen, den größten Beitrag zur Missionskasse zu leisten. Am Tag nach seiner Amtseinsetzung sandte er seinem Vater in England 20 Pfund, 10 Pfund an seine invalide Schwester Maria und 20 Pfund als Beitrag an die Lehre, die sein Neffe Peter eben begonnen hatte. Im Übrigen lebte er genauso, wie er zuvor gelebt hatte, indem er sein Gehalt als Eigentum der Mission ansah, außer einem kleinen besonderen Zuschuss, der ihm »für angemessene Kleidung« gewährt wurde.

Careys Schüler, die alle aus der britischen Aristokratie stammten, kamen meistens direkt von Eton und waren alle unter zwanzig. Drei Tage die Woche, das heißt von Mittwoch bis Freitag, war er an der Schule beschäftigt. Bevor sein erstes Semester vorüber war, wurde er ersucht, Sanskrit zu unterrichten. Am 20. September 1804 wurde Carey gebeten, bei einer Feier in Anwesenheit von Generalgouverneur *Wellesley* und dessen Bruder, dem Herzog von Wellesley, Richtern des obersten Gerichtshofes und einer Gesandtschaft von Bagdad, eine Rede auf Sanskrit zu halten. Carey war außer Colebrooke der einzige Europäer, der Sanskrit so fließend reden konnte wie die Brahmanen. In seiner Ansprache sagte er unter anderem:

> Diese Schule wird dazu verhelfen, die Schranke unserer Unwissenheit der Sprachen Indiens niederzureißen, welche lange den Einfluss unserer Überzeugungen und Gesetze gehemmt hat …

Bald kam als dritte Sprache, für dessen Unterricht Carey zu sorgen hatte, Marathi dazu. Er war erst neun Monate als Professor für Bengali tätig gewesen, als er von Lord Wellesley einen Auftrag bekam, eine Untersuchung über die religiösen Morde der Hindus bei *Ganga Sagar* vorzunehmen, wo der Hoogly – ein Mündungsarm des Ganges –, ins Meer fließt. Kinderlosen Ehefrauen wurde beigebracht, dem heiligen Fluss zu geloben, ihm ein Kind zurückzugeben, wenn er ihnen Kinder schenken sollte. So kamen denn immer wieder Frauen zurück, um ihr Gelöbnis einzulösen. Die Säuglinge wurden die Lehmböschung zum Fluss hinuntergestoßen, wo sie entweder ertranken oder von Krokodilen gefressen wurden.

Carey sammelte während eines ganzen Monats alle Informationen, welche dazu führten, dass die Regierung dieses schreckliche Treiben umgehend verbot. Nur die Witwenverbrennungen mochte sie nicht untersagen. Darüber war Carey so aufgebracht, dass er sofort zuverlässige Leute aussandte, die in jedem Dorf in einem Umkreis von 30 Meilen um Kalkutta in Erfahrung bringen sollten, wie viele

Witwen in den zurückliegenden zwölf Monaten verbrannt worden waren. In jener Region allein waren es 438, unter ihnen viele Witwen, die noch Mädchen waren. So hoch war der Blutzoll eines einzigen Jahres, den der Aberglaube einforderte. Serampore flehte die Regierung an, diesen grausamen Brauch zu verbieten. Es war umsonst. Noch ein Vierteljahrhundert lang dauerte es, bis die armen Hinduwitwen von dieser furchtbaren Sitte befreit wurden.

Carey bemühte sich mit seiner ganzen Seele seine Studenten für Christus zu gewinnen und er durfte einigen Erfolg erfahren. Bevor das erste Semester zu Ende war, hatte er einen Kreis um sich geschart, der sich in seinem Zimmer zum Bibelgespräch traf. *Byam Martins* Bekehrung und radikale Veränderung machte seine vergnügungssüchtige Frau ganz sprachlos. *William Cunningham* war eine andere Frucht seiner Bemühungen. Ende 1802 reiste er heim und nahm Careys Aufforderung mit, auf seinen eben ererbten Plantagen von Westindien die Sklaverei aufzuheben. Ein Jahr danach vernahm Carey, dass das Parlament von Jamaika Schwarzen verboten hatte, Schulen zu besuchen und religiöse Versammlungen abzuhalten. Er sandte sofort einen Brief an *John Williams* in New York:

> Wir müssen im Gebet für ihre Befreiung ringen. Gottes Hand wird schwer sein über den britischen Inseln, dessen Handel durch Menschenraub und Grausamkeit unterhalten wird. Wenn Gott dem Blut nachforschen wird, wird Er das Seufzen der Armen nicht vergessen. Mögen die Bedrücker aber eher bekehrt als gerichtet werden!

1818 war Carey der einzige der Professoren, die seit der Gründung des Colleges noch in dessen Dienst standen. Er diente der Schule dreißig Jahre und war der einzige der Professoren, die emeritiert wurden.

Die Professoren am College waren auch die Sachkundigen, an die sich die Behörden wandten, bevor sie irgendein Werk in einer indischen Sprache veröffentlichen ließen. So kam es, dass während dreißig Jahren nichts in Bengali, Marathi oder Sanskrit erschien, ohne dass Carey es gutgeheißen hätte. Er hatte tatsächlich die Schlüssel dieser drei Reiche in der Hand! Zudem ging von Carey die Inspiration zu literarischer Arbeit aus. *Susil Kumar* sagt: »Seine Collegeräume wurden zum Zentrum literarischer Aktivität.« Seine eigenen Pandits veröffentlichten sechzehn Werke, zum größten Teil bengalische Übersetzungen von Sanskrittexten, aber auch bengalische Stücke, welche den Grund legten zur modernen bengalischen Literatur.

Carey selbst produzierte sechs Lehrbücher, nämlich je eines für Bengali, Sanskrit, Marathi, Pandschabi, Telugu und Kannada. Er erstellte auch drei Wörterbücher für die Sprachen Bengali, Marathi, Sanskrit. Sein dreibändiges bengalisches Wörterbuch war die Frucht dreißigjähriger Arbeit, es enthielt 80 000 Wörter. Jahrelang war es *das* Standardwerk. Carey und Marshman begannen auch das indische Nationalepos, die *Ramayana,* zu übersetzen. Als drei Bände schon erschienen waren, musste die Arbeit wegen dringlicherer Aufgaben liegen bleiben; und dann machte eine Katastrophe – von der wir noch hören werden – dem ganzen Unternehmen ein endgültiges Ende. Andrew Fuller hatte wenig Verständnis für diesen »Brocken totes Holz«; er konnte nicht einsehen, wie dieses polytheistische Werk der Sache der Mission förderlich sein sollte.

In den gleichen Jahren publizierte Ward eine vierbändige *View of the History, Literature and Religion of the Hindus* (Überblick über die Geschichte der Literatur und Religion der Hindus), welche Übersetzungen aus ihren wichtigsten Schriften enthielt. Das Buch war mehr als ein halbes Jahrhundert ein Standardwerk, das eine Vertrautheit mit der indischen Gesellschaft verriet, an die kein anderes Werk der damaligen Zeit herankam.

17. Die Jahre des Durchbruchs

1801 – 1803

Im Monat August des Jahres 1801 wurde Gokul getauft. Das gab Anlass zur Frage, ob man den Bekehrten bei ihrer Taufe einen christlichen Namen geben sollte. Die Missionare waren ganz dagegen, denn sie konnten keinen Zusammenhang zwischen der Taufe und einer Namensänderung sehen. Zudem wurde ihnen bewusst, dass man in der apostolischen Zeit es nicht als notwendig erachtet hatte, Namen heidnischen Ursprungs wie Silvanus, Olympias, Nereus und Fortunatus abzuweisen. Die Bekehrten sollten daher ihre alten Namen behalten. Erst später wurden solche unmöglichen Gebilde wie Matthew Chuckerwati oder Timothy Tarachand in das System der Mission eingeführt, womit nur erreicht wurde, dass das Christentum für die Inder den abstoßenden Geschmack der westlichen Neuerung annahm.

John Clark Marshman

Die Geschichte von Careys Professur in Fort William hat uns fast dreißig Jahre seines Lebens überfliegen lassen; aber wir müssen jetzt zu der Entwicklung der Missionsarbeit zurückkehren und das heißt zum zweiten Jahr in Serampore, in dem die Mission ihre ersten Früchte sehen durfte.

Krischna Pal bezahlte einen hohen Preis für seinen christlichen Glauben, besonders durch den Kummer, der ihm seiner Tochter *Golok* wegen erwuchs. Sie war erst dreizehn, war aber in den Jahren, da ihre Eltern noch nicht Christen waren, mit einem Mann Namens *Mohan* verheiratet worden. Sie hatte Christus kennen gelernt und wollte nichts wissen von einer Ehe mit einem Götzendiener. »Warum sollte ich dieses Gift trinken müssen? Kann mein Vater mir nicht heraushelfen?« Nein, er war gesetzlich gebunden und machtlos.

An einem Morgen im Jahre 1801 entführten Mohan und einige Freunde das Mädchen, als sie Wasser holen wollte. Sie banden ihr ein

Tuch vor den Mund und schubsten sie die vierzehn Meilen bis Kalkutta. Krischna Pal jagte ihnen nach und wurde erbarmungslos verprügelt. In Kalkutta sagte Gokul der Polizei, sie habe von der Gnade Christi erfahren und wolle diesem Mann nicht folgen. Am Tag darauf wiederholte sie ihre Worte gegenüber einem Regierungsbeamten, der sie gerne von diesem Joch befreit hätte, aber machtlos war. Sie verweigerte sich ihrem Ehemann und gelobte Christus anzuhängen, sei's durch Leben, sei's durch Tod. Mohan vermochte auf keine Weise ihren Willen zu brechen. Endlich riet Carey ihr, sie solle die unauflösbare Ehe erdulden und ihren Mann durch Geduld für Christus gewinnen. Er wollte sogar in Mohans Haus gehen, um ein gewisses Einlenken zu erwirken, aber ein wütender Mob wartete auf ihn, dem er nur mit knapper Not entkam.

Die Sanftmut, die Krischna durchweg bewies, war bewunderungswürdig, umso mehr, als er von Natur ein hitziges Temperament hatte. Die Gnade Christi machte ihn mild. Europäer und Armenier höhnten ihn nicht weniger als die Hindus. Einem zornigen Portugiesen sagte er: »Wenn Ihr die Liebe Christi so gut kenntet wie seinen Namen, könntet Ihr Eure Leidenschaft zügeln.« Nahe bei seinem Haus errichtete er einen Predigtschuppen, der bis zu 40 Leute fasste. Er sammelte junge Leute um sich, die er zusammen mit seinen Kindern im Christentum unterrichtete. Er verfasste Loblieder zu bengalischen Melodien, die bald überall gesungen wurden. Das bekannteste ist typisch für alle übrigen:

Vergiss Ihn, meine Seele nimmer,
Den Freund, der all Dein Elend trug!

Da er neben Bengali auch Hindustani sprach, begehrte Krischna Pal sogar nach *Allahabad* und *Benares* mit der Botschaft des Kreuzes gesandt zu werden. Er würde für das Evangelium bis an die Enden der Erde gehen. Carey sagte dazu: »Wir wollen seine Gaben nach Kräften fördern, damit er zu seinen Landsleuten predigt, da er vom Aberglauben des Hinduismus so vollständig befreit worden ist.«

Ich war ein frommer Hindu. Ich badete ständig im Ganges, ich verehrte die stummen Götzen, ich warf mich ungezählte Male den

> Gurus zu Füßen. Ich gab dem Priester meine Gaben und ich besuchte heilige Stätten. Unablässig rief ich den Namen meines persönlichen Schutzgottes an, aber es brachte mir keine Befreiung von der Sündennot. Dann hörte ich von Jesus Christus, dass Er Mensch wurde und unter uns lebte und dass Er ein Diener aller war und sogar Sein Leben gab als Lösegeld für uns. ›Was für eine Liebe!‹, dachte ich. Und hier fand ich Ruhe. Haben unsere Götter solche Liebe bewiesen? Ist Durga oder Kali oder Krischna für Sünder in den Tod gegangen? Bedenkt: Während die Gurus ihren Fuß auf den Nacken ihrer Tschelas (Jünger) legen, wusch Christus Seinen Jüngern die Füße! Wo hat man je solche Demut gesehen?

Dschajmani (die Schwester von Krischnas Frau) und Annada (eine Witwe) eiferten ihm nach und begannen Frauen in ihrer Nachbarschaft für Christus zu gewinnen, und in Tschandarnagar taten es ihnen die drei Schwestern Krischnas gleich. Für Krischnas Frau Rasamaji war »eine Zeile aus den Evangelien mehr als alle Legenden der Mahabharata«. Gokul, der vor der Taufe zurückgeschreckt war, nachdem er schon zusammen mit Krischna das Gesetz der Kaste gebrochen hatte, wagte jetzt das öffentliche Bekenntnis der Taufe auf den Namen des Herrn. Seine Frau hatte geschworen eher zu sterben, als zusammen mit einem Christen zu essen. Auch sie wurde von der Liebe Christi überwältigt, welcher sie auf der Missionsstation und in Krischnas Haus begegneten, und wurden zur Gemeinde hinzugetan. Ihr Vermieter riss ihnen daraufhin mitten im Monsun das Stroh vom Hausdach. »Es geht uns noch immer besser als unserem Herrn, der nicht hatte, wo Er Sein Haupt hinlegte.«

Jeden Freitag verbrachte Carey mit den bengalischen Geschwistern, um sie zu unterweisen. Jede freie Stunde gehörte an den Sonntagen ihnen und die bengalischen Gottesdienste fanden in Krischnas Haus statt. Das ganze Haus bekehrte sich zum Herrn: Vater, Mutter, Kinder, Tante und die nächsten Freunde. Gouverneur Bei lud sie zu sich ein und konnte nur staunen über ihre Bibelkenntnis und die geistlichen Lieder, die sie sangen. Fast alle waren von Krischna geschrieben worden.

Goloks Mann, Mohan, machte die Kastenschande wieder gut, indem er Kuhmist aß und den Brahmanen große Geschenke machte.

Er behandelte Golok so hart, dass sie eines Nachts weglief und bei Krischna Zuflucht suchte. Sie wuchs stetig im Glauben und bald konnte sie sich taufen lassen.

Krischnas Haus wurde zum Ausgangspunkt für alle weitere Ausbreitung des Evangeliums. Fast alle Suchenden innerhalb der darauffolgenden zwei Jahre wurden durch ihn und seine Familie gewonnen. Als Bengali war er seinen Landsleuten viel näher als die Missionare. Zahlreich waren die Gäste, die bei ihnen saßen, aßen und redeten bis weit in die Nacht.

Zwar hatten Krischna und Gokul ihre Kastenschranke durchbrochen, aber noch kein Brahmane oder *Kiasta* (Angehöriger der Schreiberkaste) war zum Glauben gekommen, bis Carey am Neujahrstag 1802 einen Kiasta Namens *Pitambar Singh* taufte. Er war schon über 60, hatte sich in der Suche nach Frieden vom Götzendienst und von den Gurus abgewandt. Ihm fiel eines Tages eines der Traktate in die Hände, die Wood und Krischna in den Sundarbans verteilt hatten. Hier wurde »die Nachricht sofortiger Errettung für bußfertige Sünder verkündigt. Das muss der Weg sein«, rief er. Er machte sich auf die Reise von 30 Meilen nach Serampore. Krischna stellte bald fest, dass er ein Mann ganz nach seinem eigenen Herzen war. Zu Weihnachten durchbrach er die Schranken seiner Kaste und aß mit den Missionaren und mit Krischna. Bengalen hatte so etwas noch nie gesehen: Ein Kiasta lebte mit einem Schreiner wie mit seinesgleichen zusammen. Am Tag der Taufe schrieb Carey: »Ein Funke ist entfacht worden und das Feuer, nach dem der Herr sich so sehr sehnte, wird nun nicht mehr ausgehen.« Pitambar wurde zu einer Säule und einem Vorbild an Beständigkeit und Treue. Er hatte große dialektische Fähigkeiten und konnte die herausfordernden Fragen der Pandits glänzend beantworten.

Im gleichen Monat gab ein anderer Kiasta, *Syam Das,* sein Herz dem Herrn. Durch sein Zeugnis wurde ein Moslem Namens *Piru* für den Herrn gewonnen. Er war der erste Moslem, der sich taufen ließ. Dann folgte *Kamalakanta,* ein *Kulin* Brahmane, das heißt einer von der vornehmsten Sorte. Er trank das Evangelium, brach die Kastenschranke und aß oft auf der Mission. Er brachte seinen Sohn zur christlichen Unterweisung und wurde selbst ein Lehrer an der freien Schule der Mission. Als die Hindus sahen, wie dieser Kulin Brahmane und Krischna zusammen gingen, riefen sie: »Was will dieser Tischler noch alles anstellen? Will er die Kaste von uns allen zerstören? Soll am Ende dieser hochkastige Brahmane werden wie einer der niedrigen Kaste?«

Im Frühjahr 1803 kam ein weiterer Brahmane, *Krischna Prasad,* von Debhatta zum Glauben. Er war der erste der Höchstgeborenen, die sich taufen ließen. Beim Mahl des Herrn nahm er den Kelch entgegen, direkt nachdem Krischna Pal ihn mit seinen Lippen berührt hatte, und entsagte so seinem Kastendünkel. Vor seiner Taufe trat er die *Paita* (den heiligen Faden der Hochgeborenen) in den Staub. Er redete freimütig zu seinen kultivierten Freunden in Kalkutta, bis sie ihm seine *Hukkha* (Wasserpfeife) zertrümmerten und ihn mit Kot bewarfen. »Schmähungen um Christi willen sind süß«, sagte er dazu.

Im April jenes Jahres heiratete er, der Brahmane, Krischnas Tochter *Anandmaji,* eine Tischlerstochter. Carey predigte und das Paar unterschrieb das Ehegelübde – das erste Mal, dass dies von einer indischen Frau ausgeführt wurde. Am Tag vor der Hochzeit hatte ein weiterer Kiasta, *Ram Ratan,* sich zusammen mit Careys Sohn William taufen lassen. Krischna Prasad und Ram Ratan predigten auf offener Straße, auch wenn sie wiederholt von den Leuten verprügelt wurden.

Im Sommer 1802 schrieb Carey an John Williams:

> Wie Großes hat Gott getan! Vor achtzehn Monaten gerieten wir in Verzückung, wenn ein Hindu mit uns aß, und jetzt haben wir oft kaum noch Platz für all die Leute, die kommen. Neun Hindus sind schon getauft worden und wir werden bald einen Moslem und einen weiteren Hindu taufen …

Aber es gab auch schmerzliche Erfahrungen und Rückschläge. Die indischen Christen wurden gehöhnt, Händler verweigerten ihnen ihre Ware, Hausbesitzer verstießen sie. *Syam Das* wurde neun Monate nach seiner Taufe ermordet. *Ram Dahn* wurde mit der falschen Nachricht, seine Mutter sei von einer Schlange gebissen worden, nach Hause gelockt und nicht mehr zurückgelassen. *Pitambar Mitra* wurde von seinem Vater mit einer Droge behandelt und dadurch schwermütig, *Kasi Nath* wurde so lange von seinen Nachbarn geprügelt, bis er widerrief, und *Halidar* wurde kurz vor seiner Taufe entführt und versteckt.

Aber noch mehr brach den Missionaren das Herz über den Verfehlungen Krischnas und seines ganzen Haushaltes. Die Aufmerksamkeit, die sie von den Missionaren bekommen hatten, war ihnen in den Kopf gestiegen. Krischna musste gerügt werden wegen seiner Hitzigkeit gegenüber den Brahmanen, Härte gegenüber Gokul und Krischna Prasad, Unrecht gegenüber Pitambar Singh, Grobheit gegenüber Marshman und schwerer Nachlässigkeit in seinem Haus. Auch Rasamaji und Dschajmani mussten zurechtgewiesen werden wegen Unwahrhaftigkeit und Schamlosigkeit. Gokul wurde gerügt, weil er Groll gegen Krischna Pal hegte, von den Zusammenkünften wegblieb und auf Careys Zurechtweisung hin gegen den Herrn aufbegehrte.

Die Missionare verstanden nun das Seufzen Christi über die Zwölf, und das Herzeleid des Apostels Paulus der Korinther wegen. Nach einer Auseinandersetzung mit Krischna Pal schrieb Ward: »Carey konnte letzte Nacht wieder nicht schlafen.«

Aber fast alle zeigten bald wieder Zeichen eines zerbrochenen Herzens und eines erneuerten Geistes. Als Zeichen der Reue fegte Annada Krischna Pals Veranda und tat damit die Arbeit der Niedrigsten. Rasamaji und Dschajmani weinten Tag und Nacht vor Kummer über ihre Verfehlungen und Gokul sagte, er werde sterben, wenn nicht die Gemeinschaft wieder hergestellt werde: »Wir können es tragen, von den andern gehöhnt und mit Kot beworfen zu werden, aber euren Kummer unseretwegen nicht.« Zu Weihnachten 1803 waren alle außer einer Person wiederhergestellt.

Ein Zeugnis des neuen Lebens bot auch Gokul während der zweimonatigen Krankheit, die zu seinem Tod führte. Er verweigerte alle Beschwörungen und Anrufungen der Devtas und stützte sich allein auf Christus. Sogar die Hindus sagten: »Möchten wir ein Ende haben wie Gokul!«

Die Gefasstheit seiner Witwe war ein ebenso starkes Zeugnis, und dann das Begräbnis. Krischna hatte den Sarg gezimmert und nachdem man gesungen hatte, trugen Marshman und Krischna Pal, Felix und William, Piru und ein ehemaliger Brahmane den Sarg. Hunderte sahen es und verwunderten sich darüber. Bisher hatten sie nie etwas anderes gesehen, als dass *Doms,* Kastenlose, einen Sarg getragen hatten. Marshman schrieb: »Die Menschen waren sprachlos ob der ehrerbietigen Liebe, welche die Christen selbst im Tod aneinander band.«

Es war für Carey eine besondere Freude, als er an einem Sonntag *Bhairab Tschandra*, einen Kulin Brahmanen, zusammen mit einem Moslem taufen durfte. Bevor das Jahr 1803 vorbei war, hatte er auch *Padmanabha,* einen Brahmanen aus Assam, und *Sadiq Schah,* einen Moslem, getauft, der für ein halbes Jahrhundert ein treuer Verkündiger des Evangeliums wurde.

Um die entsprechend Begabten als Evangelisten zu schulen, nahmen die Missionare sie mit auf lange Predigtreisen. Pitambar Singh begleitete Carey nach *Sukh Sagar*, und Krischna Pal nach *Dschessor.* Ward nach Krischna Pal und Ram Ratan nach Debhatta mit, und später sogar bis *Dinadschpur* und *Mudnabati.*

Vier der Missionare starben in diesen ersten drei Jahren: David Brunsdon, John Thomas, Charles Short und Samuel Powell. Brunsdon wäre ein tüchtiger Linguist geworden, aber das Klima Bengalens raffte ihn in seinem 23. Lebensjahr hinweg. Thomas starb im Oktober 1801 an Malaria. Carey feierte ihn als den ersten Engländer, der aus Liebe zu den Seelen Bengalens ihre Sprache lernte, um zu ihnen predigen zu können und biblische Bücher in ihre Sprache zu übersetzen. Er war es gewesen, der Carey den Weg nach Indien geöffnet hatte und der ihm in den ersten Jahren die Möglichkeit verschafft hatte, mit dem Anbau von Indigo seinen Lebensunterhalt zu verdienen. Und durch ihn waren Fernandez, Fakira und Krischna Pal zum Glauben gekommen.

18. Der Wirkungskreis wächst

1803 – August 1806

Selten haben sich Männer dem heiligen Werk der Evangelisation mit so ungeteilter Hingabe und Zielstrebigkeit geweiht. Dabei bewiesen sie ein gesundes Verständnis für die Verwendung aller erlaubten Mittel um das gesteckte Ziel zu erreichen. Sie erwarteten nicht, dass Wunder für sie geschehen würden. Sie wussten, dass es viel Arbeit brauchte, um auch nur bescheidene Erfolge zu erringen, und sie schonten sich nicht. Sie opferten alles dem einen großen Lebensziel. Sie waren dankbar für jede Möglichkeit mit ihrer Arbeit Geld zu verdienen, das sie der Herstellung von Bibeln in den einheimischen Sprachen widmen konnten. Sie glaubten, dass die Bekehrung Indiens nur durch ein ausgiebiges und weitflächiges Streuen der heiligen Schriften erreicht werden könne.

Sir John W. Kaye

Es war eine der glücklichsten Momente im Leben Careys, als ihm die Augen aufgingen für die missionarischen Möglichkeiten, die ihm seine Stellung am Fort William College bot. Er kam dort nicht nur mit Bengalens gelehrtesten Europäern in Berührung, sondern auch mit den fähigsten Gelehrten ganz Indiens und ihrer zahlreichen Sprachen. Fünfzig von ihnen bekamen eine Anstellung am College, von denen zwölf Carey unterstellt waren. Da begriff Carey, wie er durch diese Ansammlung einer vielsprachigen indischen Gelehrtenschaft seine eigenen Fähigkeiten um ein Mehrfaches multiplizieren und das Wort Gottes in alle Hauptsprachen des Landes übersetzen könnte. Das war nunmehr umso plausibler, als Lord Wellesley dem College Projekt auch eine Abteilung für die Übersetzung der Bibel zugedacht hatte. Angesichts der Feindschaft der britischen Regierung gegenüber missionarischer Arbeit war das eine erstaunliche Maßnahme.

Careys ursprüngliches Ziel war gewesen, Bengalen eine immer zuverlässigere Übersetzung der Bibel zu geben. Bald hoffte er Indien auch eine Hindibibel überreichen zu können. Schon im Jahre 1795 hatte er gesagt: »Ich werde so lange arm sein, bis die Bibel auf Bengali und Hindi publiziert ist.« Noch 1802 schrieb er an Ryland, er hoffe mit diesem doppelten Vorsatz bis zu seinem Lebensende fertigzuwerden.

Aber jetzt erinnerte er sich an seine eigenen Worte von damals, an seine Predigt von Nottingham: »Mache dein Zelt weit, spanne die Zeltdecken aus, verlängere deine Seile. Erwarte Größeres von Gott, unternimm Größeres für Gott. Gott vermag weit über alles hinaus zu tun, was ihr bisher erbeten und gedacht habt. Bittet, und ihr werdet empfangen, auf dass eure Freude völlig sei. Der Gärtner will *viel* Frucht an den Reben sehen. Suche Gottes Wort ganz Indien zu geben, nicht allein Bengalen und dem angrenzenden Hindustan.«

Die Schau wurde immer klarer. Er, der zuerst mit einem einzigen Talent gewuchert hatte, sah sich plötzlich mit zehn Talenten betraut. Marshman fing sogleich Feuer und nach einigem Zögern auch Ward. Zuerst hatte er Bedenken geäußert, ob man sich nicht zu viel vorgenommen habe, dann aber sah er ein, dass Gott ihnen in Seiner Vorsehung etwas in die Hand gegeben hatte, das nicht brachliegen durfte, sonst würden sie schuldig werden. So waren die drei versammelt und eins im Namen des Herrn und Seine Gegenwart brannte in ihrer Mitte.

Natürlich wussten sie, dass das für sie noch mehr Arbeit bedeutete und von ihnen noch hingebungsvolleren Dienst abverlangte, besonders von Carey. Es kam nicht in Frage, die Übersetzungsarbeit einfach an gelehrte Pandits zu delegieren, war es doch eine im höchsten Grad geistliche Aufgabe. Diese musste durch einen geschulten und christlichen Geist gelenkt werden. Er musste dafür sorgen, dass die feinen Nuancen der Bedeutung nicht verloren gingen. Da Carey Sanskrit beherrschte, war die Aufgabe nicht unmöglich, und gerade die Größe der Herausforderung hatte zudem etwas eigentümlich Anspornendes an sich.

Marshman bemühte sich noch mehr um sein Sanskrit und Ward begann die Arbeit an den neuen Satztypen für die neuen Sprachen mit ihren je eigenen Alphabeten. Auch er musste mit den Sprachen vertraut sein, um den Druck überwachen zu können.

Einmal mehr dankten sie Gott für die reichlichen Einnahmen, die ihnen aus Careys Gehalt und Marshmans Internat zuflossen, was ihnen erlaubte, Pandits einzustellen und große Mengen von Bibeln zu drucken.

Sie begannen ihren Kreis mit der Hindiübersetzung zu erweitern. 1796 konnte Carey zwar schon verstehbar in dieser Sprache predigen, aber jetzt machte er Hindi zu seinem Hauptstudium. Mit Vidyanaths Hilfe konnte er bis Ende 1803 einen ersten Entwurf der Briefe abschließen. Marshman und Ward arbeiteten an den Evangelien. Zugleich begann er Marathi und Oriya zu lernen, welche ebenfalls Töchter des Sanskrit sind.[8] Orissa *(wo man Oriya spricht)* war die Hochburg des hinduistischen Götzendienstes, daher hatte Carey schon lange große Sehnsucht gehabt diesem Land das Wort Gottes zu geben. Nachdem Carey mehrere Monate seine Erfahrungen gesammelt hatte, konnte er Ende 1803 an Fuller schreiben:

> Wenn Gott uns noch fünfzehn Jahre gewährt, dann haben wir die Hoffnung die Bibel in allen Hauptsprachen von Hindustan zu drukken. Wir haben unsere Augen auf dieses Ziel geheftet. Der Eifer des Herrn der Heerscharen wird es vollführen.

Das einzige, was die Missionare von der Heimat erbaten, das waren jährlich 1000 Pfund zur Deckung der steigenden Ausgaben. Obwohl sie Andrew Fuller kannten, ahnten nicht einmal sie, mit welchem Eifer er sich für diese Sache einsetzte. Er war bald 1300 Meilen gereist und hatte 1300 Pfund gesammelt.

[8] Zum Vergleich: Marathi, Oriya und Hindi sind dem Sanskrit so nahe wie Französisch, Italienisch und Spanisch dem Lateinischen. Wenn man Bengali kann, dann lernt man Hindi so leicht, wie jemand, der Französisch kann und Italienisch zu lernen hat. Oriya ist sogar so etwas wie ein bengalischer Dialekt, so weit vom Bengalischen entfernt wie das Holländische vom Deutschen, das heißt, man versteht eine ganze Menge davon, ohne es eigens gelernt zu haben. Marathi seinerseits ist dem Hindi ähnlich und es benutzt das gleiche Alphabet wie Hindi. Die nordindischen Sprachen liegen im Schwierigkeitsgrad auf der gleichen Ebene wie die romanischen Sprachen, sind also mit einigem Aufwand recht schnell lernbar; schließlich sollte man wissen, dass Sanskrit eine indoeuropäische Sprache ist, also in der Anlage den uns vertrauten Idiomen verwandt.

Während man in Serampore mit diesem erweiterten Projekt anfing, wurde in London die Bible Society gegründet, und noch bevor die Missionare von Fullers Erfolg vernommen hatten, erfuhren sie zu ihrer großen Freude, dass diese Brown und Buchanan (die Pastoren der anglikanischen Kirche in Kalkutta) gebeten hatten, sich mit der Mission zusammenzutun, um die Übersetzung und Verbreitung der Bibel zu fördern.

Zu den neuen Übersetzungen gesellte sich die Revisionsarbeit an der bereits übersetzten Bengali-Bibel. Von seinen Freunden unter den bengalischen Gelehrten vernahm er, dass das Neue Testament in der Satzstellung und in gewissen Idiomen zu englisch sei. Die Folge war eine Totalrevision, welche kaum einen Satz so beließ, wie er war.

Der direkteste Weg zu den verschiedenen Bibelübersetzungen war die Übersetzung zuerst ins Sanskrit, die alte heilige Sprache der Hindus, welche die Mutter von so vielen Sprachen Indiens ist, vergleichbar dem Lateinischen und seinen romanischen Töchtern in Europa. Alle Pandits konnten Sanskrit und wenn er ihnen eine Sanskrit-Bibel in die Hand legen könnte, könnten sie daraus erste Entwürfe in ihren eigenen Muttersprachen erstellen. So würde er mit einem Streich gleich mehrere Fliegen erschlagen. Zudem würde dies der biblischen Botschaft Zugang zu den Gebildetsten und Gelehrtesten in ganz Indien verschaffen.

> Sanskrit ist die Sprache, in der die Gelehrten ihre Gedanken austauschen und ihr Wissen verwahren ... Liegt die Bibel in dieser Sprache vor, bekommt sie einen Platz in den Archiven des Landes und erhält in den Augen des indischen Volkes einen hohen Grad an Achtung.

Die nächsten Jahre zeigten, dass Carey richtig geurteilt hatte. Als diese Zitadelle genommen war (nach vier Jahren das Neue, und nach weiteren zehn Jahren das Alte Testament), ging die Eroberung der übrigen Sprachen schnell voran. Und die Sanskrit-Bibel verschaffte der Bibel tatsächlich das erhoffte Ansehen in den Kreisen der Gelehrten. Als Carey einem Pandit ein Neues Testament in Sanskrit schenkte, sagte ihm dieser: »Hättet Ihr mir Euer heiliges Buch in einer Umgangssprache gegeben, hätte ich es von mir gewiesen wie Milch, das man mir in einer Hundehaut dargereicht hätte. Das hier nehme ich aber mit Freude entgegen.«

Folgender Auszug aus Careys Tagebuch zeigt, wie vollgepackt seine Arbeitstage waren:

Donnerstag, den 12. Juni 1806 in Kalkutta

5.45 – 7.00: Las ein Kapitel in der hebräischen Bibel. Andacht.

7.00 – 10.00: Familienandacht in Bengali und mit Dienern. Lernte Persisch mit dem *Munschi.* Revidierte die Korrektur der Hindiübersetzung. Frühstück. Übersetzte ein Stück der *Ramayana* aus dem Sanskrit ins Englische mit der Hilfe eines Sanskrit Pandit.

10.00 – 13.30: Unterricht am College.

13.30 – 14.00: Mittagessen.

14.00 – 18.00: Revision an der Korrektur eines Kapitels Jeremia in Bengali. Übersetzte mit der Hilfe von Mritundschaj fast ganz Matthäus 8 in Sanskrit.

18.00 – 19.00: Tee. Lernte Telugu zusammen mit einem Pandit. Ein Sohn von Pastor Thomas von London kam auf Besuch.

19.00 – 21.00: Vorbereitung und Predigt auf Englisch. Etwa 40 Personen gegenwärtig, unter ihnen Richter Harington, der auf meinen Aufruf zum Bau unserer Kalkutta-Kapelle mit einer Gabe von 63 Pfund antwortete.

21.00 – 23.00: Übersetzte Hesekiel 11 ins Bengalische. Brief an Ryland. Las ein Kapitel im griechischen Neuen Testament. Befahl mich Gott an.

Ich habe nie mehr Zeit an einem Tag.

Man beachte, dass er inzwischen so verschiedene Sprachen wie Telugu und Persisch studierte.[9]

Die im Tagebuch erwähnte Kalkutta Kapelle war ein Bau, den man in *Lal Bazar* errichten wollte, einem Stadtquartier, in dem sich Seeleute und Angehörige Dutzender von Nationen herumtrieben, angezo-

[9] Telugu ist eine dravidische, also den nordindischen ganz unähnliche, Persisch ist eine indoeuropäische Sprache. Zudem hat Telugu eine recht schwierige Schrift; Persisch verwendet hingegen wie Urdu das viel einfachere arabische Alphabet.

gen von den zahllosen Schnapsschenken und Bordellen. Das Herz des Missionars zeigte sich eben darin, dass man genau dort ein Zeugnis des Evangeliums aufrichten wollte. Man begann mit einer Bambushütte und Strohmatten, auf denen sich bald sowohl Hindus als Moslems zusammendrängten. »Große Menschenmengen hingen an unseren Lippen und harrten trotz der Hitze stundenlang aus«, schrieb Ward.

Zusammen mit der Bibelübersetzung in die indischen Hauptsprachen erdachten sich die Missionare eine Strategie, um den Subkontinent für Christus zu gewinnen. Den Süden überließen sie den dänischen Missionaren und der London Missionary Society. In den übrigen Regionen steckten sie Missionsstationen aus, die jeweils einige Hundert Kilometer auseinander lagen, in denen ein indischer Pastor oder Evangelist arbeiten sollte. Man wartete auch auf Verstärkung aus der Heimat.

Kaum ein Monat verging jetzt ohne Taufen und man rechnete damit, dass eine Reihe der Begabtesten zu Pastoren geschult werden konnten. Krischna Prasad predigte zum Entsetzen der Brahmanen, die ihn als Götzendiener gekannt hatten, in Kalkutta. Phatik Tschandra war mit Ohren, Nase und Mund mit Erde vollgestopft aus seinem Dorf vertrieben worden, was ihn aber nicht daran hindern konnte, ein furchtloser Evangelist zu werden. Krischna Pal und Pitambar Sing waren schon zum Predigen ordiniert worden.

Einmal mehr stieg Krischna das erwiesene Vertrauen in den Kopf. Drei Monate lang war er widerspenstig und unbelehrbar, die Frauen in seinem Haushalt sogar sechs Monate. Aber sie kamen wieder bußfertig und gedemütigt zurück, um bis an ihr Lebensende Treue zu halten.

Sogar Mohan, Krischnas brutaler Schwiegersohn und gesetzlicher Ehemann von Golok, sah das Licht des Evangeliums, tat Buße über seinen Götzendienst und begehrte die Taufe.

Die Gesinnung der Serampore Missionare zeigt sich im Bund, den sie damals eingingen, und dessen Bedingungen an jeder Missionsstation dreimal jährlich gelesen wurden:

1. Die Seele eines jeden Menschen unendlich hoch zu achten.
2. Uns mit den Schlingen vertraut zu machen, welche das Denken der Menschen gefangen hält.

3. Alles zu vermeiden, das die Vorurteile Indiens gegen das Evangelium stärken könnte.
4. Jede Gelegenheit wahrzunehmen, den Menschen Gutes zu tun.
5. Christus als den Gekreuzigten zu predigen, als das große Mittel zur Bekehrung.
6. Die Inder immer als unsereins anzusehen und zu behandeln.
7. Die Scharen, die sich versammelt haben, zu hüten und aufzubauen.
8. Ihre geistlichen Gaben zu fördern und sie zum Wahrnehmen ihrer missionarischen Pflicht zu drängen, da nur Inder Indien für Christus gewinnen können.
9. Unablässig an der Übersetzung der Bibel zu arbeiten.
10. Beständig den persönlichen Glauben zu nähren.
11. Uns selbst rückhaltlos der Sache hinzugeben, indem wir nicht einmal die Kleider auf dem Leib als unser Eigentum ansehen.

> Lasst uns oft auf Brainerd schauen, wie er in den Wäldern Amerikas seine Seele vor Gott ausschüttet um der verlorenen Menschen willen. Gebet, im Verborgenen, inbrünstig, erwartungsvoll, ist die Wurzel aller persönlichen Gottseligkeit. Die gute Kenntnis der Landessprache, ein freundliches Gemüt und ein Herz, das Gott ergeben ist – das sind die Eigenschaften, welche weit mehr als alle anderen Gaben uns ausrüsten, die Werkzeuge Gottes im großartigen Werk der Erlösung von Menschenseelen zu sein.

Bisher hatten die Missionare, getreu der Sitte der Heimatgemeinden, eine »geschlossene« Haltung in der Frage der Zulassung zum Abendmahl gehabt. Es war ihnen immer wieder peinlich gewesen, wenn anerkannte Mitarbeiter aus anglikanischem oder kongregationalistischem Lager von der Gemeinschaft am Tisch des Herrn ausgeschlossen bleiben mussten. Nun beschlossen sie, alle, die wirklich hingegebene Christen waren, zum Mahl des Herrn zuzulassen. Ward schrieb:

> Wir können nicht daran zweifeln, dass Männer wie Watts, Edwards, Brainerd, Doddridge und Whitefield vom Herrn an Seinem Tisch aufgenommen worden wären, wenngleich sie keine Baptisten waren. Welches Recht hätten wir gehabt sie auszuschließen? Statt uns

in hitzigen Streit um die Taufe zu stürzen, worüber nur der Teufel sich freuen kann, während Menschen um uns herum verlorengehen, freuen wir uns diese Hindernisse abzulegen, welche uns für unsere Mitchristen wenig liebenswürdig gemacht haben.

Mir liegt mehr als je daran, keinen Menschen nach seiner Benennung zu kennen, sei er nun ein Independenter, ein Anglikaner, ein Presbyterianer, ein Methodist oder Baptist. Jeder, der das Bild Christi trägt, ist mein Bruder, meine Schwester und meine Mutter.

In jener Phase der Arbeit ging die Sehnsucht der Missionare nach einem wachsenden Wirkungskreis in einer Weise in Erfüllung, die sie nicht einmal zu träumen gewagt hätten. Buchanan, Geistlicher der Regierung, bot ihnen die nötigen finanziellen Mittel an, wenn sie zwei Kundschafter nach China senden würden, um dort die Möglichkeiten der Missionsarbeit zu erkunden. Sofort meldete sich Felix für die Aufgabe, aber das war nicht einmal nötig. Denn bald lernten sie *Johannes Lassar* kennen und mit ihm kam China zu ihnen. Er war der Sohn von Armeniern aus dem portugiesischen *Macao*, das gegenüber von Hongkong liegt. Der Vierundzwanzigjährige hatte sein ganzes Leben in China verbracht und sprach fließend Mandarin und Kantonesisch. Als Buchanan ihn kennenlernte und feststellte, dass er so gut Chinesisch wie Portugiesisch und Armenisch sprach, wurde ihm die Aufgabe angetragen, die Bibel ins Chinesische zu übersetzen. Dann machte Buchanan ihn mit den Missionaren in Serampore bekannt, wo er freudig aufgenommen wurde.

Die Gegenwart von Lassar auf ihrer Station bot ihnen nun eine einmalige Möglichkeit: Einer von Careys Söhnen könnte durch ihn während der Zeit, da er an der chinesischen Bibel arbeitete, die Sprache lernen, um dann als gut ausgerüsteter Bote Christi ins Reich der Mitte auszureisen. Zu *Jabez* gesellte sich auch Marshmans Sohn *Johannes* und schließlich Marshman selbst. Chinesisch wurde zu seiner neuen Leidenschaft. Er wurde zuletzt eine anerkannte Autorität in der chinesischen Sprache und Literatur. 1814 publizierte er eine chinesische Grammatik und er ruhte nicht, bis nach vierzehn Jahren Arbeit die ganze Bibel auf Chinesisch gedruckt war.

Unverhoffte Ereignisse ermutigten die Missionare, mit ihrer Arbeit an der Verbreitung der Bibel in allen indischen Hauptsprachen fortzufahren. Ward hatte im Jahre 1801 beiläufig ein Neues Testament im Dorf *Ram Krischnapur* gelassen. Ein gewisser *Krischna Das* las darin, las es dann seinen Nachbarn vor, und am Ende war das ganze Dorf umgestaltet. Nach drei Jahren sandten sie drei Männer, um die Herausgeber des Bengali Testaments zu finden und ihnen ihren Dank auszusprechen. Die Missionare waren außer sich vor Freude. Bevor die drei wieder nach Hause reisten, ließen sie sich taufen. Einen Monat später kam Krischna Das mit seiner Frau und zwei anderen samt deren Frauen, welche die Taufe begehrten.

Im Jahre 1803 war ein armer Pächter von Dschessor Namens *Sita Ram* die 70 Meilen nach Serampore gewandert, wo man ihn aufnahm, unterwies, bis er bekehrt war und sich taufen ließ. Als er nach Hause zurückgekehrt war, sprach er so beständig vom Evangelium, dass innerhalb von zwei Jahren eine ganze Schar sich zum Herrn bekehrte. Die Missionare hatten die Freude, den Diener eines Priesters, der sechsmal an den Fleischhaken geschaukelt hatte, zu Christus zu führen, und im Frühjahr 1806 konnten sie die beiden ersten Jünger aus Careys erstem Arbeitsgebiet in Nordbengalen taufen. Die Missionare schrieben nach England:

> Es fehlen uns nur die Leute und die finanziellen Mittel, um dieses Land mit der Erkenntnis Christi zu erfüllen. Wir arbeiten nicht aufs Ungewisse. Wir haben unsere Waffen erprobt und ihre Kraft erfahren. Das Kreuz ist stärker als die Kaste. Wir werden mehr als Überwinder sein.

Missionare aus anderen Gesellschaften erhielten oft von ihnen die erste Anleitung und Schulung. Manchmal blieben sie wochenlang. Keiner von all den besuchenden Missionaren vermochte indes ihre Herzen so zu gewinnen wie der junge anglikanische Missionar *Henry Martyn.* Er war nach Indien gereist, weil Careys Beispiel ihn so beeindruckt hatte. Nach seiner Ankunft in Kalkutta suchte er sofort sein großes Vorbild auf und wohnte bald nahe bei Serampore in einem ehemaligen Hindutempel, den man umgebaut hatte. »Das Echo meiner Gebete hallt vom Gewölbe des einstigen Tempels wieder. Möge ich lernen, so zu beten, dass es vom Himmel selbst wiederhallt!«, schrieb er.

Zwei Tage nach seiner Ankunft hörte ihn Carey predigen und freute sich über die evangeliumsgemäße Botschaft. »Wir wollen auch nicht den Schatten eines Parteigeistes dulden, weshalb wir lieblichen Austausch pflegen und als Freunde gemeinsam ins Haus Gottes gehen«, schrieb er.

Im August 1806 schickte Serampore den bisher herausforderndsten Bericht nach Hause, in dem sie die Heimatgemeinden von ihrem wachsenden Gesichtskreis berichteten und um mehr Leute und Geld baten.

Sie machten ihnen deutlich, wie ihr Hauptquartier in Bengalen mit seiner zentralen Lage ganz Indien und noch mehr erreichen konnte. Im Süden und Südwesten lagen Orissa, Mahratta und Karnatak; im Norden und Nordwesten Hindustan, Nepal, Bhutan und Tibet; Assam, Burma, China und die Malaiischen Inseln im Osten und Nordosten. China lag lediglich 600 Meilen entfernt. Könnten sie einen Fluss erreichen, der nur 60 Meilen jenseits von Assam lag, wären sie in der Lage nach Yunan zu fahren. Gott hatte ihnen nun die Tür zur Sprache dieses riesigen Reiches mit seinen 300 Millionen Seelen geöffnet. Nach sechs Monaten der fleißigen Arbeit konnten sie abschätzen, dass das Erlernen dieser Sprache ihre Fähigkeiten nicht überstieg. Sie waren guter Hoffnung, dass sie die Bibel auch in dieser Sprache würden herausgeben können.

Mit den indischen Sprachen waren sie gut vorangekommen. Das Neue Testament war bereits auf Oriya und das ganze Neue Testament samt Teilen des Alten auf Marathi übersetzt. Die Evangelien waren auf Hindi schon gedruckt und die Psalmen und Jesaja lagen zum Druck bereit. Sie hatten gute Zuversicht bezüglich der Arbeit ihrer Pandits in den Sprachen Bhutia, Nepali und Assami. Bis der nächste Freiwillige aus England einträfe, würde bereits ein erstes Evangelium auf Burmesisch erscheinen. Sechs junge Männer in ihrer Schule konnten Malay fließend sprechen. Die Missionare hatten die Absicht, die Übersetzung der Bibel in alle genannten Sprachen mit aller Kraft voranzutreiben. Ihr Ziel war, Serampore nicht nur zum Zentrum der Bibelübersetzung zu machen, sondern auch zu einer Sprachschule, aus der gut gerüstete Arbeiter mit der Bibel in der Hand in die verschiedenen Regionen Asiens ausgehen könnten. Dies alles waren keine wilden Träume. Sie baten um 40 neue Missionare und fanden, das sollte keine anmaßende Forderung sein für die 400 Gemeinden in der englischen Heimat.

> Sowohl Griechen als auch Barbaren sind wir Schuldner. Wehe uns, wenn wir das Evangelium nicht predigen! Wer da weiß, Gutes zu tun, und tut es nicht, dem ist es Sünde. Wir müssen die Werke dessen tun, der uns gesandt hat. Alles, was unsere Hand findet, müssen wir mit aller Kraft tun. Wer eine von Gott gegebene Möglichkeit nicht nutzt, verdient es, ein Tor zu heißen.

19. Vereitelte Anschläge

26. August 1806 – 1812

Die Männer von Serampore sind außergewöhnliche Leute; ich meine Carey, Marshman und Ward. Careys Demut ist bemerkenswert; er ist ein sehr herausragender Mann, aber er scheint nichts davon zu wissen. Der große Mann und das kleine Kind sind in ihm vereint.

E. PRITTCHETT, Burmamissionar,
in einem Brief nach London, August 1811

Ich habe mir schon lange die Sprache von Psalm 51 zu Eigen gemacht: »Sei mir gnädig, o Gott; nach der Größe deiner Erbarmungen tilge meine Übertretungen.« Solltet Ihr älter werden als ich, dann verhindert bitte, dass je Ehrenbezeichnungen wie »der treue Diener Gottes« u. ä. meinen Namen begleiten. Alle solche Ausdrücke kämen einer Verfälschung der Wirklichkeit gleich. Schande und Beschämung des Angesichts stehen mir zu. Ich kann nur sagen: »Meine hilflose Seele hängt dir nach.«

WILLIAM CAREY am 30. Januar 1823 an John Ryland

Krischna arbeitet in Kalkutta mit großem Erfolg. Er ist ein beständiger, eifriger, gut gerüsteter und zudem redegewandter Verkündiger des Evangeliums. Er predigt im Durchschnitt zwölfmal die Woche in und um Kalkutta.

WILLIAM CAREY, September 1811

Mitten in die Erwartungen verdoppelter Anstrengungen platzte eine Bombe. Die Regierung wandte plötzlich alle ihre Vollmachten gegen die Missionare. Europäische und indische Feinde der Mission fanden das Ohr des Generalgouverneurs *Sir George Barlow* und er glaubte ihnen, der Söldneraufstand in Vellore sei eine Antwort indischer Frustrationen wegen der Versuche sie zu bekehren.

Das Regierungshaus in Kalkutta, von Frederick Fiebig, ca. 1845.

Zwei neue Missionare für Serampore waren eingetroffen; die Regierung musste handeln. James Chater und William Robinson wurde der kategorische Befehl erteilt, in die Heimat zurückzukehren. Carey wurde am 26. August 1806 vor das Oberste Gericht zitiert und im Namen des Gouverneurs aufgefordert dafür zu sorgen, dass die Mission den Einheimischen nicht mehr predige, keine Schriften verteile und keine indischen Prediger aussende. Die Regierung wolle sich nicht in die religiösen Vorstellungen des Volkes einmischen und das solle Mr. Carey mitsamt seinen Kollegen ebenso unterlassen.

Carey gab kein Versprechen zum Handeln, sondern zog sich schweigend und niedergeschlagen zurück. Alle Pläne lagen wie zerschlagene Eier am Boden. War das das Signal der britischen Regierung zum Krieg gegen die kleine Herde des Herrn in Serampore? Er wusste, dass er als ältester der Hirten die Pflicht hatte, sich als Erster und in der vordersten Front dem Kampf zu stellen. Er bebte beim Gedanken, wie viel Weisheit und wie viel Mut er dazu brauchte.

Die Behörden gestatteten Serampore Bibeln zu drucken und zu verteilen und innerhalb ihrer Niederlassung und in Privathäusern zu predigen, aber nicht im Freien, und nicht mehr in Lall Bazar ohne die ausdrückliche Genehmigung des Londoner Direktoriums. Die indischen Konvertiten konnten zwar predigen, wenn sie es wünschten,

Die Kapelle in Lall Bazar in Kalkutta zur Zeit ihrer Eröffnung 1807.

aber sie durften nicht von Serampore ausgesandt werden. Carey schrieb nach England:

> Wir sitzen alle in Serampore wie in einem Gefängnis. Unsere Lage ist wie die der Apostel, als man ihnen verbot, im Namen des Herrn weiterhin zu predigen. Die offenen Türen, die uns noch vor wenigen Tagen zum Voranschreiten aufgerufen hatten, sind durch diese grausame Botschaft geschlossen.

Hätten sie nicht den Schutz Dänemarks genossen, wären sie in Kürze ausgeschaltet gewesen. »Unsere Feinde wollten uns ausschließen, aber wir sind eingeschlossen.« Der dänische Gouverneur *Krefting* erinnerte Sir George daran, dass die Mission unter dem direkten Schutz seines Königs stand. Carey riet von offenem Zuwiderhandeln der feindlichen Verordnungen ab.

> Die Folge könnte ein Gesetz gegen jede Form der Evangelisation der einheimischen Völker sein und damit könnte die Arbeit der Mission zu einem völligen Stillstand kommen. Wenn wir uns hingegen dem gegenwärtigen Sturm ein wenig fügen, könnte er ohne Schaden über uns hinwegbrausen und wir würden am Ende die Freiheiten bekommen, auf die wir so lange gewartet haben.

Mitte September dämmerte es Carey, dass die Schranke in Indien vielleicht bedeutete, dass sie den Weg nach Burma versuchen sollten. Sie hatten schon länger an Burma gedacht, aber die Hindernisse waren ihnen zu groß vorgekommen. Jetzt war Gottes Stunde vielleicht da, einen Vorstoß zu wagen. Und von Burma würden sie womöglich noch den Weg nach China gehen können. Sie bestimmten einen Freitagabend, um für diese Sache zu beten.

Inzwischen waren *Daniel Corrie* und *Joseph Parson* eingetroffen, zwei Pastoren der anglikanischen Kirche, welche mit Serampore einerlei gesinnt waren. Diese beiden und Henry Martyn wurden bald in Gebiete versetzt, welche die Serampore Missionare schon lange auf dem Herzen gehabt hatten. So konnten sie sich über die Verbote, die sie zurückhielten, hinwegtrösten. Die Mission konnte Martyn die soeben gedruckten Hindi-Evangelien mit auf den Weg geben.

Dankbar waren die Missionare auch für die mutigen indischen Gläubigen, welche unverdrossen weiterpredigten, auch wenn sie nicht mehr von Serampore beauftragt waren. Krischna Pal und Dschagannath Das wagten sich nach *Burdwan.* Die Brüder konnten ihre Fesseln besser ertragen, wenn solche Männer das Evangelium verbreiteten. Und auch für die Schließung der Kapelle in Lall Bazar gab es einen Ersatz: Ein Armenier, dessen Frau durch die Missionare zum Glauben gekommen war, baute sein eigenes Haus zu einer Evangeliumshalle aus und Robert Griffe stellte seine Schule für den gleichen Zweck zur Verfügung.

Und dann begann die Mission den Bau der lange geplanten Union-Chapel, um den Verlust von Lall Bazar auszugleichen. Die Regierung wollte wieder mit einem Verbot einschreiten, ließ sich aber durch eine von über 100 Bewohnern der Stadt eingereichten Petition erweichen. »Unser Herz machte Freudensprünge«, schrieb Ward, »Seine Güte währet ewiglich!«

Nach zwei Monaten durften die beiden Missionare Chater und Robinson endlich an Land gehen, aber die Regierung verbot ihnen weiterhin jede Missionstätigkeit. Daher sandten die Serampore-Missionare Chater nach Burma. Er kam im Mai 1807 mit so ermutigenden Nachrichten zurück, dass man den ganzen Sommer über ein größeres Unternehmen nach Burma plante.

Aber dann schlug eine zweite Bombe in Serampore ein. Als ein neuer Generalgouverneur eingetroffen war, nützten die europäischen und indischen Feinde der Mission seine Unwissenheit aus, um die Gegenwart der Mission als eine Quelle religiöser und sozialer Unruhe darzustellen. Der öffentliche Friede müsse so lange bedroht sein, bis man jegliches Publizieren der Mission eingestellt habe. Als Beweis wurde ein persisches Pamphlet gezeigt, in dem Mohammed als ein Verführer und Tyrann dargestellt wurde. Carey wurde vor den Chefsekretär des Gouverneurs zitiert. Er hatte vom beanstandeten Pamphlet noch nie etwas gehört. Es stellte sich aber heraus, dass Ward eine Übersetzung aus Sales Abhandlung über Mohammed hatte drucken lassen, dass ihm dabei aber entgangen war, dass der Übersetzer, ein Moslemkonvertit, eigenhändig die anstößigen Aussagen über Mohammed hinzugefügt hatte. Serampore zog das Traktat sofort zurück und drückte sein Bedauern aus. Am 11. September be-

Der Lall Bazar in Kalkutta, von J. B. Fraser, 1919

kam Carey von den britischen Behörden den Auftrag, die Druckerpresse nach Kalkutta schaffen zu lassen und jeden Versuch zur Bekehrung der Bengalis einzustellen. So niedergedrückt waren die Missionare noch nie gewesen. Man befürchtete, Carey werde seine Professur einbüßen.

Am frühen Morgen nach dem Eintreffen der bösen Nachricht traf man sich zum Gebet. Carey weinte wie ein Kind, erinnerte sich Ward. Er wusste, dass die Versetzung der Presse nach Kalkutta so viel wie das Ende aller Publikationen bedeuten würde. Man ersuchte mit der Vermittlung des dänischen Gouverneurs Krefting um ein Treffen mit *Lord Minto.* Aber die Nachrichten des folgenden Tages waren noch schlimmer. Alles Predigen sollte verboten werden, außer durch die anglikanischen Geistlichen der East India Company. »Hätte irgendein Radscha oder Nawab das Predigen verboten, hätten wir uns nicht gewundert«, schrieb Hanna Marshman, »aber dass das Verbot von denen kam, die unsere Ernährer sein sollten, war wirklich seltsam.« Ward schrieb: »In wenigen Tagen wird die Durga Pudscha sein, und dann ist ganz Kalkutta auf den Beinen. Die Amtsstellen sind alle geschlossen, während Götzenprozessionen durch die Straßen ziehen, und Scharen von Europäern werden in die Häuser reicher Inder gehen um an den Feiern teilzuhaben.« Das Evangelium hingegen müsse sich verschämt in eine Ecke verkriechen, klagte Carey.

> Viele werden sich freuen, wenn wir ausgewiesen würden. Wir haben keine Sicherheit außer in Gott. Abraham war allein, als Gott ihn rief; das ist mein Trost. Seit mehreren Monaten werden meine Gedanken zu Jesaja 40,27-28 gezogen: *»Er ermüdet nicht und ermattet nicht.«*
>
> Ich zweifle nicht daran, dass alle Schwierigkeiten der Förderung des Evangeliums dienen müssen; wie lange sie aber andauern und wie weit sie gehen dürfen, weiß niemand. Wir haben uns vorgenommen, Lord Minto zu informieren, dass wir eher leiden als unseren Auftrag aufgeben werden. Keine christliche Regierung hat je solche Verbote erlassen. Die römische Kirche hat Christen als Ketzer verfolgt; aber seit den Tagen des heidnischen Rom hat nie eine christliche Regierung, so weit ich weiß, es verboten den Heiden das Evangelium zu predigen. Ich weiß nicht, ob mich je etwas

> so erschüttert hat. Ich vertraue, dass der ewige Gott für uns eingreifen wird.

Gott griff tatsächlich ein. Carey konnte sich mit Gouverneur Krefting treffen, und dann wurden ihm und Marshman dank der Fürsprache des Linguisten *Dr. Leyden* ein Treffen mit Lord Minto gewährt. Leyden riet den beiden, Lord Minto als Geschenk die von ihnen übersetzten Auszüge aus der Ramayana zu überreichen. Marshman und Carey sprachen am festgesetzten Termin beim Generalgouverneur vor, mit der Ramayana und anderen in Serampore gedruckten Büchern unter dem Arm. Dieser zeigte sich sehr aufgeschlossen und meinte, er selbst halte die Bekehrung des indischen Volkes für wünschenswert, nur müsse es auf friedliche Weise geschehen. Nach einer Unterredung von 20 Minuten überließen sie Lord Minto eine Denkschrift, in der sie von 100 Indern berichteten, die sie schon getauft hatten. Zu allem erhob der dänische Gouverneur Krefting seine Stimme gegen die Verpflanzung der Druckerei aus seinem Hoheitsgebiet, ja er untersagte es sogar. Lord Minto sah ein, dass er auf keine guten Ratgeber gehört hatte. Nach einem Monat hatte er fast alle Verfügungen zurückgenommen. Am 14. Oktober 1806 konnte Carey an Andrew Fuller schreiben:

> Freut Euch mit uns: Der Sturm ist vorüber. Unsere Feinde sind beschämt worden. Ich weiß, dass in diesem Land viele sind, die das Christentum am liebsten verjagen würden und uns jede Schwierigkeit gönnen. Aber unser Vertrauen ist zu Gott. Ich predigte vergangenen Dienstag Abend über Jesaja 59,1-3: »Die Hand des Herrn ist nicht zu kurz um zu retten.«

Am folgenden Sonntag hielt man einen Dankgottesdienst. Um Careys Freude zu krönen, predigte sein Sohn William (der inzwischen 21 war) zum ersten Mal. Und im Laufe des folgenden Monats vernahmen sie, dass William Grant, ihr Freund in Malda, ihnen 30 000 Rupien für ihre Übersetzungsarbeit vermacht hatte. Auch darin sahen sie den Zuspruch des Herrn: »Siehe, ich bin bei euch.«

Am ersten Sonntag des Jahres 1809 wurde die *Lall Bazar Chapel* eröffnet. Um dort stets zu Verfügung zu sein, mietete Carey Zimmer in Bow Bazar 34. George Smith schreibt:

> Der Mann, der während fast einer ganzen Generation der regierenden Klasse Bengali, Sanskrit und Marathi unterrichtete, ging nach Sonnenuntergang dorthin, um den Armen Indiens in ihrer eigenen Sprache das Evangelium des Reiches zu predigen.

Obwohl Carey dreißig Jahre lang Professor war und sich täglich unter die europäischen Herren mischte, ließ er sich nie von ihrer Arroganz anstecken. Die Liebe Christi drängte ihn, die Armen Indiens zu lieben.

An einem Sonntag verschlug es *Ebenezer Kemp,* einen britischen Kapitän, in die Kapelle, als Carey predigte. Gott sprach zu ihm und er wandte sich in jener Nacht von seinen Sünden ab und unterwarf sich Christus. Er nahm sich vor, den nächsten Mitarbeiter Careys kostenlos von England nach Bengalen zu bringen. 1814 war er Kapitän der *Moira*, und *Yates* wollte nach Indien ausreisen. Fuller sagt: »Als wir für seine Seereise bezahlen wollten, antwortete Kemp, Mr. Yates sei sein Schiffsgeistlicher.«

Der armenische Lehrer *Karapeit Aratun* wurde nach einem Gottesdienst zu Carey eingeladen. Der Armenier war schockiert zu vernehmen, dass Carey nicht an Transsubstantiation, an Gebete an die Jungfrau Maria und an die Sakramente glaubte. »Dann könnt Ihr keine Christen sein«, meinte er. Worauf Carey ihm riet, bei seinem nächsten Besuch eine jede seiner Behauptungen mit der Bibel zu belegen. Das wolle er gewiss tun. Er bat um Hilfe bei seinem Priester, natürlich vergeblich. Also zeigte er sich willig, sich von Carey ein besseres Verständnis des Neuen Testaments und des Evangeliums geben zu lassen. Als er zum Glauben kam und sich taufen ließ, wurde er vom zornigen armenischen Priester aus dem Schuldienst entlassen, aber er ließ sich nicht beirren, sondern predigte vielmehr anderen das, was er gefunden hatte.

Adam Gordon, der Vorsteher des Kalkutta Gefängnisses, kam zusammen mit seiner Frau in Lall Bazar zum Glauben. Er öffnete jede Woche den Missionaren das Gefängnis für Gottesdienste auf Englisch und Bengali.

Der Erste, der sich in Lall Bazar taufen ließ, war der Söldner *John Axell.* Und da war der Trunkenbold *John Peter,* Diener eines Armeniers, der durch die Mission zum Glauben kam. Er wurde ein so feuriger Prediger (auf Bengali), dass man ihn einen zweiten Robert Hall nannte. Er wurde zusammen mit Krischna Das als Pioniermissionar mit Neuen Testamenten in Oriya nach Orissa gesandt. Carey schrieb an Fuller:

> Ich weiß nicht, ob ich von großem Nutzen bin, aber ich sehe ein Werk, das meine Seele mit Dankbarkeit erfüllt. An jedem Donnerstagabend empfange ich fragende Seelen. Es ist selten, dass weniger als zwanzig kommen. Wie sie ihre Sünden oft unter Tränen bekennen und gleichzeitig ihr Vertrauen auf den Retter bezeugen, bietet einen Anblick, den ein Pastor in England kaum je zu sehen bekommt.

Der Sturm, der in Indien vorübergezogen war, suchte auch die Christen in England heim. Leute wie *Thomas Twining, Major Scott Waring* und *Colonel Steward* schürten Ängste und attackierten die Missionare mit wohlplazierten Unterstellungen:

»Wenn man die religiösen Erneuerer in Indien gewähren läßt, werden die 50 Millionen Bewohner unserer Besitzungen dort, die Briten wegtreiben wie Sand vor einem Wüstensturm.«

»Wenn Indien uns etwas wert ist, sollten wir ihr Vertrauen wieder zu gewinnen suchen, indem wir jeden Missionar ausweisen.«

»Sie sind so ungebildet, unwissend und schwärmerisch wie der wildeste Hindufanatiker.«

»Sie predigen wie die ärgsten puritanischen Marktschreier.«

»Wenn sie weiterhin die Bibel auf Marathi verbreiten dürfen, müssen wir mit einem zweiten Marathen-Krieg rechnen.«

Der modische Prediger Sidney Smith wandte sich mit giftiger Feder gegen »das Nest geheiligter Schustergesellen«.

Die Mission war gefährdet. Einige im Direktorium der East India Company waren dafür, alle Missionare unverzüglich aus Indien zurückzubeordern. Aber einflussreiche Freunde stellten sich in den Riss, Staatsmänner wie *Viscount Melville, Charles Grant, Marquis Wellesley* und *Sir James Mackintosh.* Der ehemalige Generalgouverneur und Sekretär der Bibelgesellschaft, *Lord Teignmouth,* und die Prediger Robert Hall und Andrew Fuller warfen alles in den Kampf, um die Mission zu verteidigen. Der Angriff wurde endlich abgewehrt, als Southey eine kraftvolle Verteidigungsschrift veröffentlichte:

Carey und seine Söhne sind vierzehn Jahre in Bengalen gewesen, die anderen neun. Sie haben eine schwierige Sprache gelernt; in ihr predigen und disputieren zu können, bedarf es gründlicher Kenntnis und Fertigkeit. Die Anti-Missionare klauben sich aus ihren Berichten und Briefen alles zusammen, was lächerlich und bigott klingt. Sie nennen sie Narren, Kesselflicker, Calvinisten, Sektierer; dabei vergessen sie deren Liebe zu den Menschen und ihren Eifer um Gottes Ehre, deren Hingabe, Fleiß und einzigartige Gelehrsamkeit. Diese »Mechaniker von unbedeutender Geburt« haben die ganze Bibel ins Bengalische übersetzt und gedruckt. Das Neue Testament ist auf Sanskrit, Oriya, Marathi, Hindi und Gudschrati gedruckt, und es wird übersetzt ins Persische, Telugu, Kannada, Chinesische, Pandschabi und Burmesische … In vierzehn Jahren haben diese »Mechaniker von unbedeutender Geburt« mehr getan, um unter den Heiden die Kenntnis der Heiligen Schrift zu fördern als alle Fürsten und Potentaten der Welt und dazu deren sämtliche Universitäten getan oder auch nur je versucht haben.

20. Das häusliche Leben

1806 – 1812

> Nirgends kommt Careys wirklich christlicher Charakter so zum Ausdruck wie in seiner Haltung gegenüber seiner ersten Frau, deren Krankheit die letzten zwölf Jahre ihres Lebens verdüsterte. Nie hörte man eine Klage von seinen Lippen ihretwegen, noch auch wegen John Thomas, dessen exzentrische Züge schließlich in regelrechten Wahnsinn mündeten.
>
> George Smith

Während der Jahre der schließlich glücklich abgewehrten Angriffe hatte sich vieles in Careys Familie verändert. Dorothea, seine Frau, starb, nachdem ihre geistige Zerrüttung während der letzten fünf Jahre ihres Lebens zugenommen hatte. Ihr Zustand war so schlimm, dass die dänischen Behörden Carey rieten, ja anflehten, er möchte seine Frau in eine Anstalt schicken. Sein Freund aus Leicester, *Dr. Thomas Arnold,* hatte ihn mit seiner Schilderung der üblichen Zustände in diesen Anstalten mit solchem Entsetzen erfüllt, dass er darauf bestand, seine Dorothea selbst zu pflegen. Im Dezember 1807 durfte sie aus aller Düsternis ihres geplagten Geistes in das Licht der himmlischen Herrlichkeit eingehen. In einem sehr wirklichen Sinn war ihr Leben »als Opfer und Dienst des Glaubens« hingegeben worden.

Als ihre Schwester die Nachricht von Dorotheas Tod bekam, schrieb sie Carey von Cliston in Northamptonshire:

> Mein geliebter Bruder!
> Ich habe Euren Brief mit der Nachricht über meine arme Schwester bekommen. Ich habe sie überaus lieb gehabt, aber ich kann sagen: »Der Herr hat gegeben, der Herr hat genommen.« Den Fluss, den sie nun überquert hat, müssen auch Ihr und ich, lieber Bruder, überqueren, ehe wir dem Herrn so dienen können, wie wir gerne wollten. Bis dann wollen wir uns an Seiner Gnade genügen lassen. Möge der Herr mich in Seinem Willen erhalten, bis Er kommt!

> Mein geliebter Bruder, betet für mich und seid mir wie ein Vater, denn ich bin eine Waise und brauche Eure Hilfe. Meine Zuneigung allen lieben Kindern und allen Freunden. Bitte, schreibt mir, und wenn es nur zwei Zeilen sind. Ich freue mich, von Euch zu hören.

Und dann musste Carey es lernen, ohne Felix auszukommen. Im Sommer 1807 bat Chater um ihn als seinen Mitarbeiter bei der Ausreise nach Burma. Eigentlich konnte sein Vater auf seinen Dienst als Korrektor und für andere Aufgaben in der Druckerei nicht verzichten, aber seine Bewährung im Charakter, sein Eifer, seine sprachlichen Fähigkeiten und seine am Presidency Hospital erworbenen medizinischen Kenntnisse zeigten, dass er mit seinen 21 Jahren für die Aufgabe bestimmt war. Am Abend vor seiner Ausreise sprach sein Vater über den Text »Habe acht auf dich selbst und auf die Lehre« und gab ihm einige schriftliche Ratschläge mit auf den Weg:

> Siehe zu, dass das Studium des Burmesischen deine Hauptaufgabe ist. Gib Dich nicht mit einer oberflächlichen Kenntnis zufrieden. Eigne Dir die Sprache mit Wurzel und Zweigen an. Horche mit angespannter Neugierde auf die Redensarten, den Satzbau und den Tonfall der Einheimischen. Wenn Du nicht häufig *praktizierst,* was du gelernt hast, wird es Dir nur wenig nützen. Sobald Du den Boden unter den Füßen spürst, beginne mit der Abfassung einer burmesischen Grammatik. Fange mit der Übersetzung des Markusevangeliums an, und achte darauf, dass deine Wendungen burmesisch und nicht englisch sind.
>
> Sei äußerst sparsam. Für die Mission bereitgestellte Gelder gehören zum Heiligsten auf der Erde. Pflege die Bruderliebe. Denke an unsere Freunde Creighton und Grant, welche fast zwanzig Jahre in Goamalti zusammenlebten ohne eine einzige schmerzliche Meinungsverschiedenheit. Ihr könnt Euch nicht einmal erlauben einander gegenüber Vorbehalte zu haben, ohne dem Werk der Mission zu schaden. Einigkeit muss wie jeder andere Segen hochgeschätzt und mit Ernst gesucht werden.
>
> Predige das unvergängliche Wort vom Kreuz. Bestehe darauf zu gelegener und zu ungelegener Zeit. Verschmähe nicht die ge-

duldige Unterweisung eines einzigen Burmesen. Halte uns regelmäßig auf dem Laufenden. Mache Dir Aufzeichnungen von allem, was Du erlebst und siehst. Sei sanftmütig und freundlich unter den Leuten, begegne ihnen mit der äußersten Herzlichkeit als Deinesgleichen. Dulde nicht, dass sich jemals europäischer Stolz und Dünkel regen im Missionshaus in Rangun. Der Tag, an dem der Meister Dir und uns »Wohl getan!« sagt, wird alles aufwiegen, was wir beim Abschied als schmerzlichen Verlust empfinden mögen.

Für Felix war es fast so schwer, Ward zu verlassen, wie seinen eigenen Vater. Er liebte ihn wie sich selbst. Seine ersten Briefe waren optimistisch. Der burmesische Vizekönig war an ihrer Mission interessiert, die ganze Stadt war freundlich. Aber bald zogen die dunklen Wolken des britisch-burmesischen Krieges auf und die Missionare wurden ausgewiesen.

Im folgenden Winter kehrte Felix nach Burma zurück. Kaum war er dort angekommen, hörte er, dass seine Frau bei der Geburt gestorben war. Aber er blieb tapfer auf seinem Posten. Bald konnte er seinem Vater die freudige Entdeckung melden, dass Pali – die Gelehrtensprache Burmas – mit dem Sanskrit verwandt war, was Carey ein Ansporn mehr war, die Sanskrit-Bibel zum Abschluss zu bringen. Noch größere Freude bereitete Felix seinem Vater mit der Nachricht von einem Verbrecher, den er gekreuzigt vorgefunden hatte und für den er sich so lange und so hartnäckig beim Vizekönig eingesetzt hatte, bis er begnadigt wurde. Er konnte den schon halbtoten Mann nach Hause tragen und pflegte ihn während vierzehn Tagen, bis er wieder zu Kräften gekommen war. Sein Handeln machte dem Evangelium Ehre und zeigte, wie ein Christ ein Herz hat für die Verurteilten und Verlorenen. Sein Vater war mächtig stolz auf ihn und schrieb Freunden ausführliche Berichte darüber.

Im Sommer 1808 heiratete Carey wieder. Jahre später sagte er seinem Sohn William, er hätte die ganze Welt absuchen können, ohne eine bessere Helferin zu finden als diese dänische Dame, *Charlotte Rumohr,* Tochter des Grafen *Rumohr von Rundoff.* Die Verbindung schien aber ganz unpassend, da Charlotte invalid war. Nach einem Unfall in ihrer Kindheit hatte sie nicht mehr Treppen steigen können, bis ein Arzt ihr wärmeres Klima verschrieb, und das brachte sie nach einigen Aufenthalten in Italien und Südfrankreich nach Dänisch Serampore. Die indische Hitze half wirklich, sodass sie wenigstens stehen und ein wenig spazieren konnte.

Gouverneur Bei hatte Carey gebeten, ihr Englischunterricht zu erteilen. Er lehrte sie dabei aber auch das Evangelium, was mit einer klaren Bekehrung endete. Es war ihre Liebe zu Christus, die sie bewegt hatte, Krischna Pal nach dessen Taufe die Hand zu geben und ihm Gottes Segen zu wünschen. Im Juni darauf ließ auch sie sich taufen. Von da an war sie eine großzügige Helferin der Mission, die ihr ganzes Leben dafür einsetzte. Sie lernte sogar Bengali, um mit den indischen Christen Gemeinschaft haben zu können.

Sie war aber dennoch so schwach, dass man meinte, als nächstes müsse der Tod und nicht die Ehe sie rufen. Careys Mitarbeiter mitsamt Ehefrauen waren über Careys Absichten zunächst ganz betreten und setzten sogar alle ihre Unterschriften unter einen schriftlichen Appell, er möchte von der Sache lassen. Aber nur wenige Tage später konnte Hanna Marshman in ihr Tagebuch schreiben: »Alles in Ordnung mit Bruder C. Jeden Einwand gegen die Heirat zurückgezogen.« Im Mai 1808 wurden die beiden getraut und durften trotz Charlottes Krankheit dreizehn Jahre der liebevollen harmonischen Gemeinschaft miteinander verleben. Ihre Bildung und ihre außergewöhnlichen sprachlichen Fähigkeiten – sie las und studierte die Bibel Dänisch, Deutsch, Italienisch und Französisch – machten sie zu einer unverzichtbaren Helferin in der Bibelübersetzung. Wie Frau Browning hatte sie »eine Seele von Feuer in einer Hülle aus Perlmutt«.

Im gleichen Jahr 1808 wurde William zum Missionsdienst ordiniert und Carey dankte Gott für einen zweiten Sohn, den Gott zu diesem Dienst berufen hatte. Er zog zu Ignatius Fernandez, um in Dinadschpur und Sadamahal zu missionieren. Er schrieb ihm zur Abreise u. a. folgende ermunternde Zeilen:

> Die Bekehrung einer einzigen Seele ist die Anstrengung eines ganzen Lebens wert. Uns ist dieses *Vorrecht* zuteil geworden, unter den Nationen die unaussprechlichen Reichtümer Christi zu verkünden. Harre aus, sei beständig in Deiner Arbeit, und überlasse alle Ergebnisse Gott.

Als William nach einiger Zeit nach Mudnabati weiterzog, wo er seine Kindheit verbracht hatte, schrieb ihm sein Vater wieder:

> Sei guten Mutes, mein Sohn. Gib Dich vollständig dem Werk hin. Denn dies ist Gottes Sache, die Er von Ewigkeit her im Herzen hatte, für die Christus Sein Blut vergoss und für die Er Sein Wort und Seinen Geist gesandt hat. Daher ist der Sieg gewiss.

Und etwas später:

> Stehe fest, lieber William. Wandle würdig der hohen Berufung. Sei ein Vorbild anderen, die sich zu ähnlichen Unternehmungen entschließen mögen. Vieles hängt an uns, die in diesem Land als erste in das Werk Christi treten.

Als William sich einmal – durch wilde Büffel und bewaffnete Räuberbanden eingeschüchtert – fragte, ob es nicht weiser wäre, einen sichereren Ort aufzusuchen, antwortete ihm sein Vater:

> Mit Deinen Befürchtungen lädst Du Schuld auf Dich, lieber William. Maria und Du werdet tausendmal sicherer sein, indem Ihr Euch auf dem Pfad der Pflichterfüllung Gott anvertraut, als wenn Ihr die Pflicht vernachlässigt, um für Euch selbst zu sorgen. Aufs Pferd und hinaus ans Werk!

Einmal hatte William mit einer Aktion seinen älteren Bruder Ignatius Fernandez beleidigt. Was riet ihm da der Vater?

> Es ist weit besser, dass Du Dich tief erniedrigst um eine Aussöhnung zu erwirken, als sie durch Stolz zu verunmöglichen. Du wirst es nie bereuen, dass Du Dich in den Staub gedemütigt hast, um den Frieden wieder herzustellen.

Ende 1811 wurde William in Katwa gebraucht. Über zwanzig Jahre diente er an jenem Ort und machte das Herz seines Vaters froh mit seinem beharrlichen Predigen, der Schar von geschulten indischen Evangelisten, seinen beiden Schulen, seiner Webereischule, seinem

Anbau von Kaffee, Zucker und Indigo, um die Kosten der Missionsstation zu decken. Carey konnte an Jabez schreiben: »Ich denke, William ist einer unserer tauglichsten Missionare und ich sehe, wie die Brüder wachsendes Vertrauen in ihn haben.«

In der heißen Jahreszeit des Jahres 1809 wurde Carey krank. Er hatte übermäßig an der Revision der Bengali-Bibel gearbeitet und am 26. Juni war sie beendet. Beim Abendessen fragten ihn seine Mitarbeiter nach seinen weiteren Plänen. Er habe einen Plan entworfen für weitere zwanzig Jahre Übersetzungsarbeit. In der Nacht wurde er von Fieber befallen, zwei Wochen später dachten seine Freunde, er müsse sterben. Seine Revision der Bengali-Bibel schien sein letztes Werk gewesen zu sein. In seinen Fieberträumen vernahm er unter anderem, wie der Allmächtige alle Kriege abschaffte, und er bekam den Auftrag, das Ende der römischen Kirche und das Gericht über den Papst zu verkünden. Während seines Deliriums wurde ein Arzt aus dem nahen Barrackpore gerufen, der herbeieilte und in Uniform ins Krankenzimmer trat. Der Kranke herrschte ihn an: »Wie wagt Ihr in diesem roten Rock zu mir zu kommen? Wisst Ihr nicht, dass der allmächtige Gott verordnet hat, dass alle Kriege aufhören müssen?«

Nachdem Carey wieder genesen war, war er zwar noch immer ein Anti-Militarist, aber er hatte viel mit Militärs zu tun und er lernte sie zu lieben.

Nach überstandener Sorge um Carey schrieb Ward an Fuller:

> Carey ist soeben aus den Toten wiedergebracht worden und die Druckmaschine läuft wieder. Aber wir können nicht damit rechnen, dass sich solche Auferweckungen noch oft wiederholen werden. Es gibt nicht so viele Leute, die sechzehn Jahre in Indien überlebt haben, dass eine solche Erwartung gerechtfertigt wäre. Jedes Jahr, das wir Älteren hier noch am Leben sind, könnt Ihr als ein Wunder ansehen. Wenn einer von uns weg ist, wird die Maschine noch eine Weile weiterkriechen. Was würdet Ihr denken, wenn das Wohl aller Baptistengemeinden in England allein an Euch, Ryland und Sutcliff hängen würde? Als wir dachten, Carey sei uns entrissen worden, fragten wir uns: Wer führt sein Marathi- und sein Bengali-Wörterbuch zu Ende? Wer bringt seine Arbeiten am Alten Testament in Sanskrit und Oriya zum Abschluss? Wer

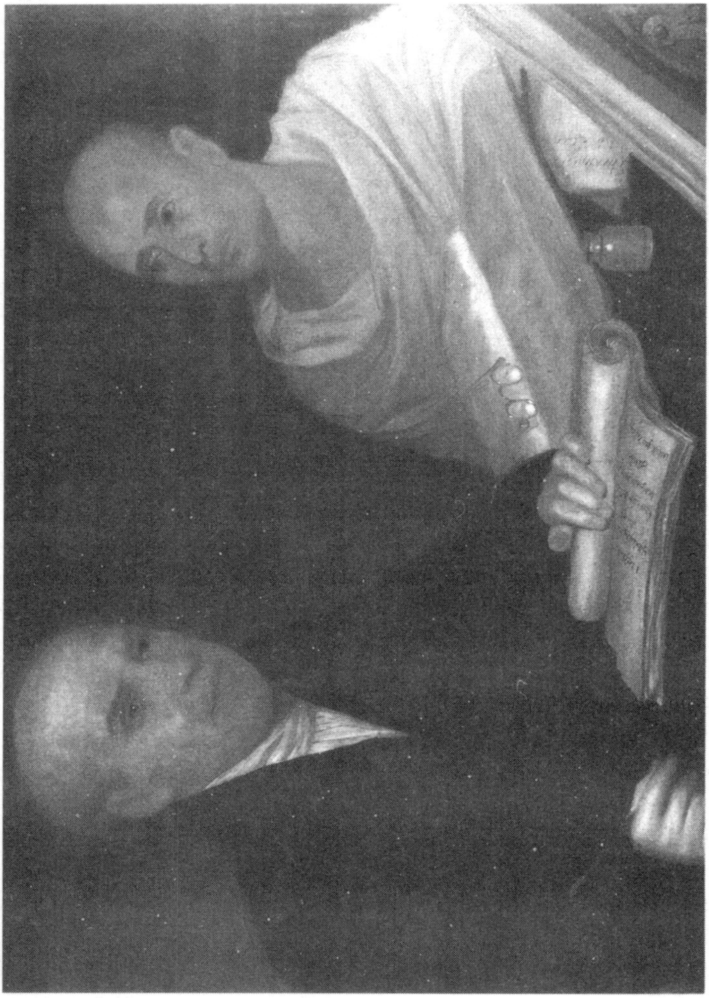

William Carey und sein Pandit, von Robert Home, Kalkutta 1812

> fährt mit den Hindi-, Marathi- und all den übrigen Übersetzungen fort?

Ward drängte Fuller, fähige und bewährte Leute zu schicken. Carey schrieb an Ryland:

> Hindustan braucht zehntausend Diener des Evangeliums und China ebenso viele. England hat viel getan, aber nicht den hundertsten Teil dessen, was es zu tun schuldig ist. Sollte nicht jede Gemeinde ihre Hauptaufmerksamkeit darauf richten, Missionare heranzubilden und ihre geistlichen Gaben zu fördern mit dem direkten Ziel, sie in ferne Länder zu senden? Die Schwierigkeiten würden weichen, wenn man es nur einmal versuchen wollte.

1810 musste Carey befürchten, dass die Chaters die Mission in Burma aufgeben müssten, weil die Sicherheit im Land äußerst prekär geworden war, und auch wegen der schlechten Gesundheit von Frau Chater. »Aber Felix«, sagt er, »hat seine Interessen mit denen von Burma verbunden, indem er eine Frau geheiratet hat, die dort geboren ist. Mir wäre die Nachricht lieber, Felix habe sein Leben im Dienst des Evangeliums verloren, als dass er seinen Posten verlassen hätte.«

Felix' Frau war als Tochter eines britischen Kapitäns in Bassein an der burmesischen Küste zur Welt gekommen. Sie hatte einen dreizehnjährigen Bruder, der nach Serampore in Marshmans Schule geschickt wurde und sich als »beharrlich und fleißig« erwies.

In einem Brief an seine Schwester Anna konnte Carey schreiben:

> Ich erwarte, am kommenden Herrentag sechs Personen taufen zu können. Damit sind es in Kalkutta in diesem Jahr allein sechzig. Auch an anderen Orten ist sehr beträchtliches Wachstum geschehen. Krischna Pal und Sebak Ram predigen jede Woche an mehr als dreißig Orten in und um Kalkutta. Junge Leute von hoffnungsvoller Begabung predigen ebenfalls im Freien. Sie haben die kostbare Perle gefunden und preisen sie nun anderen an.

Careys Krankheit drängte die Brüder in der Heimat dazu, ein Porträt von Carey zu veranlassen. Ward bekam den Auftrag dafür zu sorgen und er konnte Robert Home verpflichten, Kalkuttas erster Maler und der Mann, der u. a. Lord Wellesley und Sir William Jones porträtiert hatte. Nach geschehener Arbeit schrieb der 50jährige Carey an Ryland:

> Eurem – jedoch nicht meinem – Wunsch folgend, bin ich für ein Portrait gesessen. Ward wollte unbedingt, dass ich beim Übersetzen abgebildet werden sollte. Daher hat Herr Home, der Maler, auch den Pandit, den ich als meinen Helfer zur Hand habe, neben mir gemalt. Dazu hat er eine Reihe von Büchern, die ich beim Übersetzen verwende, aufs Bild gebracht, sodass das Bild meinem Arbeitstisch ziemlich ähnlich ist.

21. Das Feuer

Mittwoch, der 11. März 1812

> Wir sind lediglich Schüler. Es ist Sache des großen Lehrers zu entscheiden, was als nächste Lektion drankommt, ob eine schwere oder leichte.
>
> William Ward an Nathanael Wallich

Carey fuhr auf, als er die Not in Marshmans Gesicht gezeichnet sah, als dieser an jenem Donnerstagmorgen, den 12. März 1812, unerwartet in sein Haus in Kalkutta hineinplatzte. Als er erfuhr, dass von der Druckerei nur noch ein nacktes verkohltes Gerippe stand, verlor er die Sprache. Sein Herz stand ihm still. Marshman beeilte sich hinzuzufügen, dass die Großzahl der Manuskripte von den Übersetzungen in Sicherheit waren, da sie im Lagerhaus aufbewahrt wurden. Aber Teile von den meisten Übersetzungen waren verloren und die Verluste unter Careys Grammatiken und Wörterbüchern waren schwer.

Als Marshman seine Geschichte erzählte, brach Carey unter diesem göttlichen Schlag schier zusammen.

Marshman erzählte weiter: »Die Arbeiter waren gegangen und ich war schon zu Hause und dachte noch über den Verlust unseres Kindleins nach, als ich Ward aus seinem Büro brüllen hörte. Ich rannte los und sah am südlichen Ende des langen Baus eine Stichflamme von 20 Fuß. Wir stürzten uns hinein, bis wir vom Qualm zurückgeworfen wurden. Ein Arbeiter wagte sich weiter vor, brach ohnmächtig zusammen und musste herausgeschleift werden. Alle Läden waren verriegelt außer einem, und wir waren versucht, sie alle zu öffnen, um Sachen retten zu können. Stattdessen schlossen wir den einzigen noch offenen Laden, um das Feuer zu ersticken. Wir organisierten Träger, Ward stieg hinauf und während vier Stunden schütteten wir Wasser durchs Dach, bis das Feuer sich anscheinend gelegt hatte. Jemand brach jetzt einen Laden auf und sofort schlugen die Flammen wieder empor. In einer halben Stunde brannte alles lichterloh. Wir konnten die fünf Druckerpressen retten, denn die standen in einem Nebenraum, der noch kein Feuer gefangen hatte. Sie waren erst zwei Wochen vorher dahin versetzt worden, und das rettete sie. Dann konnten wir nur noch schweigend zuschauen, während unser ernstes Schweigen nur dann und wann von einem herabkrachenden Balken unterbrochen wurde. Um 2 Uhr morgens hatte sich das Feuer ausgetobt und wir gingen schlafen. Bei Tagesanbruch nahm ich das Boot nach Kalkutta. Ich ertrug den Gedanken nicht, dass du die furchtbare Nachricht von einem Fremden hättest hören müssen.

Der Bau und sein ganzer Inhalt sind fort. Der Verlust an englischem Papier ist immens. Noch nie zuvor hatten wir ein so großes Lager an Papier gehabt. Tausend Ries waren vor einer Woche angekommen für den Druck des Singalesischen und Tamil Neuen Testaments. Die eben gegossenen Tamil-Typen und die neuen chinesischen Metalltypen sind hin. Aber wir danken Gott, dass niemand zu Schaden gekommen ist.«

Niemand wusste, wie das Feuer entstanden war, ob durch Unachtsamkeit oder Brandstiftung. Später konnten sich die Missionare davon überzeugen, dass letzteres nicht der Fall gewesen war.

Marshmans Bericht war für Carey ein furchtbarer Schlag, aber ein Schlag spornt einen tapferen Mann zu noch größerer Entschlossenheit an. Carey nahm sich vor, dass seine Grammatiken und Wörterbücher durch die Katastrophe nur gewinnen sollten. Marshman suchte ganz Kalkutta nach Werkzeugen und Geräten für den Druck ab und dachte keine Sekunde daran die Arbeit ruhen zu lassen. Sie konnten mit einer gerade abgehenden Post einen Hilferuf an Ryland schicken. Im Brief standen unter anderen auch folgende Sätze:

> Das Unglück ist ein weiteres Blatt auf dem Weg der Vorsehung, das uns aufruft, dem zu vertrauen, dessen Wort verordnet hat, dass alle Dinge zum Guten zusammenwirken müssen denen, die Gott lieben. Seid daher stark in dem Herrn. Er wird das Werk Seiner Hände nie lassen.

Am Vorabend des Unglücks hatte Carey einen Briefan seinen Neffen Eustachius angefangen , der sich fragte, ob er in die Mission berufen sei:

Mein lieber Eustachius!
Ob Du nach Indien kommst oder nicht, Du sollst wissen, dass das Werk der Verbreitung des Evangeliums das wichtigste ist, das Du Dir wählen konntest. Setze Dich in dieser Sache ein in demütigem Vertrauen auf Gott und mit einem einfältigen Auge für Seine Ehre. Dann wird Er dich gewiss segnen. Wem Gott Fähigkeiten zu solcher Arbeit gegeben hat, ist verpflichtet sie zu tun. Er hat keine Wahl, noch hat die Gemeinde eine Wahl, ob sie solche Leute aussenden wolle oder nicht. Tut sie es nicht, ist sie schuldig. Die Zahl der benötigten Arbeiter ist unermesslich. Gingen neben den bereits anwesenden noch 50 000 weitere Arbeiter hinaus aufs Arbeitsfeld, wären sie so dünn gestreut, dass man sie kaum wahrnähme. Die Ernte ist wahrlich groß und der Arbeiter sind wenige.

Am Tag darauf setzte er seinen Brief fort:

Ich begann diesen Brief gestern Abend; ich füge in aller Eile einige Zeilen hinzu, da ich eben die Nachricht erhielt vom entsetzlichen Verlust, der in der vergangenen Nacht die Mission befallen hat. Unsere Druckerei ist niedergebrannt; das Feuer hat alles zerstört. Außer den Druckerpressen konnte nichts gerettet werden. Das ist ein schwerer Schlag, denn es wird der Druck von Bibeln für mindestens ein Jahr stille stehen. Zwölf Monate harter Arbeit werden den Schaden nicht wettmachen, ganz zu schweigen vom Verlust von Manuskripten. Ich will »stille sein und erkennen, dass der HERR Gott ist« und mich in allem Seinem Willen beugen. Er wird ganz gewiss Gutes aus diesem Bösen werden lassen und Seine Sache vorantreiben. Aber im Augenblick ist Sein Verfügen dunkel. Niemand hat sein Leben verloren. Wir wissen die Ursache des Feuers nicht.

Dein Dich liebender Onkel
W. Carey

Auf der gemeinsamen Flussreise von Kalkutta nach Serampore sagte Marshman, ein Vers habe ihn in den zurückliegenden Wochen besonders beschäftigt: »Jede Rebe an mir, die Frucht bringt, die reinigt er, auf dass sie mehr Frucht bringe.« Letzte Nacht, als wir jede Hoffnung auf Rettung der Druckerei aufgegeben hatten, wurde mir der Vers wieder aufs Herz gelegt, und zwar mit besonderer Kraft und Tröstung. Er brachte mich zur stillen Ergebenheit unter Gottes Willen und befähigte mich aufzuschauen und Seinen Willen dankbar anzunehmen. Er gab mir die Gewissheit, dass der Zweck und das Ende nicht Verderben, sondern friedsame Frucht ist.«

Als sie eintrafen, fanden sie Ward nicht allein ergeben, sondern sogar frohlockend. Er hatte die ganze Nacht damit verbracht, Trümmer beiseite zu räumen und er hatte alle seine Stahlpunzen unversehrt geborgen – viertausend Punzen für vierzehn indische Sprachen, das Produkt von über zehn Jahren Arbeit. Damit änderte sich für ihn alles auf einen Schlag. Für ihn war die Entdeckung Gottes schlichter Ruf: »Seid guten Mutes! Macht weiter! Geht voran!« Da die Druckerpressen und die Papiermaschine intakt waren, konnten sie damit rechnen nach einem Monat wieder drucken zu können.

Sie mussten nicht einmal den Wiederaufbau der Druckereiwerkstatt abwarten. Erst am vorangegangenen Samstag hatte die Firma Palmer & Co eine Lagerhalle geräumt, was man wegen der Mieteinbuße sehr beklagt hatte. Nun aber sahen sie, dass Gott ihnen schon einen Platz bereitet hatte, der zu allem größer war, um ihrer wachsenden Arbeit Raum zu bieten. Sie zählten alle Segnungen und rühmten die Erbarmungen Gottes.

Am Tag darauf riefen sie ihre 50 oder 60 indischen Arbeiter zusammen und versetzten sie durch ihren Optimismus und ihre Energie in Erstaunen. Die Pandits sollten unmittelbar mit der erneuten Arbeit an den zerstörten Versionen beginnen, die Gießer gleich mit dem Gießen der Typen und in Schichten Tag und Nacht arbeiten. Die Setzer, Drucker und Binder bekamen ihr volles Gehalt mitsamt der Auflage, innerhalb von weniger als einem Monat wieder zurückzukommen, um sich frisch gestärkt und ausgeruht mit doppelter Energie an die Arbeit zu machen.

Carey hatte durch den Brand fast alle indischen Übersetzungen verloren, sein ganzes Neues Testament in Kannada, alles was in Sanskrit vom Alten Testament übersetzt war, viele Seiten seines Bengali-Wörterbuches, seine ganze Telugu- und ein Großteil seiner Pandschabi-Grammatik, sein Wörterbuch des Sanskrit und dessen verwandten indischen Sprachen sowie die Arbeit eines ganzen Jahres von ihm und

Marshman an der Ramayana. Das Sanskrit-Wörterbuch war Careys Magnum Opus, der Verlust war niederschmetternd. Drei Monate vor dem Feuer hatte er an Ryland geschrieben:

> Ich habe seit langem den Stoff gesammelt für ein Universalwörterbuch der orientalischen Sprachen, welche vom Sanskrit stammen, wobei Sanskrit die Grundlage sein soll. Ich habe die Absicht, die entsprechenden hebräischen und griechischen Wörter anzugeben, denn ich wünsche, Bibelauslegern und Übersetzern der Bibel in orientalische Sprachen ein Werkzeug an die Hand zu geben. Wir werden bald nicht mehr leben und vielleicht wird innerhalb eines Jahrhunderts niemand mehr sein, der all die Vorteile genießt für diese Art Arbeit, wie ich sie genieße. Es wäre daher eine sträfliche Unterlassung meinerseits, wenn ich nicht, so lange ich lebe, die Vorzüge nützte, die sich mir bieten.

Neben den 1400 Ries englisches Papier und weit größeren Mengen selbsterzeugten Papiers hatten sie auch 4400 Pfund an Typen verloren. Sie errechneten den Verlust auf 9000 oder 10 000 Britische Pfund.

Am Nachmittag besuchte sie der anglikanische Pastor Thomason:

> Der Anblick ging einem ans Herz: Das lange Haus ein bloßes Gerippe, der Hof übersät mit verbranntem Papier. Carey ging mit mir durch die Trümmer. Die Tränen standen ihm in den Augen. »In einer einzigen Nacht«, sagte er, »ist die Arbeit von Jahren vernichtet worden. Wie unerforschlich sind Gottes Wege! Ich hatte eben einige Werke zur höchsten mir möglichen Vervollkommnung gebracht, und ich betrachtete die Mission vielleicht mit zu viel Selbstgefälligkeit. *Der Herr hat mich gedemütigt, damit ich noch einfältiger zu Ihm aufschaue.*«

An jenem Abend saßen die Missionare zusammen und riefen sich die Segnungen und Erweise aller Güte Gottes in Erinnerung. In zwölf Jahren waren aus ihrer einzigen Gemeinde in Bengalen von elf Seelen elf Gemeinden geworden mit durchschnittlich je dreimal elf Gläubigen. Sie hatten 20 indische Evangelisten und die Mitglieder waren in Kalkutta innerhalb eines Jahres um das Doppelte auf 110 gestiegen.

350 Kinder besuchten ihre freie Portugiesischen Schule. Dschessor blühte förmlich und war nach Serampore die erfolgreichste Station. Chamberlain war in Agra, John Peter in Orissa, die Chaters waren unterwegs nach Ceylon, um dort die erste protestantische Mission zu beginnen, Robinson bereitete sich auf Java vor und Jonathan, Careys jüngster Sohn, hatte sich eben taufen lassen und betete kaum je einmal, ohne sein Verlangen auszudrücken in die Mission zu gehen.

Für Carey kam am darauffolgenden Sonntag nur ein Predigttext in Frage: »Seid still und erkennt, dass ich Gott bin.« Die Einteilung war so einfach wie damals in Nottingham:

1. Gott hat das Recht, mit uns zu verfahren, wie es Ihm gefällt.
2. Es ist unsere Pflicht, sich unter Seinem Willen zu beugen.

In der folgenden Woche strömte ihnen Hilfe in Form von Briefen, Geld, Druckermaterial und Gerätschaft zu. Ende Juli konnten sie schon wieder in Bengali, Sanskrit, Hindi, Pandschabi, Marathi, Oriya und Tamil drucken. Am Ende des Jahres waren sie an orientalischen Typen so reich wie je; sie hatten sogar einen Satz Tamil-Typen nach Trankebar senden können, »die besten, die man dort je gesehen hatte«. Und im April druckten sie schließlich in mehr Sprachen als vor dem Feuer und die gebesserte Übersetzungsarbeit der Pandits nahm Carey viel Revisionsarbeit ab.

Die Nachricht vom Feuer erreichte Ryland erst am 9. September, Fuller am 18. Aber wie bot er alle Hilfe auf, sobald er das Zucken am Seil von seinem Freund unten im Schacht spürte! Die Gemeinden in England und in Schottland eilten herbei. Fuller schrieb:

> Als Eure Nachricht von der Katastrophe uns erreichte, ging eine Welle der stärksten Empfindungen durch das ganze Königreich, und zwar nicht allein in unserer Denomination, sondern unter Christen jeder Benennung. Man wetteiferte im Helfen, um Euren Schaden zu beheben. Norwich hatte gerade 200 Pfund für die Gesellschaft gesammelt und hat noch 500 dazu gegeben. Bei unserem Jahrestreffen sammelten wir 165 Pfund. Die Bibelgesellschaft hat für Euch 2000 Ries Papier gestiftet und die London Missionary Society 100 Guineen.

Ähnliche Spenden gingen von allen Seiten ein. Fuller:

> Wenn der Schaden in *zweiundfünfzig Tagen* behoben und das Herz der Feinde Christi bestürzt sein sollten, weil das Werk so eindeutig Gottes ist, wäre ich nicht erstaunt. Vgl. *Nehemia 6,15.*

Großbritannien behob die Verluste in zwei Monaten. Fuller trat in die Runde der versammelten Kommissionsmitglieder der Gesellschaft und rief mit glänzenden Augen: »Brüder, das Geld ist eingegangen und so beständig fließen weitere Gaben nach, dass wir einen Aufruf publizieren müssen, die Not sei behoben.«

Es war offensichtlich eine solche Katastrophe nötig gewesen, um der britischen Christenheit die Bedeutung und den Umfang des Werkes klarzumachen. Bisher hatte sie gehört ohne zu hören. Die Katastrophe öffnete ihnen die Ohren. Im Schein des Feuers erkannten sie endlich die Größe und die Tragweite dieser Arbeit. Die Nachricht vermehrte die Anhänger und Freunde der Mission um ein Mehrfaches. Es brachte der Mission schließlich einen solchen Grad an Bekanntheit, dass sie plötzlich ganz anderen Gefahren ausgesetzt war. Fuller musste sie in der ersten Woche des Jahres 1813 warnen:

> Dieses Feuer hat Eurem Unternehmen eine Berühmtheit verschafft, wie es nichts anderes hätte tun können, eine Berühmtheit, welche mich zittern lässt. Die Öffentlichkeit rühmt uns nunmehr. Man hat 800 Guineen angeboten für ein Porträt von Dr. Carey! Wenn wir dieses Räucherwerk einatmen, wird uns Gott dann nicht Seinen Segen entziehen? Und wo sind wir dann? Müssen wir nicht zittern? Wir brauchen gewiss mehr Gnade, um durch gutes Gerücht hindurchzugehen, als durch schlechtes Gerücht.
>
> Die Muster von Drucken in Tamil, Nagari, Oriya und Pandschabi, die Ihr uns sandtet, habe ich in Stücke zerschnitten wie Saul die Ochsen, in Briefen nach England, Schottland und Irland gesandt und sie »Federn von Vogel Phönix« genannt.
>
> Ich sagte, dass wir zittern müssen vom Lob der Menschen nicht verdorben zu werden und Gottes Mißfallen auf uns zu ziehen. Aber jetzt fällt mir etwas anderes ein: Als das Volk David die Zehntausend zuschrieb, wurde Sauls Eifersucht gestochen und damit be-

> gann eine lange Reihe von schlimmer Bedrängnis. Sollten neue Versuchungen folgen, ich wäre nicht überrascht. Wenn wir demütig bleiben und Gottes Nähe suchen, dann haben wir nichts zu fürchten.

Fuller sollte Recht behalten, aber nicht einmal er hätte ahnen können, wie schnell die »neuen Versuchungen« folgen und wie schmerzhaft sie sein würden.

22. Der Feind wird in die Flucht geschlagen

1812 – 1813

Am 6. dieses Monats wurde Reverend Adoniram Judson von Bruder Ward getauft. Herr Judson wurde als Missionar vom Amerikanischen Komitee für Außenmission von den kongregationalistischen Gemeinden in Neuengland ausgesandt. Einige Tage vor seiner Taufe sandte er uns folgende Notiz:

... Da meine Frau und ich zur Überzeugung gekommen sind, dass wir uns noch in ungetauftem Stand befinden, wünschen wir unseren Glauben an Christus zu bekennen, indem wir uns gemäß Seinem Befehl taufen lassen.

Rundbrief für die Mitglieder der Lall Bazar Chapel, September 1812

Sechs lange Jahre waren keine Verstärkungen aus der Heimat nach Serampore gesandt worden, weil die Ostindien-Gesellschaft ihre Verfügung gegen jegliches Missionieren nicht widerrufen hatte. Als im Jahre 1811 Lord Minto *Chamberlain* den Umzug nach Agra erleichterte, schloss Carey, dass das Verbot überholt sei und gab Fuller entsprechende Anweisungen. Aber er hatte sich getäuscht. Heftigste Feindschaft gegen die Mission gewann in der britischen Verwaltung abermals die Oberhand. Die Feinde wollten der Mission noch einen möglichst schweren Schlag versetzen, ehe die Charta der Gesellschaft im Jahre 1813 dem Parlament zur Revision vorgelegt wurde.

John Thompson von der London Missionary Society, für Madras bestimmt, war das erste Opfer. Er wurde nach England zurückbeordert. Dann verweigerte man den ersten amerikanischen Missionaren, den *Newells, Notts, Judsons, Gordon Hall* und *Luther Rice* die Einreise in irgendeine der britischen Niederlassungen, und zwar obwohl sie Garantien abgaben, nur einen kurzen Besuch in Serampore abzustatten. Wer nicht so schnell ein Schiff für die Weiterreise buchen konnte, wie es die ungeduldigen Behörden verlangten, wurde quasi als Häftling nach England transportiert. Die amerikanischen Missionare entgingen diesem Schicksal nur ganz knapp, indem sie nach Madras weitersegelten. Aber auch dort entkamen sie dem Zugriff der Tag und Nacht wachenden Beamten nur mit knapper Not, indem sie sich überstürzt nach Rangun einschifften.

So wurden alle Missionare inzwischen behandelt. Wer keine Niederlassungsbewilligung von der Ostindien-Gesellschaft hatte, wurde gnadenlos zurückgesandt, während zahllose Europäer auf indischem Hoheitsgebiet lebten, die auch keine solche Genehmigung hatten. Das zeigte, dass die wirkliche Ursache Feindschaft gegen die Mission war. Es war eine nicht zu verzeihende Missetat als Missionar nach Indien kommen zu wollen. Das war ein Verbrechen, das nicht geduldet werden konnte.

Lawson durfte in Serampore bleiben, weil er als Graveur an den chinesischen Typen arbeitete, an denen die Verwaltung ein Interesse hatte. Die *Johns* wurden hinausbeordert und auf der *Castlereagh* nach England verfrachtet, und zwar auf Kosten der Mission. Dass erst kürzlich amerikanische Missionare ihren kurzen Aufenthalt in Kalkutta benutzt hatten um sich in der Baptistenmission taufen zu lassen, verstärkte die Antipathie der Verwaltung gegen diese noch mehr.

Die Missionare übten sich trotz wachsendem Druck in weiser Zurückhaltung. In ihren monatlichen Berichten für die Heimat sagten sie nichts von den schweren Stürmen, die auf sie niedergingen. Sie vertrauten dem Herrn, dass Er die Interessen Seines Reiches wahren werde. »Der Herr regiert« war ihre beständig wiederholte Losung.

Was Carey weit mehr Kummer machte als die Schikanen durch die Behörden, waren die Spannungen, die diese in Serampore erzeugten. Johns wollte nicht glauben, man habe sich genügend entschlossen für seinen Verbleib eingesetzt. Er beschuldigte Marshman, er habe sich stärker um Lawson gekümmert als um ihn. Carey versuchte alles, um ihn vom Gegenteil zu überzeugen, aber umsonst. Johns war verbittert und als er in England ankam, säte er eine Saat des Misstrauens gegen Marshman, die noch eine schlimme Ernte aufsprossen ließ.

Careys Trost war sein Vertrauen in die Kraft des Evangeliums, das er nun so oft am Werk gesehen hatte. Er schrieb im April 1813 an Ryland:

> Es ist zu spät das Evangelium aus Bengalen auszurotten. Die Zahl der Einheimischen, die das Evangelium nun predigen, ist beachtlich.

Sie hatten inzwischen über 500 Gläubige getauft. Erst kürzlich hatten fünf Kulin Brahmanen ihren Glauben bezeugt, die ohne Beeinflussung von außen durch das Lesen der Bibel gerettet worden waren. Sie berichteten, dass in ihrem Distrikt 100 weitere Suchende daran seien den gleichen Schritt zu tun. Die Mission arbeitete gerade an Übersetzungen in achtzehn Sprachen und druckten sie in fünfzehn. Nicht einmal die acht Druckerpressen konnten die Nachfrage nach Neuen Testamenten befriedigen. Ein Bengale namens *Tara Tschand Datta* von *Bansbaria* machte ihnen große Freude. Er wurde zum Autor des Bengali-Gesangbuches mit eigenen Melodien und machte sein Haus zu einem Zentrum der Evangelisation.

Was Carey am meisten beglückte, war die Bekehrung von *Jabez,* für die er so lange zum Herrn geschrieen hatte. Der Junge war anhänglich und zeigte dem Vater alle Liebe, aber er war noch kein Christ. Carey hatte Fuller und Ryland zur Fürbitte aufgerufen. Bei einem Missionstreffen in der Heimat hatte Ryland von der Genugtuung gesprochen, die Felix und William ihrem Vater bereiteten. »Aber er hat einen dritten Sohn, der gehorsam, aber noch nicht bekehrt ist. Und das schmerzt ihn.« Er hielt inne und bat darum, dass man auf der Stelle für diesen Sohn beten möchte. Eine tiefe Stille legte sich auf die Versammlung und jedermann war sich bewusst, dass Gott gegenwärtig war und sie hörte. Ehe sie riefen, hatte Gott geantwortet. Mit der nächsten Post aus Indien kam die Nachricht, dass Jabez im Sommer 1812 zu Christus als seinem Herrn und Retter gekommen war.

Das war der erste Vorbote einer Wende. Die gleiche Verwaltung, die den Missionaren das Leben schwer gemacht hatte, wandte sich plötzlich an die Mission um Hilfe.

Byam Martin, einer von Careys frühesten Bekehrten am College, war eben erster Regierungsbevollmächtigter auf den Molukken geworden. Er wusste, dass seine Inseln nichts so nötig brauchten wie missionarisch gesinnte Lehrer und Erzieher. In einer umfassenden (und couragierten) Note an die Verwaltung in Kalkutta erbat er die Entsendung einiger Männer von dieser Sorte aus Serampore. An Carey selbst schrieb er einen persönlichen Brief mit der gleichen Bitte. Darin stand u. a.:

> Ich habe um 20 000 Malay-Bibeln für die einheimischen Christen an die Bibelgesellschaft in Kalkutta geschrieben. Was für ein Feld tut sich hier für Leute wie Euch aus Serampore auf! Ich bitte Euch ernstlich, einen Missionar nach Amboyna zu senden. Die Vorteile sind unschätzbar. Als Vorsteher der hiesigen Verwaltung sähe ich es als meine heilige Pflicht an, ihn mit allen mir zur Verfügung stehenden Mitteln zu unterstützen …

Innerhalb einer Woche nach Ankunft dieses Briefes meldete sich Jabez für diese Aufgabe. Sein Wandel in den zurückliegenden anderthalb Jahren hatten seinem Vater keine Zweifel über die Echtheit seines Bekenntnisses gelassen. Dennoch stellte ihm Carey vor Augen, auf welche glänzende Laufbahn am Obersten Gerichtshof in Kalkutta er verzichtete und verglich das mit den Entbehrungen, die ihm bevorstanden. Im Januar ersuchte die britische Administration die Hilfe der Mission; sie würde die Kosten für die Ausreise eines Mannes nach ihrer Wahl übernehmen. Jabez wurde, obwohl noch nicht zwanzig, mit der Aufgabe betraut. Am 12. Januar schrieb er an seinen Vater:

> Bevor ich ausreise, will ich dem Beispiel meines Herrn und Retters folgen und mich taufen lassen. Betet für mich, mein geliebter Vater, dass Gott mich befähigen möchte, Ihm ohne Vorbehalte und in Aufrichtigkeit zu dienen.

So wurden in drei hintereinander liegenden Tagen Hochzeit, Taufe und Aussendung gepackt. Felix war durch einen glücklichen Umstand gerade in Serampore, ebenso William aus Katwa. Bei der Aussendung legten die beiden Brüder zusammen mit dem Vater ihre Hände auf Jabez und erbaten Gottes Segen für ihn und für sein Unternehmen. Jabez bestieg sofort danach die *Streatham* und reiste auf ihr weiter östlich als irgendeiner der Serampore Missionare es bisher getan hatte – und das auf Anfrage und auf Kosten jener britischen Regierung, die eben noch alles versucht hatte, um die Missionare aus Bengalen zu vertreiben! Das war in der Tat mehr als ein Überwinden. So glorreich hatte der Herr den Feind in die Flucht geschlagen. Unter Tränen konnte Carey über sein Glück nur noch Gottes Gnade rühmen:

> Preist den Herrn mit mir (schrieb er nach England), lasst uns gemeinsam erheben Seinen heiligen Namen. Er ist sehr, sehr freundlich mit mir gewesen. Ich darf das Vertrauen haben, dass alle meine Söhne Ihn lieben. Drei von vieren stehen aktiv im Dienst des Evangeliums, zwei von ihnen in neuen Ländern.

William sagte er, er sehe Jabez lieber als Missionar denn als Oberrichter von Bengalen. Zu seiner Abreise schrieb er ihm folgenden (hier etwas gekürzt wiedergegebener) Brief:

> Mein geliebter Jabez!
> Du bist daran, in eine äußerst wichtige Arbeit zu treten, in der Du nicht allein meiner Gebete gewiss sein darfst, sondern aller, die den Herrn Jesus lieben und von Dir wissen. Einige Ratschläge von einem Vater, der dich innig liebt, werden an Dir nicht vergeudet sein.
>
> Setze Dein Vertrauen immer auf Christus. Sei reinen Herzens. Lebe ein Leben des Gebets und der Hingabe an Gott. Sei sanftmütig und bescheiden, aber gleichzeitig fest und männlich.
>
> Du bist jetzt verheiratet. Gib Dich nicht damit zufrieden Deiner Frau gegenüber Anstand zu bewahren, sondern sieh zu, dass die Liebe die Triebfeder zu all Deinem Tun sei. Achte sie hoch und sie wird Dich hoch achten. Die ersten Regungen der Liebe, die auf dem Aussehen beruhen, werden bald abklingen, aber die Zuneigung, welche dem Charakter entspringt, wird bleiben und wachsen. Ich hoffe, dass Ihr jeden Tag zusammen im Gebet und im Lobpreis Gottes beginnt und beschließt.
>
> Suche nicht den Umgang mit weltlichen Menschen, aber wenn Du mit ihnen zu tun hast, dann handle und rede mit Anstand und Würde. Eigne Dir zu diesem Zweck eine gute Kenntnis der Geschichte und der Geografie des Landes an. Ein Gentleman ist nach dem Christen die zweithöchste Auszeichnung, wobei Letzteres das Erstgesagte beinhaltet. Geld macht nie einen Gentleman, noch viel weniger poliertes Aussehen, wohl aber Weite des Verständnisses, die mit gewinnenden Manieren verbunden ist.

Suche in allen wichtigen Entscheidungen den Rat von Mr. Martin. Suche Dir einen Malaien, der ein wenig Englisch kann, und mache eine Rundreise durch Deine Inseln und besuche jede Schule. Halte in einem Memorandum fest, was Du in jeder Schule antriffst, fördere alles, was löblich ist. Prüfe in regelmäßigen Abständen den Fortschritt. Sieh Dich selbst nicht lediglich als den Schuldirektor an, sondern als ihren christlichen Instruktor. Gott hat Dir die geistlichen Belange dieser Inseln anvertraut, eine große Verantwortung, aber Er kann Dich befähigen ihr zu entsprechen. Wenn Du irgendwo einige Christen antriffst, die Gott wirklich fürchten, dann sammle sie in einer Evangeliumsgemeinde. So bald Du Leute findest, die fähig sind zu predigen, berufe sie in den Dienst und setze sie als Vorsteher über ihre jeweilige Gemeinde ein.

Fliehe allen Müßiggang und alle Bequemlichkeit und gebärde Dich nie als einer der Großen und Feinen in dieser Welt. Arbeite unablässig daran, ein fertiger Meister der malaiischen Sprache zu werden. Halte Dich zu diesem Zweck viel unter den Einheimischen auf, frage nach dem Namen von allem, was Du siehst, besuche sie, wenn sie krank sind. Ordne jeden Abend alle neuen Wörter in alphabetischer Reihenfolge und gebrauche sie so bald wie möglich.

Gefährde Dein Leben nicht unnötig, aber ringe beständig darum, den Einheimischen das Wort des Evangeliums zu geben.

Lerne die Größe und die Lage einer jeder Deiner Inseln, die Anzahl und den Charakter der Bewohner, ihre Sitten und Gebräuche usw., und halte regelmäßigen Verkehr mit mir.

Dein großes Werk ist das eines Dieners Christi. Mögest Du inmitten aller Anfechtungen bewahrt bleiben, möge Er dich bei allen Proben tragen und Dir in jedem Kampf den Sieg geben. Mögen wir uns gegenseitig die Herzen erfreuen durch Berichte von den Siegen der Gnade Gottes. Er hat Dich mit einer großen Aufgabe beehrt. Siehe zu, dass Du sie erfüllst. Wir werden uns oft begegnen am Thron der Gnade. Und jetzt, mein Sohn, befehle ich Euch beide Gott und dem Wort Seiner Gnade. Lasst dieses Wort reichlich in Eurem Herzen wohnen. Sollten wir uns auf der Erde nicht mehr sehen, so vertraue ich, dass wir uns vor Seinem Thron sehen werden.

Dein in inniger Liebe ergebener Vater.

Auf dem Schiff schrieb ihm Jabez zurück:

> Seit wir Euch verlassen haben, haben wir es nie versäumt, gemäß Eurem Rat und dem Drängen unseres Gewissens jeden Morgen und Abend unsere Knie zu beugen und haben so sehr glückliche Stunden verbracht. Wir haben Euren freundlichen und liebevollen Rat oft gelesen und dabei auch geweint. Betet, dass ich befähigt werde bis ans Ende meiner Tage in Euren Fußstapfen zu wandeln.

Jabez bewährte sich in seinem neuen »Reich« und Gouverneur Martin konnte Carey immer wieder von seinem feinen Dienst berichten. Er war nie mit der bloßen Leitung der Schulbildung zufrieden, sondern drängte Seelen zu Christus. Carey hatte alle Ursache stolz auf ihn zu sein. Als er schließlich die Molukken verlassen musste, weil die inzwischen wieder holländische Regierung keine Taufen außerhalb ihrer Staatskirche zuließ, konnte er sagen: »Es gab mir tiefste Befriedigung, bei meinem Abschied in so vielen Augen Tränen zu sehen.«

In den Jahren, die Jabez auf den Molukken verbrachte, gab Carey jedem Schiff in diese Richtung einen Brief mit. Hier einige charakteristische Sätze aus ihnen:

> Als ein Vater, der Dich innig liebt, empfinde ich alle Deine Sorgen als die meinigen. Schreibe mir von allen deinen Schwierigkeiten. Ich bin Dein Vater.
>
> Ich habe feste Zeiten der Fürbitte für meine Kinder.
>
> Verlasse nie den Weg der Gerechtigkeit und Wahrheit, um eine Gefälligkeit zu gewinnen oder um eine Schmach zu umgehen.
>
> Erforsche die Schriften vor jedem Schritt, den Du tust.
>
> Ringe um eine wachsende und tiefer werdende Erkenntnis evangeliumsgemäßer Wahrheiten.
>
> Alles, das nicht auf der Grundlage des gekreuzigten Christus steht, wird scheitern.
>
> Der Charakter eines Dieners des Evangeliums muss der höchste auf Erden sein.
>
> Wenn wahre Gottseligkeit in Deiner Seele blüht, dann wird jede Pflicht leicht sein. Wenn sie darniederliegt, dann wird jede Pflicht eine Bürde sein.

Je vorbehaltloser Du Dich selbst Gott auslieferst, desto mehr wirst Du Seinen Frieden erfahren.

Im Gutestun fortfahren inmitten von Enttäuschungen wird Dir mehr Freude bereiten und Dir größere Achtung einbringen als eine Krone.

Erwarte nicht, dass sie dem von Dir Gesagten viel Aufmerksamkeit entgegenbringen, wenn Du nicht ihre Zuneigung gewonnen hast. Je größere Aufmerksamkeit Du ihnen zeigst, desto williger werden sie auf Dich hören.

Im Jahre 1813 kam die Charta der Ostindien-Gesellschaft vor das Parlament. 900 Petitionen von Christen waren eingegangen um das Unter- und das Oberhaus zu bewegen, die Mission in Indien zu sanktionieren. Drei Tage lang wurde im Unterhaus debattiert. Am 22. Juni hielt *Wilberforce* eine Rede vor dem Unterhaus, welche großen Eindruck machte. Trotz feindlichen Voten gewannen die Befürworter der Mission im Unterhaus mit 89 gegen 36 Stimmen. Im Oberhaus war *Lord Wellesley*, der Carey die Professur am Fort William College angetragen hatte, einer der entschiedensten Fürsprecher der Mission. Die Sache der Mission hatte gesiegt.

Wilberforce selbst sagte stets, die Sache der öffentlichen Anerkennung der christlichen Verantwortung gegenüber Britisch Indien sei der größte Sieg gewesen, den er erlebt habe, die Sklavenbefreiung eingeschlossen. Nach seinem durchschlagenden Erfolg im Unterhaus schrieb er: »Es war schon spät, als ich aufstand. Ich danke Gott, dass ich befähigt wurde zwei Stunden zu sprechen und dass ich auf große Akzeptanz stieß. Wir gewannen mit 89 gegen 36. Ich hörte nachher, dass viele die ganze Nacht für uns gebetet hatten.«

23. Drohende Entfremdung

1814 – Oktober 1817

Das erste Vierteljahrhundert der Mission in Indien brachte eine Reihe von Siegen; das zweite Vierteljahrhundert vergeudete einen beträchtlichen Teil der Kraft der Kräftigsten und betrübte das Herz der drei größten Arbeiter des Jahrhunderts. Für Ward, Marshman und Carey war es, wie letzterer sagte, »eine schwerere Prüfung als alle übrigen zahlreichen Sorgen«. Die Kontroverse in Serampore zu übergehen, hieße eine der nützlichsten Warnungen in der modernen Kirchengeschichte übergehen.

SAMUEL VINCENT

Mit der nunmehr erneuerten Charta der Ostindien-Gesellschaft und der damit amtlich genehmigten Einreise von Missionaren erhielt Serampore erhebliche Verstärkung. Careys Neffe *Eustachius* war der erste, der eintraf, und dann kam *Yates,* einst Schuhmacher wie Carey und ebenfalls von Harvey Lane in Leicester.

Carey selbst war geschäftiger als je. Der *Earl von Moira* und *Bischof Middleton* staunten über Serampores Übersetzerraum mit seinen Pandits von nahezu jeder Sprachregion Indiens sowie von China und Afghanistan, die unter Careys Aufsicht an 22 Bibelübersetzungen arbeiteten.

Der Winter 1814/15 brachte den Missionaren Nachrichten von schweren Verlusten in der Heimat. Zuerst ging *Sutcliff* heim, der kluge Ratgeber der Mission und väterliche Freund der Missionskandidaten. Und dann wurde *Fuller* selbst abberufen, der Koloss der Mission, wie Ward ihn genannt hatte. Er war nach seinem Kampf mit dem Parlament nie mehr zu Kräften gekommen. Er hatte für die neue Charta mit seinem Leben bezahlt. 23 Jahre lang, seit jenem Morgen in Nottingham, war er ein Herz und eine Seele mit Carey gewesen; er hatte sich für die Mission aufgebraucht. Er hielt das Treuegelöbnis der Arbeiter in der Heimat gegenüber den Missionaren an der Front, auch als die Arbeitslast als Sekretär der Mission seine Kräfte längst überforderte. Carey hätte keinen zuverlässigeren Mann in der Heimat haben können. Er schrieb an Ryland: »Ich liebte ihn. Es gab kaum jemanden in England, dem ich so vollständig mein Herz öffnen konnte.«

Es lief inzwischen nicht mehr alles glatt auf der Mission. Die Neulinge brachten (durch den Einfluss von Johns) eine kritische Haltung mit. Ihre Kritik richtete sich dabei nicht gegen Ward und Carey, sondern gegen Marshman. Ihnen war die Arbeitslast, welche den älteren Missionaren zur zweiten Natur geworden war, zu viel. Einrichtungen, welche für die erste Zeit nötig gewesen waren, schienen den Neuen nicht mehr angemessen. Serampore war erfüllt von Zwietracht. Carey nahm das so mit, dass er ernsthaft erkrankte und nach der Aussage eines der betreuenden Ärzte »an den Rand des Todes gebracht wurde«.

Wegen der beiden Missionsstationen auf Java und Ceylon, welche das Heimatbüro schließen wollte, war es schon vor dem Tod Fullers zu Auseinandersetzungen gekommen. Sie seien zu kostspielig. Darauf hatte Carey geantwortet:

> Ich flehe Euch in England an, der Krämergesinnung nicht stattzugeben und Stationen zu schließen, weil sie das gegenwärtige Einkommen sprengen. Richtet vielmehr Eure ganze Anstrengung darauf die Einkünfte zu vergrößern. Wenn Eure Ziele groß sind, dann wird die Öffentlichkeit entsprechend zum Unterhalt beitragen; wenn Eure Ziele herabgeschraubt werden, wird die Freigebigkeit in gleicher Proportion abnehmen.

Dann erhielten die Drei einen weiteren schweren Schlag. Irgendjemand in der Heimat flüsterte andern ein, sie häuften sich ein privates Vermögen an, und einige begannen das zu glauben. In Tat und Wahrheit waren sie nie ein Zoll breit von ihren von Anbeginn festgelegten Grundsätzen der Selbstverleugnung abgekommen.

Carey schrieb am 22. April 1817 einem der Leiter in der Heimat:

> Ich bekenne, dass ich gelinde empört bin über die Andeutungen in einem Eurer Briefe. Der geliebte Fuller hätte mit einem einzigen strafenden Blick tausend solcher Unterstellungen verscheucht.

> Alles, was ich habe, habe ich der Mission zur Verfügung gestellt, ebenso meine zwei Mitarbeiter … Wir sind Treuhänder vor der Öffentlichkeit und vor Gott. Ich bin in meinem Alter ohne eine Rupie. Ich bin ein Tor geworden, indem ich mich gerühmt habe, aber Ihr habt mich dazu genötigt.

Und etwas später:

> Sollte ich heute sterben, hätte ich nicht einmal das Geld um einen Sarg zu kaufen und meine Frau hätte nichts, von dem sie leben könnte.

Einige gaben ihrer Vermutung Ausdruck, die Missionare seien daran, gemachte Betten für ihre Söhne einzurichten, obwohl Ryland das Gegenteil dargelegt hatte: »Sie versuchen nicht, unser Eigentum zu nehmen und es zu dem ihrigen zu machen; es ist vielmehr ihr Eigentum und sie wollen es zum unsrigen machen. Sie versuchen nicht, es *für* ihre Kinder sicherzustellen, sondern es *vor* ihren Kindern sicherzustellen.«

Es zogen aber noch mehr Wolken am Horizont auf. Schon Fuller hatte in seinen letzten zwei Jahren einen neuen Ton in den Sitzungen des Heimatbüros vernommen. Einige wollten mehr Einfluss auf die Missionare. Fuller schrieb seinen Brüdern in Indien, was er darauf geantwortet hatte:

> Wir haben uns nie als Gesetzgeber unserer Brüder angesehen, sondern als ihre Mitarbeiter. Wir haben uns nie angemaßt sie zu dirigieren und das aus zwei Gründen: Sie wussten besser als wir was zu tun ist und zudem war die Distanz viel zu groß, als dass sie immer auf unsere Anweisungen hätten warten können. Unser Geschäft ist es gewesen, ihnen die Mittel bereitzustellen und Mitarbeiter nachzusenden.

Nun waren Fuller und Sutcliff nicht mehr und diese beiden zusammen mit Ryland waren das Heimatbüro gewesen. Inzwischen auf 35 Mitglieder angewachsen und mit einem gewählten Finanzausschuss versehen, war die Beziehung zu den Missionaren geschäftsmäßig und amtlich geworden. Man bestimmte *acht* Treuhänder, welche über die Finanzen der *drei* Missionare wachen sollten. Die Befürchtungen, die Ryland in einem Brief ausgedrückt hatte, waren eingetreten: »Mir graut vor dem Gedanken, jene Leute könnten die Zügel in die Hand bekommen, die den größten Ehrgeiz danach haben. Ich habe grenzenlose Befürchtungen bezüglich der Zukunft. Ich zittere um die Lade Gottes in der Sorge, sie könnte in die Hände von bloßen Zahlmeistern geraten. Das Vertrauen, das junge Männer in ihre eigene Kompetenz haben, weckt in mir um so größeres Misstrauen.«

Nach der Wahl neuer Mitglieder des Heimatbüros im August 1817 kam Pearce, der Sohn von Samuel Pearce, zusammen mit seiner Frau in Serampore an. Er wurde herzlich empfangen. Aber es löste Befremden aus, dass er mit dem Auftrag kam, in der Serampore-Familie zu leben. Das empfanden die Missionare als einen Eingriff in eine Angelegenheit, die sie ausschließlich allein zu regeln hatten, als einen Ausdruck der neuen dirigistischen Haltung der Heimat. Carey schüttete in einem langen und traurigen Brief Ryland sein Herz aus:

> Wir sind Euer um mit Euch zu leben und zu sterben; aber als Eure Brüder, nicht als Eure Knechte. Ich flehe Euch daher an, versucht nicht eine Art von Autorität über uns auszuüben, der wir uns nie beugen werden. Verzeiht mir, wenn Ihr ein wenig Torheit von mir ertragen müsst, denn mein Herz ist tief verwundet über den in der Heimat gefassten Beschluss der acht britischen Treuhänder und über zahlreiche damit einhergehende Erscheinungen … Wir haben nichts gegen einen einzigen der vorgestellten Treuhänder einzuwenden; aber wir werden es nie hinnehmen, dass die Vollmacht über das Missionsgelände und uns selbst in ihre Hände übergeben wird … Das Missionsgelände gehört der Gesellschaft, wir haben es der Gesellschaft geschenkt. Wenn aber die Gesellschaft auf den beschlossenen Maßnahmen besteht, werden wir das Gelände räumen, so sehr wir an ihm hängen, und werden uns einen anderen Platz erwerben, den wir nicht mehr der Gesellschaft geben werden, um dort unser Werk fortzuführen unter der alleinigen Autorität von Gottes heiligem Wort. In dieser Sache sind wir einer Meinung und hiervon werden wir nicht abrücken … Wir haben uns immer der Tatsache gerühmt,

> dass wir mit der Gesellschaft verbunden sein dürfen, um gemeinsam an der gleichen großen Aufgabe zu arbeiten, und das werden wir auch weiterhin tun, sofern Ihr es erlaubt. Aber wir werden uns nicht unter die Autorität von irgendjemand begeben. Ich hoffe, dass die Gesellschaft diese Ideen zu dirigieren, welche Fuller nie hatte und die erst seit seinem Tod aufgekommen sind, aufgeben wird, da wir entschlossen sind »auch nicht eine Stunde durch Unterwürfigkeit nachzugeben«.

Drei Wochen danach verfassten die Drei einen gemeinsamen Protest, den sie einem jeden Mitglied des Heimatbüros sandten. Marshman hatte ihn verfasst, aber alle drei unterschrieben ihn. Marshmans Sohn fand, er sei »einer der am wenigsten glücklichen Produkte seines Vaters und weitschweifig bis zum Exzess«. Aber er war aus großer Herzensnot und mit vielen Tränen geschrieben worden, wie der Brief des Apostels Paulus an die Korinther. Sie mussten in der Tat ähnlich wie der Apostel mehr von sich selbst und ihren Leistungen reden, als ihnen lieb war.

Zu den Sorgen mit der Heimat gesellte sich der Kummer, den Felix seinem Vater bereitete. Nach drei Jahren Witwerschaft hatte er in Burma wieder geheiratet. Er hatte zunehmend das Vertrauen des Königs in Ava gewonnen und von ihm den Auftrag bekommen, eine Mission mit einer Druckerpresse in der Hauptstadt, in Ava, zu errichten. 1814 war er bei der Aussendung von Jabez in Serampore gewesen, hatte Matthäusevangelien in Burmesisch und eine Druckerpresse mitgenommen. Ende August trat er mit seiner Frau und ihren zwei kleinen Kindern die Rückreise an. Drei Stunden nach Auslaufen des Schiffes kenterte es; er verlor dabei seine Frau und die Kinder. Er schrieb seinem Vater aus Rangun:

> Mein Schmerz ist groß, ich wollte fast sagen, größer, als ich tragen kann … Der Verlust meiner Frau und der lieben Kleinen geht mir sehr ans Herz. Was soll ich sagen? Ich kann nur schweigen wie Hiob.

Am Sonntag, nachdem er die schlimme Nachricht empfangen hatte, predigte Carey, aber Hanna Marshman schrieb in ihr Tagebuch: »Er schien sehr niedergedrückt.« Er schrieb Jabez:

Der Schmerz überwältigt uns, aber wir sind stumm, denn Gott hat es getan. Ich trage schweigend Trauer für Felix.

Die Druckerpresse und die Evangelien samt den Manuskripten für ein burmesisches Wörterbuch, an dem Felix arbeitete, waren bei der Katastrophe verlorengegangen. Der König ersetzte ihm den finanziellen Verlust, aber sein Gemüts- und sein geistlicher Zustand erholten sich nur langsam. Gegen Jahresende schrieb er nach Serampore, er werde als Botschafter Burmas nach Kalkutta gesandt werden. Obwohl Carey sich einerseits freuen konnte, dass er mit diesem Auftrag zur Verbesserung der gespannten britisch-burmesischen Beziehungen beitragen würde, sagte er: »Ich schrecke vor dem Gedanken zurück, als ob es ein Verbrechen wäre.« An Fuller schrieb er: »Felix ist vom Missionar zum Botschafter geschrumpft.«

Felix' Mission nach Kalkutta endete in einem Fiasko wegen mangelnder Beglaubigung zum Botschafter. Möglicherweise ging das Ganze auf missverständliche Weisungen vom königlichen Sekretär in Ava zurück, die Felix falsch gedeutet hatte. Auf alle Fälle musste er nach sieben Monaten unehrenhaft abziehen, nachdem er mit standesgemäßem Gefolge in Bengalen eingezogen war und gehaust hatte.

Für Carey muss die ganze Angelegenheit äußerst demütigend gewesen sein: »Es ist peinlich, wenn man genötigt ist, sich für solche zu entschuldigen, die man liebt.« Aber das Schlimmste war, dass Felix von der Nachfolge des Herrn abgedriftet war. »Das hat mir fast das Herz gebrochen«, schrieb er an Jabez. Jabez antwortete:

Mein lieber Vater,
könnte ich, würde ich mich sogleich zu Euch begeben und alles tun, was ich nur vermöchte, um Euch zu trösten und beizustehen … Nie habe ich so heftig wie jetzt den Schmerz des Getrenntseins verspürt.

Und William schrieb seinem Vater:

Mein Herz will brechen, wenn ich an all den Kummer denke, der Euch befallen hat. Meine Hoffnung ist, dass Gott Euch Euer verflossenes Glück siebenfach erstatten werde.

Als Felix nach seinem Scheitern in Rangun ankam und von der schlechten Laune des Königs hörte, floh er vor dessen Unwillen. Drei Jahre lang streifte er im Grenzgebiet zwischen Burma und Assam umher, botanisierte, lernte Sprachen und diente dem Radscha von *Tschatar.* Er blieb die ganze Zeit mit seinem Vater in Verbindung, dessen Briefe »meine Seele immer wieder beglückten«. Endlich, gegen Ende 1818, traf ihn Ward, sein geistlicher Vater, in der Nähe von Tschittagong, und konnte ihn überreden, nach Serampore zu kommen. Mit seinem geliebten, irrenden Sohn in seiner Nähe konnte Carey wieder glücklich sein.

24. Die Meisterbauer

1818 – 1819
Die Charta, 22. Februar 1827

> Sie arbeiteten unter der Annahme, dass die Evangelisierung Indiens durch Inder geschehen müsse. Überzeugt, dass eine rein theologische Ausbildung unbefriedigend sei, da es nur Fachidiotentum fördere, wollten sie von allen Seiten Licht hereinlassen. Sie wollten durch diese Schule Männer heranbilden, die in der Lage wären, mit einem gründlichen Wissen von der indischen Art zu denken und zu empfinden, an religiöse Fragen heranzutreten. Daher sollten nicht europäische Bücher einfach in indische Sprachen oder europäische Ideen in orientalische Gewänder gehüllt werden. Es sollten dem Herrn Jesus von Herzen ergebene Männer herangebildet werden, welche die Wahrheiten göttlicher Offenbarung in einem Lehrgebäude präsentieren könnten, die ganz dem Genius des Orients entsprach.
>
> James Culross

Schon 1794 hatte Carey in einem Brief in die Heimat geschrieben, John Thomas und er trügen sich mit dem Gedanken, an ihren jeweiligen Missionsstationen eine Schule für muslimische und hinduistische Knaben zu eröffnen. Dann begann man 1802 wieder an einem Plan zu arbeiten, für die Kinder der einheimischen Christen eine Schule zu errichten. Man dachte daran, ihnen Theologie, Geschichte, Geografie und Astronomie in den Unterrichtssprachen Englisch und Bengali beizubringen. Und im Jahre 1817 schrieb Carey an Ryland:

> Es ist eine überaus wichtige Aufgabe und Pflicht, eine möglichst große Anzahl von indischen Christen für den Dienst als Pastoren und reisende Evangelisten auszurüsten. Die nötigen Missionare, um Hindustans Millionen zur Erkenntnis des allein wahren Gottes zu bringen, können niemals von England zur Verfügung gestellt werden. Es braucht vielmehr ein Werk der Gnade Gottes im

Leben bekehrter Inder, welche zum Dienst der Mission ausgebildet und ausgesandt werden. Nach meinem Urteil muss die Hauptlast des großen Auftrages auf indischen Schultern ruhen.

Das Serampore College sollte diesem Bedürfnis begegnen. Carey war inzwischen ein Vierteljahrhundert in Indien gewesen, Marshman und Ward achtzehn Jahre. Carey hatte zunächst zwar noch mit der schnellen Bekehrung Indiens gerechnet, aber inzwischen war ihnen klar, dass die geistliche Umwandlung der Millionen Indiens ein langsamer Prozess werden müsse.

Die Missionare studierten die Geschichte der Reformation und was sie beeindruckte, war die lange Dauer des geistlichen Kampfes. Ihr Sieg hatte Jahrhunderte des Zeugnisses und der Arbeit benötigt. Wenn Roms pervertiertes Christentum erst nach lange anhaltendem Druck nachgab, dann würden die indischen Religionen nicht ohne lange angelegte Strategien bezwungen werden. Den amerikanischen Baptisten zeichnete Carey folgendes Bild seiner Erwartungen:

Wir werden die Festung erobern, wenn wir nur uns selbst davon überzeugen können, dass wir lange genug ausharren müssen. Wir werden ernten, wenn wir nicht ermatten. Wenn man aber eines Tages wird sagen können, dass niemand mehr an den Fleischhaken schwingt und keine Witwen mehr verbrannt werden; wenn man keine obszönen Tänze und Lieder mehr kennt; wenn man die Götzen zu den Fledermäusen geworfen und Jesus allein als Gott des ganzen Landes anerkannt haben wird; wenn der Hindu nicht mehr an den Ganges pilgert, um von aller Unreinheit gewaschen zu werden, sondern zum Quell kommt, der für die Sünden geöffnet ist; wenn die Massen sagen werden: Lasst uns zum Hause des Herrn gehen und Er wird uns aus Seinen Wegen lehren; wenn die Kinder nicht mehr den Götzen geopfert, sondern ein Same des Herrn geworden sind; wenn die öffentliche Moral gehoben worden und wohltätige Gesellschaften gegründet worden sind; wenn Zivilisation und Errettung Hand in Hand gehen werden und unzählbare Seelen aus diesem riesigen Land den Chor der Erlösten anschwellen lassen – sollen wir dann noch denken, wir hätten uns umsonst gemüht?

Das Serampore College.

Indien musste eine umfassende Bildung bekommen, und zwar sowohl in den heiligen Schriften und in den wissenschaftlichen Disziplinen Europas als auch in der Philosophie, Religion und Literatur Indiens. Der fruchtbringende Same musste aber in den Indern selbst wachsen, anstatt dass die Frucht ihnen lediglich von Fremden gebracht wurde. Es würde nie genügen, dass Europäer in Indien lebten und sich ihre Sprache und Kultur aneigneten. Nein, so wie England selbst ihre Wycliff und Tyndale hervorbrachte, mussten Indiens Söhne selbst die Gelehrten und Lehrer Indiens werden.

Dabei sollten nicht wie bisher allein die Brahmanen, sondern die begabten Söhne aller Schichten gebildet werden. Von Anbeginn hatte die Mission freie Schulen für die Angehörigen der niedrigsten Kasten und der Kastenlosen betrieben. Im Umkreis von 20 Meilen um Serampore bestand ein Netz von Schulen mit Bengali als Unterrichtssprache, längst bevor die Regierung etwas unternommen hatte. 1818 hatten sie schon 10 000 Kinder in ihren Schulen. Nun sollte zu diesen Grundschulen auch eine höhere Schule kommen.

Lord Wellesley hatte mit dem Fort William College als erster Engländer in Indien eine höhere Lehranstalt eröffnet. Nun aber sollte Serampore die erste entsprechende indische Schule für Inder werden.

Die ganze Bibel lag bereits in den fünf Hauptsprachen Nordindiens vor, das Neue Testament in fast allen übrigen. Man konnte sagen, Indien habe das Wort Gottes bekommen. Jetzt sollte das Gemeinwesen geschult werden, um den vollen Segen dieser Gabe einbringen zu können.

Die Unterrichtssprache sollte nicht Englisch sein, wie es das junge Indien selbst gewünscht hätte. Serampore hatte die längerfristigen Interessen Indiens im Auge, wie Ward sagte: »Das College, das wir bauen, soll nach den gleichen Grundsätzen errichtet werden, die wir seit Jahren angewandt haben, dass nämlich Indien selbst Indien evangelisieren soll. Wir wollen alles verhindern, was unsere Schüler anglisieren könnte.« Daher würden die Unterrichtssprachen nur indische sein.

Sanskrit sollte allen offen stehen, was eine revolutionäre Neuerung war, hatte man doch das Lernen dieser heiligen Sprache stets nur den obersten Kasten vorbehalten. Die Schüler sollten Zugang bekommen zu Indiens heiligen Büchern und sie neben die christlichen Heiligen

Schriften in den eigenen Sprachen lesen können. So sollten sie lernen, alles zu prüfen und das Gute zu behalten.

Sie machten das College, wie sie sagten, »frei wie die Luft. Niemand soll der Vorrechte der Bildung beraubt werden, weil er in der falschen Kaste geboren ist. Noch soll die Schule denen verschlossen bleiben, die anders glaubten als sie.« Hindus und Muslime sollten neben indischen Christen studieren und lernen.

Das Hauptanliegen der Missionare war es, indische Christen für den Dienst als Prediger und Bibellehrer auszurüsten. Auf ihnen sollte schlussendlich die Last der Verantwortung für ihr Land liegen. Aber sie dachten auch an Schulmeister, Juristen, Schriftsteller und Journalisten, welche das sich verändernde Indien brauchen würde. Daher bauten sie eine Schule, die 200 Studierende aufnehmen konnte, obwohl sie damit rechneten, dass nur ein Zehntel von ihnen Verkündiger des Wortes Gottes werden würden.

»Was hätte das Christentum in der griechischen Welt ausgerichtet ohne einen Paulus, einen Lukas und einen Apollos? Was hätten die Reformatoren erreicht, hätten sie nicht Latein, Griechisch und Hebräisch beherrscht?«, fragten sie. »Überflügelt die Pandits in Eurer Kenntnis des Sanskrit und dann schlagt Eure Widersacher mit ihren eigenen Waffen und führt die Beute heim.«

Sie wagten zu hoffen, dass sogar Brahmanen ihre eigenen Söhne auf ein College schicken würden, dass entschieden christlich war. Schon im ersten Jahr hatten sie elf solche unter den Studierenden. Man rechnete damit, dass etliche vom Licht des Christentums überführt würden, und dass auch die anderen »mit Segen beladen« die Schule verlassen würden, »gerüstet, um in Zukunft die göttliche Wahrheit ohne Vorurteile zu prüfen, und kaum geneigt sich fortan auf die Seite des Aberglaubens zu stellen«.

Der Bau zusammen mit dem Boden verschlang 15 000 Pfund und die Missionare stellten aus ihren eigenen Einkünften das Geld zur Verfügung. So rechtfertigten sie die von Anfang an unabhängig von der Heimat geplante Verwirklichung des Projektes. Ihren eigenen Lehrdienst versahen sie ohne Gehalt und für die Gehälter der indischen und europäischen Lehrer sowie für den Unterhalt der ärmeren Studierenden rechneten sie mit der Freigebigkeit ihrer indischen, britischen und amerikanischen Freunde.

Neben den schon erwähnten Brahmanen gehörten zum ersten Jahrgang einige Muslime, ein Pandschabi, ein Maratthi, zwei Khasis, drei Garus, zwei Arkanesen und viele Bengalis.

Carey schien jünger zu werden, während der Bau stetig wuchs, besonders als er die Bibliothek und das Museum einrichten konnte und schließlich die erste Generation von Studierenden willkommen hieß. Er war glücklich Felix wieder an seiner Seite zu haben, der für das College eine *Geschichte der Briten in Indien und in England,* Artikel über Anatomie und Jurisprudenz, ein Lehrbuch in Chemie und vor allem John Bunyans Pilgerreise übersetzte.

Die ersten Kurse begannen schon 1819, aber der ganze Bau war erst 1821 beendet. Carey war nun 60. Als Marshman 1827 in Europa auf Heimaturlaub war, erhielt er von Dänemarks König Fredrik VI. eine Charta für das Serampore College, welche identisch war mit denjenigen, die die Universitäten von Kopenhagen und Kiel erhalten hatten. Es wurde dem College das Recht gewährt, akademische Titel in allen Fakultäten zu verleihen. (Allerdings ließ man dieses Recht bis ins Jahr 1909 ungenutzt ruhen.)

Auch Indiens Töchter wurden nicht vergessen. Marshmans und Wards Töchter eröffneten äußerst erfolgreiche Schulen für indische Mädchen zu einer Zeit, als in Indien kein Mensch an die Bildung von Frauen dachte.

1818 begann Serampore auch mit einem Monats- und einem Wochenblatt in Bengali, Letzteres mit dem schönen Namen *Samatschar Darpan,* Nachrichten-Spiegel. Marshman fügte diesen indischen Publikationen noch eine englische bei, den *Friend of India,* ein Monatsblatt, in welchem er bei den in Indien lebenden Europäern Verständnis für Indiens Völker und Probleme wecken wollte. Sowohl im *Samatschar* als auch im *Friend* berichteten sie beständig von den Witwenverbrennungen. Sie machten sie auch zu Fürsprechern der zahlreichen Leprakranken in Indien. William hatte 1812 aus Katwa in einem Brief berichtet:

> Letzte Woche wurde ich Zeuge der Verbrennung eines Leprakranken. Ich kam zu spät und der Mann war schon tot, ehe ich eingreifen konnte. Ich habe festgestellt, dass dies eine übliche Praxis in dieser Gegend ist. Der arme Mann war gesund genug, um ohne

Hilfe zu gehen. Man hatte eine zehn Ellen tiefe Grube gegraben, in der man ein Feuer anfachte. Dann rollte der Mann freiwillig in die Grube, sobald er aber das Feuer spürte, bat er hinausgelassen zu werden. Aber seine Schwester und andere Verwandte stießen ihn wieder zurück und er wurde bei lebendigem Leib verbrannt. Welch schrecklicher Mord!

J. G. Potter hat folgende Notiz festgehalten:

> In Agra ging ich jeweils das Leprahospital besuchen zusammen mit Hari Ram, einem ehemaligen Brahmanen. Einmal sagte er mit Tränen in den Augen zu seinen Zuhörern: »Brüder, ihr verdankt dem Herrn Jesus viel. Hier wird euch ein Dach über dem Kopf und tägliches Essen gegeben. Wie anders wäre es euch unter der Herrschaft der Brahmanen ergangen! Ich war einst Priester in Bisarna und eines Tages brachte man mir einen Leprakranken. Die Dorfbewohner wollten wissen, was mit ihm zu tun sei. ›Schaufelt sein Grab‹, antwortete ich. Nach meiner Anweisung wurde das Grab ausgehoben, der Leprakranke hineingezwungen und lebendig begraben.«

Das College und die Publikation von Serampore wollten diese Finsternis vertreiben. In der vierten Ausgabe des *Friend* findet sich die freudige Nachricht, dass ein gewisser Kali Sankar Ghosal Land und Geld zur Verfügung gestellt habe, um Leprakranken eine Heimstatt zu errichten.

George Smith schreibt: »Carey gab keine Ruhe, bis in Kalkutta durch die Church Missionary Society ein Lepraspital errichtet worden war.« Nach Careys Tod sagte Marshman: »Es gibt kaum eine wohltätige Einrichtung in Indien, die Carey nicht entweder angeregt oder mit Kräften gefördert hatte.«

Im Folgenden sindeinige Ausschnitte aus Meldungen der *Samatschar Darpan* wiedergegeben:

> *30. Januar 1819.* Der Schmerz oder der Kummer um die Kinder trieb eine Witwe in Benares dazu, vom brennenden Stapel zu springen. Ihre Verwandten stießen sie zurück.

6. Februar 1819: Einen Monat vor dem Hochzeitstermin verstarb ein Mann in Tschandarnagar. Seine Braut ließ sich mit ihm verbrennen.

7. März 1819. Am dritten Tag nach dem Tod eines Brahmanen verbrannte sich seine junge Gattin. Die Verzögerung geschah wegen des behördlichen Verbotes der Verbrennung von Schwangeren und Frauen unter 15.

Juli 1819. Eine der zwei Gattinnen eines Verstorbenen in Ballabhpur verbrannte zusammen mit ihm. Die andere, welcher ihrer Schwangerschaft wegen die Selbstverbrennung verwehrt worden war, schlug sich selbst in ihrem Kummer und gelobte, sich nach der Geburt ihres Kindes zu verbrennen.

10. August 1819. Eine Witwe, die man nicht mit Bambusstäben niederdrückte, da sie ohnmächtig war, erwachte durch die Hitze und sprang aus dem Feuer. Sepoys erwischten sie und stießen sie zurück ins Feuer. Sie entkam ein zweites Mal, und wieder wurde sie in die Flammen zurückgestoßen. Ein drittes Mal konnte sie entwischen und diesmal wurde sie von Europäern gerettet. Sie ist seither kastenlos.

25. März 1820. Der Madras Collector verhinderte die Verbrennung einer Witwe und zog den Zorn ihrer Verwandten auf sich.

12. August 1820. Vor einer Woche verbrannten die beiden Witwen eines Brahmanen zusammen mit ihm am Peliti Ghat, Kalkutta.

30. September 1820. Ganga Kanta Tschattopadaia von Krischnanagar starb vor zwei Wochen. Seine Witwe opferte sich mit ihm und läßt eine fünfjährige Tochter und einen einjährigen Sohn zurück.

17. Oktober 1820. Die Verwandten eines Maratthi Brahmanen erklärten, seine Witwe sei bereits 15, damit sie verbrannt werden könne. Ihr Pandit beteuerte, sie sei erst 11 gewesen.

7. September 1821. Tarini Tscharan Bannerdschi verstarb um 1 Uhr in Salka; um 5 wurde er zusammen mit seiner 17jährigen Witwe verbrannt. Sie war die einzige Tochter eines Brahmanen.

14. April 1823. Die Witwe von Ram Kumar Sen, einem Arzt von Serampore, wurde mit ihrem Ehemann verbrannt; er war 45, sie 37. Ihr einzige Tochter durfte sie nicht mehr sehen, um sie von der Tat abzuhalten.

5. November 1823. Die vier Witwen eines Mannes in Konnagar wurden mit ihm verbrannt, die jüngste war 26.

September 1824 (Friend of India). Die Frau eines Telugu Brahmanen bestand darauf, mit ihrem Mann verbrannt zu werden; sie sei in drei vorherigen Geburten eine *Sati* gewesen und müsse es noch viermal sein, um die ewige Glückseligkeit zu erlangen.

25. Spaltung und Entfremdung

April 1818 – Juli 1830

Die größte Anfechtung für einen Missionar ist oft ein anderer Missionar.

FORBES JACKSON

Das verhängnisvollste Ergebnis des Fehlverhaltens von Dyer (dem Heimatsekretär) war nicht allein das Unrecht, das damit an den Männern in Serampore geschah, sondern dass es während fast eines halben Jahrhunderts das Wachsen einer gesunden und damit eigenständigen Gemeinde in Indien verhinderte. Der lange Disput ist für uns nur noch deshalb von Wert, insofern er uns die christusähnliche Persönlichkeit Careys hervortreten lässt.

GEORGE SMITH (im Jahre 1885)

Serampore hatte sich so danach gesehnt, dass die Charta der Ostindien-Gesellschaft verändert werde, dass man die vier begabten Mitarbeiter, die zwischen 1814 und 1818 endlich ankamen, mit großer Freude empfing. Im April 1818 sonderten sich diese vier zusammen mit Lawson von den älteren Missionaren ab und bildeten eine eigene Gesellschaft. Das hätten die Vier ihren erfahrenen und bewährten Brüdern nicht antun dürfen. Keiner der Neulinge war älter als 26, zwei von ihnen waren knapp drei Jahre, zwei nur ein Jahr in Indien gewesen.

Dabei waren die Voraussetzungen und der Anfang so verheißungsvoll gewesen. *Eustachius* war ein Sohn von Careys einzigem Bruder und ein Schüler von Sutcliff. *Yates* war wie Carey Schuhmacher gewesen, er war ungeheuer fleißig im Sprachstudium und zu alledem stammte er von Harvey Lane. *Penney,* der viele Lehrer ausgebildet hatte, war Carey mit Nachdruck empfohlen worden. *Pearce* war der Sohn des geliebten und immer zuverlässigen Predigers Samuel Pearce und er war gleich gesinnt wie sein Vater. *Lawson* teilte Careys Leidenschaft für die Botanik und war ein beschlagener Musiker. Diese jungen Männer waren gesund im Glauben und zeichneten sich durch

Hingabe aus; zudem besaßen sie alle ihre besondere Begabung. Eustachius war ein fähiger Prediger, Yates ein Gelehrter, Lawson ein Künstler, Penney Lehrer und Pearce Drucker. Eustachius war für die Kanzel im Lall Bazar ausgerüstet, Yates sollte von Carey zum Nachfolger im Übersetzen gemacht werden, Penney war als Direktor an der freien Schule Bow Bazar vorgesehen und Pearce sollte Ward beistehen, dessen Gesundheit immer mehr nachließ.

Zunächst ging alles gut. Eustachius schrieb: »Meine Bewunderung für meinen Onkel wächst mit jedem Tag« und Carey konnte seiner Schwester berichten: »Eustachius ist von allen geliebt … er hat Fähigkeiten beim Predigen, die weit über das Durchschnittliche hinausgehen.« Von Yates war Carey überzeugt, dass er ein tüchtiger Nachfolger in der Übersetzungsarbeit werden müsse, er habe zudem persönliche Frömmigkeit, einen stillen Geist und sei fleißig. Und Penney sei »klar wie ein Bergbach«.

Wer vermag zu erklären, woran die Veränderung zum Schlechten lag? Viel wird auf das Konto von *Johns* gehen, der mit seiner bösen Zunge die Neulinge gegen Marshman voreingenommen hatte. Zudem verließen sie England unter »nach-Fullerschen« Zuständen, das heißt mit der Überzeugung, das Heimatbüro müsse die Mission regieren. Das war eine sichere Quelle der Reibungen. Vielleicht waren auch die älteren Missionare nicht ganz auf ihrer Höhe. Marshman war befangen, zudem waren er und Ward mitsamt ihren Frauen nicht bei guter Gesundheit. Es ist möglich, dass sie nach den Jahren der Kämpfe und Rückschläge den höher fliegenden Träumen der jungen Kräfte nicht mehr folgen konnten.

Auf alle Fälle war es nicht in Ordnung, dass die jungen Männer sich von Lall Bazar trennten und eine neue Gemeinde in *Entally* aufmachten. Dabei hätte man ihre Kräfte auch auf entlegeneren Stationen gebraucht, etwa in *Tschittagong* oder auf Sumatra. Einer der ersten Studenten Careys in Fort William flehte ihn in einem langen Brief um Mitarbeiter an, die unter seinen Assamesen arbeiten würden. Der Generalgouverneur selbst, *Lord Hastings,* drängte Carey, Schulen in der soeben eroberten *Radschputana* zu eröffnen. Er selbst sei bereit 8000 Rupien für den Anfang zu spenden und der dortige Bevollmächtigte der Gesellschaft würde sie nach Kräften unterstützen. Carey nannte dies »eine der größten Möglichkeiten, die Gott uns eröffnet hat, seit wir mit unserer Missionsarbeit angefangen haben«. Den drei Missionaren erschien es wie ein Wunder, dass sie nun jede Hilfe von den Behörden bekamen, nachdem sie so lange unter deren Schikanen gelitten hatten. Und es schien ihnen unfasslich, ja geradezu kriminell, dass die fünf jungen Männer in Kalkutta bleiben wollten, das verhältnismäßig gut besetzt war, und diese offenen Türen verschmähten. Das bedrückte Carey fast so sehr wie die Spaltung in ihren Reihen. Schließlich ging Wards Neffe mit einer Druckerpresse nach Sumatra und Jabez in die Radschputana. Ende 1818 reiste er mit der Hindibibel in der Hand aus, um fünfzehn Jahre lang treu zu arbeiten. Keiner der Neulinge stellte sich für eine der angebotenen Außenposten zur Verfügung. »Es schmerzt mich sehr«, schrieb Carey.

Erst als die jungen Missionare ihre »Kalkutta Missionary Union« gegründet hatten, berichtete Carey in seinen Briefen an die Heimat von dieser Sache. »Eine baptistische Gegenmission, reiner als die alte und höheren Zielen verpflichtet. Die ganze Sache ist sehr hässlich, aber wir sind entschlossen, alles zu tragen und nicht zu streiten, und das habe ich ihnen auch gesagt.« Mit Carey hatten die Neulinge keinen Zank und daher trugen sie ihm die Mitgliedschaft an. Aber für ihn kam es nicht in Frage sich von Marshman zu trennen, mit dem sie die Zusammenarbeit verweigerten.

Carey schrieb ein wenig später an Ryland:

> Ich kann mich an nichts in meinem Leben erinnern, das mir solchen Kummer und Schmerz bereitet hat wie diese Spaltung. Ich habe manche schlaflose Nacht verbracht und immer wieder die Frage gewälzt, womit wir das veranlasst haben könnten. Dennoch kann ich auf nichts Bestimmtes kommen. Aber die Mission ist entzweit und sie bietet den anstößigen Anblick eines Leibes, der mit sich selbst verfeindet ist. Wir könnten uns ohne große Mühe rechtfertigen und auf unsere Rechte bestehen, aber das wäre nur uns und ihnen zur Schande. Daher haben wir uns entschlossen, nichts zu sagen und stattdessen alles Gott zu überlassen. Ich denke nicht, dass ich diesem Entschluss untreu geworden bin, da ich jetzt meinen Kummer einem alten und geliebten Freund anvertraue.

Später schrieb er:

> Ich habe mit allem Ernst dazu aufgefordert, alles zu unternehmen, um dieses Übel zu überwinden. Ich habe wiederholt gesagt, dass ich auf den Knien einem jeden um Vergebung bitten würde, dem ich Unrecht getan habe, wenn man mir zeigen kann, dass das, was ich gesagt oder getan habe, falsch war. Ich muss aber alles in Verbindung mit meinen Brüdern tun, welche ich nach vielen Jahren der engen Zusammenarbeit hoch schätze. Ich weiß nicht, was ich noch tun könnte um diese schändliche Trennung zu überwinden. Ich habe ihnen gesagt, dass ich kein Verlangen habe, sie zu demütigen, indem ich beweise, dass sie im Unrecht sind; sondern ich wünsche, dass wir einander verstehen und von Herzen ausgesöhnt werden …

Seine Genugtuung war unbeschreiblich, als er am 30. März Ryland schreiben konnte:

> Ich habe die Hoffnung, dass der Geist, der unsere Brüder in Kalkutta so lange bestimmt hat, zu weichen beginnt. Eustachius hat mich kürzlich zweimal besucht und Pearce einmal … Ich halte die Spaltung für eine böse und ganz unnötige Sache, aber gewiss haben beide Seiten einiges, das sie einander vergeben müssen. Streit kommt nur aus Stolz. Da ist auf beiden Seiten viel Stolz gewesen. Aber ich denke, dass nichts gesagt oder getan worden ist, das man nicht sofort und auf beiden Seiten vergeben sollte, und dass es kein Missverständnis geben kann, das Christen nicht mit allen Mitteln zu beseitigen versuchen sollten.

Am 15. August 1820 konnte er Jabez endlich schreiben:

> Ich bin sicher, es wird Dich freuen zu hören, dass unser lange bestehendes Zerwürfnis mit den jüngeren Brüdern in Kalkutta nun behoben ist. Wir trafen uns vor drei Wochen dieser Sache wegen, und nachdem jede Seite einige unbedeutende Vorstellungen und Ausdrücke aufgegeben hatte, konnten wir uns versöhnen. Ich habe nichts in meinem ganzen Leben erfahren, das mich so belastet hat wie dieses Zerwürfnis.

Das Schlimmste an der Spaltung war ihr Einfluss auf das Heimatbüro. Ihm waren die älteren Missionare zum größten Teil unbekannt, während sie mit den jüngeren eng vertraut waren. Da diese die Ansichten des Heimatbüros teilten, erschienen die Alten als die Rebellen, während die Jungen wie die loyalen Diener aussahen. Diese bezogen ihr Gehalt aus der Heimat, während die ersten Missionare ihren Lebensunterhalt selbst verdienten. Entsprechend waren die Jungen dafür, dass die Leitung der Mission von der Heimat aus geschehen sollte, während die Alten das nie akzeptieren konnten.

Über ein Jahrzehnt der Disharmonie zwischen Heimat und Missionsfeld resultieren hieraus und nicht einmal die Reisen von vier Serampore-Missionaren nach England vermochten daran etwas zu ändern. Ward war von 1818–22 in England, Frau Marshman von 1820–21, J.C. Marshman von 1822–23 und Dr. Marshman selbst von 1826–29. Das Heimatkomitee hielt daran fest, dass alle ihre Bemühungen, in den englischen Gemeinden die Anteilnahme an der Mission zu fördern, sie zur Aufsicht über die Mission berechtige. Im Missionsblatt der Baptisten entlud sich ein Sturm von Anklagen und Vorwürfen gegen die Männer in Serampore. Das wurde zum Signal für eine drei Jahre lang andauernde Not. Als Jabez sich einmal auf die Seite der Kläger von Marshman herüberziehen ließ, bekam er von seinem Vater Tadel:

> Du zeigst eine sehr ungehörige Genugtuung an der Opposition, die Dr. Marshman widerfährt. Vergiss nicht, dass ich mich von Anfang an mit seinem öffentlichen Handeln und Schreiben identifiziert habe. Ich verachte all diese kriecherischen Beteuerungen, man wolle mich mit der Kritik an Marshman nicht treffen, und mir liegt auch nicht an ihrem Lobpreis. »Verlass nicht deinen Freund und deines Vaters Freund.«

Als sogar Ryland gegen Marshman eingenommen wurde, richtete Carey seinen Tadel gegen den geachteten Führer unter den Brüdern:

> Euer Brief an Marshman war beleidigend und ich sage es mit aller Bestimmtheit: er war unverdient. Ihr seid als Christ verpflichtet das Böse, das Ihr gesagt habt, einzugestehen, und wenn Ihr das anderen gegenüber geäußert habt, es zurückzunehmen.

Im Jahre 1830 machten die Missionare allem Zank dadurch ein Ende, dass sie den gesamten Besitz von Serampore den elf Treuhändern in der Heimat überschrieben. Sie stellten dabei einzig die Bedingung, dass sie selbst bis an ihr Lebensende mietfrei darin wohnen dürften. »Gepriesen sei der Herr!«, riefen sie, »dass wir diesen Tag noch haben sehen dürfen. Jetzt wird unser graues Haupt mit Frieden ins Grab hinabgehen.«

Einer ihrer Söhne kommentierte das Geschehen mit den Worten: »Es hat nie jemand lauter über den Erwerb eines Grundstücks gejubelt, als es diese Männer taten, als sie ihren Verzicht auf jegliche Ansprüche am Grundstück aussprachen.«

26. Trauer und Trost

1821 – 1830

Die Jahre der Zerwürfnisse wurden den älteren Missionaren durch eine Reihe schmerzlicher Todesfälle noch bitterer. Als erstes verlor Carey seine Charlotte nach dreizehn Jahren glücklichen Ehelebens. Die zerbrechliche dänische Dame starb im Mai 1821. Sie hatte während der letzten drei Jahre ihres Lebens nicht mehr gehen können. Täglich trug Carey sie in seinen Armen in ihren Liegestuhl, damit sie die Düfte und Lieblichkeiten des Gartens genießen könne. Ihre eigene Seele war wie dieser Garten. Während Jahren war Charlotte Serampores Korrespondentin für Careys große Verwandtschaft gewesen, und alle liebten sie. William schrieb seinem Vater: »Ich denke, wir werden ihre tiefe Liebe und mütterliche Sorge um uns nie vergessen.« Jabez äußerte sich in ähnlichen Worten: »Eben vernehme ich die unerwartete Nachricht vom Heimgang meiner lieben Mutter. Ich hoffe, Gott habe Euch getragen, lieber Vater. Als ich Bengalen verließ, hätte ich nicht gedacht, dass ich nie mehr einen mütterlichen Rat von ihren Lippen bekommen werde, wie ich ihn so oft bekommen hatte. Nichts als ihre Liebe zu mir konnte sie dazu bewegt haben.« Carey antwortete ihm:

> Mein Verlust ist unersetzlich. Ich bin furchtbar einsam. Ich vertraue, dass Du nie vergessen wirst, für mich zu beten.

Dann verloren die Marshmans im März 1822 ihre älteste Tochter Susanne. Sie war gerade in Erwartung und ließ zwei Kinder zurück. Marshman schrieb seinem Schwiegersohn, einem Beamten in der Bengalischen Verwaltung, fast täglich, bis zu dessen Tod.

Im August 1822 rief der Herr Krischna Pal zu sich. Der 56-jährige war an Cholera erkrankt. In Dschessor, Kalkutta, Dinadschpur, Malda und Dakka hatte er die Saat getränkt, welche andere als Pioniere gesät hatten. Im Khasi-Gebirge hatte er selbst Pionierdienst getan und etliche taufen können. Als er in Serampore im Sterben lag und jemand ihn fragte, ob er den Herrn Jesus noch liebte, antwortete er: »Ja, ich liebe Ihn, aber nicht so sehr, wie Er mich liebt.«

Gegen Ende des Jahres 1822 erlag Felix einem hartnäckigen Fieber. Nach seinen Wanderjahren war er ein Mitarbeiter von unschätzbarem Wert geworden. Carey konnte sich auf seine Gelehrsamkeit verlassen, war er doch der fähigste Bengali-Kenner unter allen Europäern in Indien. Es war schwer für Carey, seinen 37-jährigen Sohn zu Grabe zu tragen.

Am 7. März 1823 wurden die Missionare von einem weiteren schweren Schlag heimgesucht. Ward starb an der Cholera. Acht Jahre jünger als Carey, war er eben von einem Aufenthalt in der Heimat zurückgekehrt. Er war voller Energie gewesen und hatte schon eine Reihe von Studenten am College zu Christus gerufen (wie er das mit einem jeden von Careys Söhnen getan hatte). Dr. Wallich, Vorsteher der Botanischen Gesellschaft in Kalkutta, nannte ihn »den mit Abstand besten Prediger in Serampore«. Marshman schrieb, sein Tod sei »ein furchtbarer Schlag«.

Carey schrieb nach England:

> Wir sind alle in tiefe Trauer gestürzt worden. Gestern um 5 Uhr nachmittags verstarb Ward. Am Mittwochabend hatte er mit großer Eindringlichkeit zu uns gepredigt. Am Donnerstag frühstückte er mit uns, war bis 1 Uhr in der Druckerei, dann kam er zum Mittagessen und beklagte sich über Müdigkeit. Um 3 Uhr wurde ich gerufen und traf ihn sehr krank an. Um 5 Uhr in der Früh schien er zu schlafen, als ich nach Kalkutta ging. Ich kam etwa eine halbe Stunde vor seinem Tod am gleichen Tag wieder zurück. Er hatte während Stunden nichts mehr geredet. Er ist glücklich, aber was für ein Einbruch! Wer kann die Lücke füllen? Wir hoffen auf Gott. Wir brauchen Eure Gebete.

Die beiden überlebenden älteren Missionare konnten ohne den dritten fast nicht mehr weitergehen. William schrieb von Katwa:

> Mein Herz blutet für Euch alle. Mr. Ward war mir besonders teuer. Wie oft stützte er mich, als mein Fuß daran war auszugleiten! Er war mein geistlicher Vater.

Nicht lange danach traf die Nachricht vom Tod von Ryland ein, dem letzten von Careys Bundesgenossen in der Heimat. Carey schrieb:

> Es ist mir, als ob alles, was mir in England teuer ist, verschwunden war. Wohin ich auch schaue, sehe ich nur weiße Flächen.

Aber der Herr tröstete auch. Im Sommer 1823 heiratete Carey die 45-jährige Witwe Grace Hughes, deren zweiter Ehemann zehn Jahre davor gestorben war. Sie ließ sich zusammen mit ihrer Tochter aus der ersten Ehe taufen und diese wurde eine begeisterte Mitarbeiterin in der Mädchenschule der Mission. Carey sagte: »Wir leben sehr glücklich zusammen.«

Carey kannte kein Nachlassen in der Arbeit. Ihm wurde der Posten als amtlicher Bengali-Übersetzer für die Regierung angetragen und er nahm ihn an wegen der 300 Rupien, die er so der Mission monatlich beisteuern konnte. Kurz danach gründete Carey zusammen mit Lord Hastings eine Mission für die Seeleute in Kalkutta. Zudem konnten sie im gleichen Jahr drei neue Missionsstationen gründen: in *Dschannagar* bei Serampore, in *Barripore* südlich von Kalkutta und in *Arakan,* weit im Osten. Sie erlebten bemerkenswerte Taufen: *Pandit Schiwa Ram* in Benares und die ersten Chinesen in Java.

1829 kam Marshman nach dreijährigem Aufenthalt in der Heimat zurück und Carey war schockiert festzustellen, dass er »15 Jahre älter aussah«. Carey wunderte sich aber nicht mehr, als er hörte, mit welcher Undankbarkeit, Ungerechtigkeit und Würdelosigkeit sein großer Mitarbeiter in seiner eigenen Denomination aufgenommen worden war. Die beiden hatten sich selten so niedergedrückt und alleingelassen gefühlt. Auf der anderen Seite hatte Marshman auch viel Beglückendes erfahren in der persönlichen Gemeinschaft mit treuen Helfern der Mission in Liverpool, Leeds und Bristol und durch die Begegnung mit treuen Dienern des Herrn wie *Robert Hall, Gützlaff, die Brüder Haldane, Wilberforce, Sir Walter Scott* und dem jungen *William Gladstone.*

Es muss für Carey eine der bittersten Erfahrungen gewesen sein, als er in der Septemberausgabe 1829 des *Asiatic Journal* eine vernichtende Kritik seines Marathi-Neuen-Testaments zu lesen bekam, an dem er ganze 18 Jahre gearbeitet hatte. Der Kritiker behauptete, es quelle über von jedem denkbaren Verstoß gegen den sprachlichen Geschmack. Er könne nicht verstehen, wie die Bibelgesellschaft dieses Werk eines sektiererischen Sonderlings unterstütze, das gerade gut genug sei um von Würmern gefressen zu werden. Carey traf das hart, aber er dachte nicht daran, sich selbst zu rechtfertigen, denn: »Wer nicht bereit ist, dem Herrn durch schlechtes Gerücht zu folgen, kann Ihm überhaupt nicht folgen.«

Und dann erschien ein Fürsprecher, mit dem niemand gerechnet hatte. William Greenfield, der Herausgeber von *Bagster's Syriac New Testament* widerlegte den Verriss Punkt für Punkt und belegte die Sorgfalt und das Geschick des Übersetzers.

Eine große Genugtuung wurde den Angegriffenen in diesen Jahren der Entzweiungen bereitet, als endlich *Sati,* die Witwenverbrennung, verboten wurde, und zwar gerade, als sie aus der Heimat am heftigsten angegriffen wurden.

Lord Cavendish Bentinck wurde 1828 Generalgouverneur, und am 4. Dezember 1829 erklärte er im Angesicht wütendster Opposition von den Brahmanen *Sati* für illegal. In Bengalen allein waren in den zurückliegenden zehn Jahren etwa 6000 Witwen verbrannt worden. Welcher Triumph bedeutete es Carey, im Auftrag der Behörden, den amtlichen Text ins Bengalische übersetzen zu dürfen. Er wollte sich gerade zum Predigen begeben, als ihn der Auftrag erreichte. Er überließ die Predigt sofort jemand anderem, denn es durfte nicht das Leben einer einzigen indischen Frau auch nur eine Stunde länger als nötig in Gefahr stehen. So verschwand Ende 1829 eine barbarische Sitte, die seit den Tagen Alexanders des Großen in Indien geherrscht hatte. Dies war für Carey wahrlich »ein Sabbat nach dem Herzen Jesajas«. Wie passend war es, dass der erste, der 25 Jahre früher seinen Protest bei den Behörden eingereicht hatte, nun das Ende von *Sati* in der Landessprache ausformulieren sollte!

27. Katastrophen in Kalkutta

1830 – 1833

> Die letzten Tage von William Carey waren seine besten. Seine Sonne ging im vollen Glanz eines glühenden Glaubens und einer verzehrenden Selbstopferung unter. Die schwersten Prüfungen seines Lebens waren nicht die Jahre der Armut in Hackleton und Moulton, der Mühsal in Kalkutta und in den Sundarbans, noch auch in den Bedrängnissen, welche die britischen Behörden zweimal schufen, und auch nicht die Bitternis der sechzehn Jahre Nachstellungen durch die englischen Brüder nach dem Tod von Fuller, nein. Nie war er so auf die Probe gestellt worden wie in den Jahren 1830 – 1833. Schlag folgte auf Schlag, aber dies konnte das Feingold seines Glaubens, seiner Demut und seiner Liebe nur um so heller glänzen lassen.
>
> George Smith

Im Januar 1830 ging die Bank Palmer & Co in Kalkutta Bankrott. Sie war mit drei bis fünf Millionen Pfund verschuldet. Hunderte von europäischen und indischen Familien waren betroffen. Manche von ihnen hatten Kinder in Serampores Internaten. Im Juni des gleichen Jahres wurde die Regierung genötigt, den Lehrbetrieb im Fort William College einzustellen. Carey bekam als Dienstältester als einziger die volle Professorenpension, nämlich sein halbes Gehalt. Im gleichen Jahr wurde seine Stelle als Bengali-Übersetzer für die Verwaltung aufgelöst. Er stand nun mit einem um 800 Rupien im Monat verringerten Einkommen da. Carey schrieb in einem Brief an den Heimatsekretär der Mission:

> Ich muss bekennen, dass mir dies zuerst schwer aufgelegen ist, denn ich sah mich nunmehr verhindert, unsere Missionsstationen zu unterstützen (er hatte bisher monatlich 600 Rupien dafür gegeben). Ich bin aber von Gottes grenzenloser Weisheit überzeugt und ich habe Ihn gebeten, mein Denken unter Seinem Willen zu beu-

> gen. Wir können unsere Stationen nicht aufgeben, aber gleichzeitig sehe ich nicht, wie wir sie noch halten können. Gott vermag uns aufrecht zu halten. Es ist Seine Art, uns zu zeigen, wie vollständig wir von Ihm abhängig sind.

Marshman schrieb:

> Ihr fragt Euch vielleicht, wie wir denn dreizehn Stationen und das College zu tragen gedenken. Ich antworte: Mit Gottes Hilfe. Ob diese aus England oder aus Indien kommt, das überlasse ich Ihm.

Im Juli schrieb John Mack an Lauchlan Mackintosh in Allahabad: »Carey hat nicht einen Paisa mehr für die Stationen, die ihm mehr bedeuten als sein eigenes Leben.« Die Missionare im Khasi-Gebirge schrieben an die Heimat:

> Es sind nur wenige Jahre her, seit die protestantische Welt wachgerüttelt wurde, um den Missionsbefehl zu erkennen. Seither sind die jährlichen Spenden, welche diesem Zweck zufließen, auf die für unmöglich gehaltene Summe von 400 000 Pfund angeschwollen. Ist es zu viel verlangt, dass ein Bruchteil dieses Geldes nun den Männern anvertraut werden sollte, welche die ersten waren, die den Missionsbefehl umzusetzen begannen?

Im Dezember kam dieser Aufruf in England an und der Kassierer Christopher Anderson machte ihn sofort publik. Im Glauben sandten sie mit der Aurora einen Wechsel von 1000 Pfund mitsamt ermunternden Briefen mit, welche in Serampore ankamen, gerade als die alten Missionare an das Ende ihrer Mittel gekommen waren und die Missionsstationen seit zwei Monaten kein Geld bekommen hatten. Carey schrieb an Anderson:

> Vor vier Tagen kamen Eure äußerst willkommenen Briefe an. Gott sei alle Ehre dafür, dass Er in so gnädiger Weise uns von dieser Last befreit hat, unter der wir bald hätten untergehen müssen. Eine jede unserer Stationen liegt uns sehr am Herzen und die Brüder dort sind Männer Gottes, welche die Stationen unter so geringem

> Aufwand betreiben, wie das irgend möglich ist. Wir hätten nie darin einwilligen können, auch nur eine davon aufzugeben.

Am gleichen Tag schrieb er an Steadman:

> Wir waren lange Zeit ohne Post, unsere Schwierigkeiten waren groß und entmutigend. Wir konnten nur noch hoffen und beten. Aber Eure Briefe zusammen mit den Überweisungen haben uns von den Lasten befreit. Uns bleibt nur uns noch völliger dem Dienst des Herrn zur Verfügung zu stellen.
>
> Ihr habt in Eurem Brief den Wunsch geäußert, dass ich nach England kommen möchte. Dagegen gibt es eine Reihe ernster Einwände, deren gewichtigster die neue Ausgabe der Bengali-Bibel ist. Das wird mich noch mindestens zwölf Monate binden. Zudem will ich eine zweite Ausgabe der Sanskrit-Bibel zum Abschluss bringen.

Drei und fünf Tage später konnte er Kassierer Hope den Eingang von 11 400 und 11 700 Rupien bestätigen. Er schrieb an Jabez:

> Ich neige immer dazu, ängstlich und kleingläubig zu sein, was unsere Versorgung betrifft. Gott hat aber in einer Weise eingegriffen, welche unsere kühnsten Erwartungen übertrifft.

Nach dem Orkan von 1830–31 wurde Kalkutta zwischen dem 12. Dezember 1832 und dem 5. Januar 1833 von einem Tornado heimgesucht. Zwei Banken gingen Bankrott und »die Stadt der Paläste« wurde zu einer Stadt der Panik. Carey und seine Frau verloren alles Geld, das sie auf diesen Banken hatten. Alles, was Fernandez für Dinadschpur vermacht hatte, war weg, der Schulfonds für Dschessor und für Delhi ebenso. Careys Kommentar:

> Was sollen wir also tun? Soll die Bekehrung Indiens aufgehalten werden, weil zwei Banken zahlungsunfähig geworden sind? Nein: »Rede zu den Kindern Israel, dass sie aufbrechen.« Wir müssen vorwärts gehen im Vertrauen auf den allein weisen Gott, ohne dessen Vorsehung auch dies nicht geschehen ist. Wir müssen die Flamme der Liebe und des Glaubens wieder anfachen und unab-

> lässig arbeiten. Ich weiß nicht, wie wir die Stationen halten sollen. Als Missionsgesellschaft haben wir nichts, als Privatpersonen haben wir nichts; aber wir wagen nicht zu ermatten. Die ganze Nation der Arkanesen, die ganze Nation der Assamesen, die ganzen bengalischen Distrikte Tschittagong, Dakka, Barisal, Dschessor und Dinadschpur haben nicht eine Seele, von deren Lippen sie das Wort des Lebens hören könnten. Wir wagen es nicht, unsere Missionare zurückzurufen.

John Leechman, der erst kürzlich von Glasgow angekommen war, schrieb nach Hause:

> Wir machen uns die größten Sorgen, dass wir genötigt werden könnten, eine Station aufgeben zu müssen. Sollte der Tag kommen, würden wir Dr. Carey bald zu Grabe tragen müssen.

Bevor die dringenden im Januar abgesandten Briefe die Heimat erreicht hatten, ging eine weitere Bank Konkurs. Die größten Bäume im Wald stürzten. Marshman sagte:

> Wir können es zwar nicht erkennen, wie das Werk ohne Finanzen weitergeführt werden soll, aber Er, der heute, gestern und in Ewigkeit der selbe ist, weiß, was Er tut. Auf Ihn müssen wir harren, während wir mit allen Kräften tun, was wir tun können.

Mackintosh in Allahabad hatte bei diesem letzten Konkurs alles verloren. Mack tröstete ihn:

> Dein Verlust schmerzt mich. Doch lass es Dich nicht zu sehr niederdrücken. Gott wird weder Dich noch Deine Lieben je verlassen. Er will, dass wir im Glauben leben, und durch diese schmerzlichen Erfahrungen lehrt er uns, wie wir das tun müssen und wie köstlich es ist. Wir sind Erben von Reichtümern, die nie vergehen. Lasst uns einzig darum besorgt sein, dass wir Gott treu sind.

Ehe sie riefen, hatte Gott schon Seine Antwort gesandt. Drei Überweisungen zu 500 Pfund waren unterwegs, welche, wären sie eher eingetroffen, mit den Konkursen wertlos geworden wären. Einige Predigttexte von Carey in der schwierigen Zeit des Wartens lauteten »Die Stärke von Gideons dreihundert Männern in Gottes Hand«; »Herr, mehre unseren Glauben«; »Dies ist der Sieg, der die Welt überwindet«. Eher als ihren Posten zu verlassen, waren die Missionare bereit, mit massiv reduzierten Rationen zu leben und ihren Lebensunterhalt mit eigener Arbeit zu verdienen. Serampore konnte stolz auf sie sein. Carey schrieb 1833 an Anderson:

> Die Reaktionen unserer Brüder auf den Stationen atmen den Geist des Evangeliums. Ich bin gewiss, dass alle notvollen Umstände in Seiner Hand sind. Er ist Herr des Himmels und der Erde.

Im Mai des gleichen Jahres wurde Bengalen vom schlimmsten Sturm seit Menschengedenken heimgesucht. Serampore bekam dessen volle Gewalt zu spüren. Careys Mahagonis wurden geknickt und zertrümmerten seine botanischen Schätze, die er im Laufe von zwanzig Jahren gesammelt hatte. Im Juli strich die Bibelgesellschaft die Unterstützung für jede Bibelübersetzung, welche das griechische Wort *baptizo* übersetzte (»taufen«), anstatt es lediglich zu transkribieren. Das war ein schwerer Verlust für Serampore.

Samuel Hope, der Kassierer, machte die Not der Missionare in Bengalen in ganz Britannien bekannt und die Heimatgemeinden reagierten so willig, dass bald »Dank und Lobpreis in allen Missionsstationen ertönte«. John Mack schrieb am 18. September 1833 an Mackintosh:

> Gott hat alle unsere Bedürfnisse gestillt. Heute haben wir von England die vierte Überweisung von 500 Pfund bekommen, und mehr soll folgen. Wir brauchen keinen Mangel an finanziellen Mitteln für unser Werk zu erwarten. Was wir aber am dringendsten brauchen, das ist das Wirken Seines Geistes, damit unsere Bemühungen um die Bekehrung der Seelen wirksam gemacht werde. Lasst uns zusammenstehen und um Seinen Segen flehen.

28. Mit Gutem gesättigt

1830 – 9. Juni 1834

Als ich Carey zum letzten Mal besuchte, saß er an seinem Tisch im Arbeitszimmer. Seine Augen waren geschlossen, auf dem Tisch lag ein Bogen des letzten Kapitels des Bengali Neuen Testaments, an dessen Korrektur er eben gearbeitet hatte. Mir war, als säße da jemand, der darauf wartete, vom Meister abberufen zu werden. Eine halbe Stunde lang sagte ich nichts, denn ich scheute mich davor, diese Stille zu brechen und jemanden zur Erde zurückzurufen, der mir fast im Himmel schien. Schließlich sagte ich: »Geschätzter Freund, Ihr scheint an der Schwelle zur Ewigkeit zu stehen. Bitte, nehmt es mir nicht übel, dass ich Euch nach Euren Empfindungen frage.« Er schlug die Augen auf und antwortete mit Ernst: »Ich weiß, an wen ich geglaubt habe, und ich bin überzeugt, dass Er mächtig ist, das Ihm von mir anvertraute Gut auf jenen Tag zu bewahren. Wenn ich aber daran denke, dass ich in Gottes heilige Gegenwart werde treten müssen, und wenn ich an alle meine Sünden denke, zittere ich.« Er konnte nichts mehr sagen. Die Tränen liefen ihm über die Wangen, und er versank wieder in die Stille, aus der ich ihn aufgestört hatte.

George Gogerly

Bei einer der letzten Begegnungen, die Duff mit ihm hatte, sprach er einige Zeit mit ihm über Careys missionarischen Errungenschaften, bis der alte Mann flüsterte: »Beten.« Duff kniete nieder, betete und verabschiedete sich. Als er aus dem Zimmer ging, meinte er, der Alte rufe ihn. Er kehrte um, und dann hörte er diese Worte: »Mr. Duff, Ihr habt von Dr. Carey geredet. Wenn ich nicht mehr bin, dann sagt nichts von Dr. Carey; redet von Dr. Careys Heiland.« Duff ging von dannen, überführt und überwältigt. Die Lektion vergaß er nicht mehr.

James Curloss

Carey war schockiert gewesen, als er 1829 Marshman nach dessen Heimaturlaub so gealtert sah. Marshman hatte damals von Carey den genau gegenteiligen Eindruck:

> Obwohl er gerade in sein siebzigstes Lebensjahr treten wird, ist er so wohlgemut und zufrieden wie der Tag lang ist. Jeden Morgen macht er einen Ausritt von vier bis fünf Meilen und kehrt bei Sonnenaufgang zurück. Er macht mit seiner Arbeit weiter den ganzen Tag, hält am College in der Woche zwei Vorlesungen in Theologie und eine in Naturgeschichte. Er predigt regelmäßig in Englisch und in Bengali. Ich habe in England nicht viele Freunde getroffen, die in seinem Alter so vital, die auf der Kanzel so anregend und im Gespräch so geistesgegenwärtig waren wie er.

In den folgenden drei Jahren hatte er mehrere heftige Anfälle von Fieber und zweimal so etwas wie Anfälle von Lähmungen. Er erholte sich aber jeweils überraschend gut. 1832 sagte John Marshman:

> Wäre Dr. C. nicht schon über 70, würde ich sagen, er sei ganz gesund. Seine Laune ist wieder die, welche Lady Hastings veranlasste, ihn »den heiteren alten Mann« zu nennen.

Er sagte, er finde es leicht heiter zu sein, denn er habe »kaum einen nicht erfüllten Wunsch«. 1832 war der letzte Bogen der Bengali-Bibel (die Leidenschaft seiner letzten Jahre) revidiert und gedruckt worden. Carey schrieb:

> Gott hat mich in gnädiger Weise bewahrt. Der letzte Bogen der Bengali-Bibel wurde letzte Woche in die Druckerei gegeben. Ich habe mein Möglichstes getan, damit sie korrekt ist.

Als John Mack zum zweiten Pastor in Serampore ordiniert wurde, nahm Carey das erste neue Exemplar auf die Kanzel und stimmte Simeons Schwanengesang an. Er spürte, dass sein Lebenswerk beendet war.

Das war zwar noch nicht ganz der Fall, denn eine dringende Aufgabe wartete noch auf ihn: Er musste zusammen mit Vater und Sohn

Marshman »die unveränderlichen Statuten des College« abfassen, so wie es dessen Charta vorsah. Das Dokument ist ein passendes Testament der alten Missionare.

Aus Rücksicht auf Indiens Armut sollten alle vom College verliehenen Titel gebührenfrei sein. Die Angehörigen des Rates konnten Inder, Europäer oder Amerikaner sein, vorausgesetzt, sie hatten »Frömmigkeit, Gelehrsamkeit und Begabung«. Kaste, Hautfarbe, Nationalität oder Konfession durfte kein Hindernis zur Teilnahme am Studium sein. Die Ratsangehörigen und Professoren mussten den Glauben an die Gottheit und an die Erlösung Jesu Christi bekennen.

John Mack, John Marshman und *John Leechman* waren die designierten Nachfolger. John Clark Marshman hatte von allen das Zeugnis, außergewöhnlich begabt und hingegeben zu sein. John Leechman war Absolvent der Universität Glasgow, von scharfem Intellekt und apostolischer Seele. Zu ihnen stieß William Robinson, der in Java und Sumatra treu gedient hatte. In die Hände dieser Leute konnten die alten Missionare das Werk ohne Sorge übergeben, umso mehr, als zwischen ihnen nie ein Zerwürfnis gewesen war.

In seinem ersten Brief nach Hause schrieb John Leechman: »Ich kam an diesem lebhaften Ort am 24. November 1824 an und preise Gott täglich dafür, dass Er mich hierher geführt hat.«

John Marshman erzählt, wie Carey in seinen letzten Tagen unter den Theologiestudenten immer wieder um Freiwillige für die abseits liegenden Arbeitsfelder flehte, wobei er mehr als einmal seine Herausforderung von Nottingham wiederholte: »Mache weit den Raum deines Zeltes, und spanne aus die Behänge deiner Wohnstätte.« Und es meldeten sich feine Männer, die bereit waren, ihr Leben in den Dienst des Evangeliums Jesu Christi zu stellen. *Smylie* gewann in Dinadschpur das Vertrauen der Menschen im Umkreis von mehreren Meilen. *John Smith* und *W. H. Jones* eröffneten die ersten modernen Schulen in Barisal und in Rangpur. *Greenway* wurde zum Botschafter Christi in Kanpur. *Rowe* und *Alexander Lish* ließen sich in Tschirrapundschi mitten unter den Khasis nieder.

Bei der Aussendung der jungen Männer verpflichtete er sie auf die apostolischen Richtlinien: »Seid nüchtern und wachsam«, »ruft die Menschen von der Finsternis zum Licht«, »handelt, bis Christus wiederkommt«, »erfülle deinen Dienst«. In seinem Todesjahr waren 50

Missionare von Serampore ausgegangen und dienten auf 18 Stationen, die Hälfte von diesen waren rein indisch.

Wie anders waren die Arbeitsbedingungen gegenüber den Anfangsjahren geworden! Damals hatte die britische Verwaltung ihnen jedes Hindernis in den Weg gelegt und jetzt waren der Generalgouverneur und seine Frau ihre treuen persönlichen Freunde. Das gleiche galt für den Gouverneur *Sir Stamford RaZes* auf Sumatra und eine Reihe hoher Beamten der Ostindischen Gesellschaft wie *Byam Martin* in Indor, *David Scott* in Assam und *Garrett* in Barisal.

Besondere Genugtuung bereitete eine Nachricht aus London aus dem Jahre 1833. Die Regierung befreite die Sklaven Westindiens. John Marshman sagt dazu: »Diese Nachricht erfreute Carey außergewöhnlich, denn er hatte seit Jahren in jedem seiner Gebete für die Abschaffung der Sklaverei gefleht. An keiner öffentlichen Angelegenheit hatte er größeres Interesse bekundet. Als ihm die Einzelheiten dieser Maßnahme vorgelesen wurden, standen ihm die Tränen in den Augen und er dankte Gott. Er schlug vor, wir sollten während eines ganzen Monats in all unseren Zusammenkünften Gott dafür danken, was wir gerne taten.« So lange das Thema frisch war, verfasste er folgendes Rundschreiben an alle Stationen:

> Uns liegt alles daran, die Öffentlichkeit auf die Sklaverei, die es in Indien auch gibt, aufmerksam zu machen. Daher ist uns jede Nachricht, die Ihr uns aus Eurem Landesteil senden könnt, von großem Wert. Wer hält die meisten Sklaven, die Hindus oder die Mohammedaner? Wie werden sie erworben und zu welchem Zweck – für häusliche Arbeiten, für Feldarbeiten oder für die Prostitution? Zuverlässige Antworten auf diese Fragen wären ein Segen.

1833 geschahen noch mehr Aufregendes: Dampfschiffe brachten jetzt in bloß 64 Tagen Nachrichten aus London via Ägypten nach Kalkutta. »Wir hier wissen alles, was sich zu Hause ereignet hat bis Anfang Februar, und doch ist heute erst der 24. April«, schrieben die Missionare.

Carey wurde in seinen letzten Monaten und Wochen durch die Gegenwart seiner drei überlebenden Söhne gesegnet, durch die beiden Missionare William und Jabez von Katwa und Radschputana und durch Jonathan, der Anwalt am Obersten Gericht war.

Als Jabez eintraf, konnte er seinen Vater mit einer guten Geschichte erfreuen. Als er auf dem Fluss von Adschmer anreiste, war sein Boot kurz vor Serampore gekentert. Die unerfahrenen Schiffer waren nicht auf die Flutwelle des Hoogly gefasst gewesen. Es war niemand zu Schaden gekommen und das Boot war bald wieder fahrtüchtig. Aber Jabez zog es vor, sich von örtlichen Schiffern nach Serampore bringen zu lassen. Allerdings verlangten diese ein so überzogenes Fahrgeld, dass er sich von ihnen abwandte. Als sie aber erfuhren, dass er ein Sohn von Carey war, bestanden sie darauf, ihn unentgeltlich über den Fluss fahren zu dürfen.

Carey hatte allen Grund zu sagen, er habe »kaum einen nicht erfüllten Wunsch«. Seine Bengali-Bibel war einmal mehr revidiert und neu herausgegeben worden (das Alte Testament zum dritten, das Neue Testament zum achten Mal). Die Statuten des College waren befestigt. Die alten Missionare hatten junge Nachfolger von der besten Sorte. Die Schulen der Mission und das College erfüllten ihre höchsten Erwartungen. Ihre Außenstationen waren zahlreicher und lagen weiter verstreut als je. Sati war abgeschafft und die Regierung war ihnen freundlich gesonnen und hilfreich. Die Unterstützung aus den Heimatgemeinden war großzügig. Die Sklaven Westindiens waren befreit worden und West und Ost waren einander näher gerückt. Seine eigenen Söhne waren bei ihm, wobei zwei anerkannte Missionare und einer Schatzmeister der Mission war. Gewiss, er war in seinen letzten Jahren mit Gutem gesättigt. Zwei Tage nach Careys Heimgang schrieb Marshman:

> Die außerordentliche Hitze und die Regenzeit des Jahres 1833 schwächten ihn so vollständig, dass er Ende September einen Schlaganfall hatte. Er erholte sich ein wenig und in der letzten kühlen Jahreszeit konnte er wiederum am Morgen und am Abend seine Ausfahrt im Palankin machen und den Großteil des Tages im Lehnstuhl verbringen über der Lektüre eines Buches oder in unbeschwertem Gespräch. Als es dann aber wieder heiß wurde, versank er in noch größere Schwäche, bis er nichts mehr zu sich nehmen konnte und nur noch wortlos auf seiner Couch lag.

Carey war zu schwach, um im letzten Tal von Verzückungen heimgesucht zu werden. Im Juni 1832 hatte er bei der Bestattung von Frau

Ward mit viel Gefühl von der heiligen Glückseligkeit der Erlösten gesprochen, wie jemand, der seine eigene Seligkeit vorwegnimmt. In seinen letzten Wochen kannte er selbst »weder Entrückungen noch Ängste«, sondern erfuhr vielmehr jene Beständigkeit, die sein Leben gekennzeichnet hatte, ein stilles Ruhen in seinem gekreuzigten und verherrlichten Retter. John Mack konnte sagen: »Angesichts der großen Verwandlung von ihm war seit Beginn seiner Krankheit kein Schatten der Unruhe über ihn gekommen.« Seine Arbeit an über 30 Übersetzungen des Neuen Testaments in die indischen Sprachen hatten dessen Botschaft mit seiner Seele verwoben. Seine von Sünden befleckte Seele ruhte im Sühnewerk seines Erlösers.

Am Sonntag, dem 8. Juni 1834, spürte Josua Marshman, sein Mitteilhaber im Ausharren und im Königtum Jesu Christi, ein besonderes Verlangen Carey noch einmal zu besuchen, bevor er nach Kalkutta zu einem Dienst aufbrach. Während er neben ihm kniete, war er sich gewiss, dass er es zum letzten Mal tat, und er betete aus einem vollen Herzen und pries Gott für alle an Carey erwiesene Güte während seiner bald 41 indischen Jahre. Als er geendet hatte, fragte ihn seine Frau Grace, die zwölf Jahre an seiner Seite verlebt hatte, ob er wisse, wer mit ihm betete. Ja, flüsterte er, und drückte die Hand seines treuen und geliebten Mitarbeiters. So gingen sie auseinander, um für die kurze Zeit von dreieinhalb Jahren voneinander getrennt zu sein. Als Marshman am Tag darauf zurückkam, war Carey heimgegangen zu seinem Herrn. »Die ewigen Tore wurden ihm aufgetan bei Sonnenaufgang am 9. Juni 1834.« Sein Vertrauen und seine Abhängigkeit hatten sich als fest erwiesen:

A wretched, poor and helpless worm,
On Thy kind arms I fall.

Ein elender, armer, hilfloser Wurm,
Falle ich in Deine freundlichen Arme.

In der Sicherheit dieser Arme aber ist keiner wirklich elend, hilflos und arm. Er hatte verfügt, dass diese beiden Zeilen des von ihm geliebten Isaac Watts zusammen mit seinem Namen auf das Grabmal seiner Frau Charlotte im Friedhof Serampore geschrieben werden sollten.

Leechman schrieb an Serampores Freunde in England:

> Und jetzt, was sollen wir tun? Gott hat unseren Elia zu sich in den Himmel genommen, er hat heute unseren Meister über unserem Haupt hinweggenommen. Wir dürfen aber nicht mutlos werden. Der Gott der Mission lebt ewig. Seine Sache muss fortschreiten. Weder die Pforten der Hölle noch das Hinscheiden der Besten wird sie aufhalten. Kommt: Wir haben anderes zu tun, als mutlos zu sein und zu klagen. Mit unserem Führer, der von uns gegangen ist, ist alles wohl. Er hat seinen Lauf herrlich vollendet. Aber das Werk legt sich jetzt auf uns. Gebe uns Gott ein doppeltes Teil Seines Geistes!

Anhang: Die Übersetzungsleistung

Als Carey in Bengalen eintraf, lagen in indischen Sprachen nur folgende Übersetzungen vor: Die ganze Bibel in Tamil (das Werk von *Ziegenbalg, Schultze und Fabricius),* das Neue Testament und die Psalmen in Hindi (von *Schultze)* und das Neue Testament samt Mosebüchern in Singalesisch (von *Philips).* Die Übersetzung von Philips fand aber keine Zustimmung, sodass man sie eigentlich nicht mitrechnen kann. Es blieben also nur die beiden Sprachen Tamil und Singalesisch, die man in Indiens unterstem Süden und auf Ceylon sprach. Diese beiden Lampen leuchteten und sonst herrschte überall dichte Finsternis. Bevor Carey seinen Lauf vollendet hatte, hatte er innerhalb der ganzen Weite und Länge der verfinsterten Region Leuchten angezündet, die nicht mehr ausgelöscht werden konnten. 1803 hatte er an Fuller geschrieben:

> Wenn uns noch weitere fünfzehn Jahre geschenkt werden, dann können wir hoffen, die Bibel in den Hauptsprachen Hindustans zu drucken. Wir haben unsere Blicke auf dieses Ziel geheftet. Der Eifer des Herrn der Heerscharen wird es ausführen.

Er dachte, wie er an anderer Stelle sagte, an folgende Sprachen:

> Bengali, Hindi und Pandschabi im Norden, Oriya, Marathi und Gudschrati in der Mitte und Telugu und Kannada im Süden.

Das waren die acht Sprachen, in denen er zumindest das Neue Testament innerhalb dieser Frist herauszugeben hoffte. Man ist beeindruckt zu sehen, wie viel er bis Ende 1819 erreicht hatte.

> Die ganze Bibel sowohl in Bengali als auch in Hindi – letztere mit Hilfe zweier Mitarbeiter – plus das ganze Neue Testament und das halbe Alte Testament in Pandschabi.
>
> Die ganze Bibel in Oriya und Marathi und fast das ganze Neue Testament in Gudschrati.

Das ganze Neue Testament in Telugu und Kannada und die Mosebücher in Telugu.

Er hatte dazu die ganze Bibel ins Sanskrit übersetzt und gedruckt, eine Leistung, an die niemand im Traum gedacht hätte. Dazu hatte er das ganze Neue Testament auf Paschto (eine der Sprachen Afghanistans) und Assamesisch sowie die Evangelien in Kaschmiri herausgegeben. Er hatte das ganze Neue Testament in Konkani (für die vom Brahmanentum regierten Menschenmassen südlich von Bombay) und Lahnda (die Sprache Multans) produziert. Zudem hatte er den Belutschen drei Evangelien und der Bevölkerung südlich der Radschputana Matthäus in die Hände gegeben. Von Afghanistan im äußersten Westen bis Assam im Osten reichte sein Wirkungskreis, und seine Sanskrit-Bibel gab den Hindu-Gelehrten von ganz Indien Zugang zum Wort Gottes. Sie hatte zudem die Übersetzung zahlreicher oben genannten Sprachen, die vom Sanskrit abstammen, wesentlich erleichtert.

Careys frühestes Vorgehen sah die Publikation der ganzen Bibel in fünf Bänden vor, wobei Band I das Neue Testament war. Er konnte alle fünf Bände in sechs indischen Sprache herausgeben, und zwar in folgender Reihenfolge: 1) Bengali, 2) Oriya, 3) Hindi, 4) Sanskrit, 5) Marathi, 6) Assamesisch.

Die Oriya-Bibel wurde von Mritundschaj aus Careys Bengali-Bibel übersetzt und von Carey revidiert, indem er beständig Vergleiche mit dem Hebräischen und Griechischen anstellte. Die Schwerarbeit der Marathi-Übersetzung leistete Vidianath.

Careys Hindi-Neues-Testament von 1811 wurde in den nördlichen Provinzen so begierig aufgenommen, dass nach wenigen Monaten schon eine zweite, große Auflage nötig wurde, die ebenfalls schnell vergriffen war. J. T. Thompson, ein späterer Übersetzer, erzählt von einer Begegnung, die ihm zeigt, dass sie gut verstanden wurde und Wirkung hatte. Er besuchte 1816 einen gelehrten Herrn in Patna, bei dem er große Kenntnis der christlichen Lehren feststellte, wiewohl dieser noch nie zuvor einen Christen getroffen hatte. Ihm war nach dreißig Jahren des Überdrusses am Hinduismus das Neue Testament in Hindi in die Hände gefallen, und ihm war es wie eine Gabe des Himmels erschienen. Von da an brach er mit dem Götzendienst und hatte während vier Jahren die in diesem geschätzten Buch gefundenen Lehren einer Schar von bis siebzig Jüngern gelehrt.

Gewiss, es fanden sich darin unpolierte Wendungen, welche aber, wie Professor H. H. Wilson von Oxford feststellt, auf Careys enge Bindung an den Urtext beruhen. Eng am griechischen und hebräischen Vorbild zu bleiben, war ihm Ehrensache, wie das in vergangenen Jahrhunderten stets der Fall gewesen war. Tyndale, der Bibelübersetzer und Märtyrer der Reformationszeit, sagte: »Ich rufe Gott zum Zeugen auf den Tag, da wir vor dem Richterstuhl Christi erscheinen müssen, dass ich nicht eine einzige Silbe an Gottes Wort entgegen meinem Gewissen geändert habe.«

Ende 1803 hatte Carey auf noch 15 Jahre gehofft; Gott gab ihm zweimal 15 Jahre. Er verwendete die zweite Hälfte zur Übersetzung des ganzen Alten Testaments in Assamesisch, eines Großteils desselben in Pandschabi und das halbe Alte Testament in Paschto und Kaschmiri. Die meiste Zeit verwendete er aber für die Übersetzung des Neuen Testaments in eine Reihe zweitrangiger nordindischer Sprachen, die alle Töchter des Sanskrit sind.

Einige wurden nur von einigen Hunderttausend Menschen gesprochen, so etwa Awadhi, welches aber die Sprache des Epos war, denn Tulsi Das hatte in der Zeit Shakespeares die Ramayana in Awadhi verfasst und auch die weit umfangreichere Mahabharata war in dieses Idiom umgeschrieben worden. Wie passend war es daher, dass die *wahre* Geschichte von der Erlösung in der Sprache des indischen Epos vorliegen sollte!

Bradsch Bhascha (= »Sprache«) war der reinste der Hindi-Dialekte mit dem größten Anteil an Sanskritwörtern; Kanudschi war während der Jahrhunderte vor der Moguleninvasion die Sprache der indo–arischen Herrscher gewesen. Malvi war ebenfalls die Sprache von vielen Hindukönigen gewesen. Carey erinnerte oft daran, dass Großbritannien die Bibel nicht allein in Englisch brauchte, sondern auch in Walisisch, Gälisch, Irisch, Kornisch und Manx. Denn bis die Bibel in diesen Sprachen von Haus und Herd zugänglich war, blieb sie ein entrücktes und wenig geliebtes Buch.

Unerwartete Umstände waren oft der Anlass zu einer neuen Übersetzung. Carey hatte nie geplant, die Bibel in Paschto zu übersetzen. Als aber der Orientalist John Leyden (Professor für Hindi in Fort

William) Kalkutta verließ, bot er Carey die Dienste eines Paschto-Fachmannes zusammen mit dessen Pandit an, um am Neuen Testament zu arbeiten. Als Dr. Taylor in Bombay seiner beruflichen Verpflichtungen wegen sein Gudschrati Neues Testament nach Abschluss von Matthäus liegen lassen musste, fühlte Carey sich verpflichtet, den Rest zu übernehmen. Und als Chamberlains früher Tod sein Bradsch Neues Testament unvollendet ließ, war Carey genötigt, die fehlenden Bücher zu übersetzen.

Für jede neue Sprache brauchte er einen Pandit, der neben dieser Sprache auch Sanskrit beherrschen sollte, zusammen mit einer oder zwei der indischen Sprachen, in denen die Bibel schon übersetzt worden war. Mit einer solchen als Ausgangspunkt und umgeben von einer Reihe von anderen Pandits erstellte dieser die neue Übersetzung. Bis der Pandit ein Evangelium bearbeitet hatte, hatte Carey so viel von den Eigenheiten der neuen Sprache oder des neuen Dialekts gelernt, dass er das Manuskript prüfen konnte.

Er wurde oft gefragt, wie er sich denn so viele Sprachen habe aneignen können, worauf er antwortete: »Niemand weiß, wie viel er leisten kann, bis er es versucht hat.« Nachdem er Bengali, Hindi, Marathi, Pandschabi, Persisch und das dravidische Telugu gut konnte, war das Übrige verhältnismäßig leicht. Besonders nützlich war seine gründliche Kenntnis des Sanskrit. Nachher sei es so einfach gewesen, zehn verwandte Sprachen zu lernen wie eine ganz eigenständige. Dreiviertel des Wortschatzes der meisten sekundären Sprachen kannte man vom Sanskrit, Bengali und Hindi her, manchmal sogar sieben Achtel. »Als ich erstmals eine Seite Gudschrati las, war mir der Sinn des Gelesenen so klar, dass ich kaum eine Frage an den Pandit zu richten brauchte.«

Er wusste immer, dass seine Übersetzungen Pionierprodukte waren. Sein Bengali-Neues-Testament wurde achtmal, das Alte Testament dreimal revidiert. Die meisten von Careys Übersetzungen sind nach seinem Tod revidiert, einige überholt worden. Sieben seiner Übersetzungen haben keine Nachfolger gehabt: Awadhi, Bhatneri, Bikaneri, Harauti, Dschaipuri, Lahnda und Mewari. Sie haben durch die spätere sprachliche Entwicklung Indiens ihre Bedeutung als Umgangssprache verloren. Die Basler Mission, die in Mangalor tätig war, stieß auf Careys Konkani-Neues-Testament und fand es so gut, dass sie es mit geringfügigen Änderungen wieder publizierte.

Eine Zusammenfassung seiner Bibelübersetzungen sieht wie folgt aus:

- Bengali, Oriya, Hindi, Marathi, Sanskrit, Assamesisch: die ganze Bibel.
- Pandschabi: das Neue Testament und das Alte Testament bis Hesekiel 26.
- Paschto und Kaschmiri: das Neue Testament und das Alte Testament bis 2. Könige.
- Telugu und Konkani: das Neue Testament und die Mosebücher.
- Neunzehn andere Sprachen: das Neue Testament.
- Fünf andere Sprachen: ein oder mehrere Evangelien.

Carey wurde die Gelegenheit und die Genugtuung zuteil, Gottes Wort in 35 Sprachen zu übersetzen. Nach seinem Tod war Marshman genötigt zu bekennen: »Er hat kaum eine noch zu leistende Übersetzung in diesem Teil Indiens zurückgelassen.« Carey wusste – wenngleich der lebende Bote zur Verkündigung des Wortes notwendig ist –, dass das Buch Gottes in der Muttersprache ein immerwährender Missionar war, und er glaubte, dass dieses Wort nütze ist »zur Lehre, zur Überführung, zur Zurechtweisung, zur Unterweisung in der Gerechtigkeit, auf dass Menschen in Indien vollkommen seien, zu jedem guten Werke völlig geschickt«.

Anhang: Karten

Bengalen im 18. Jahrhundert

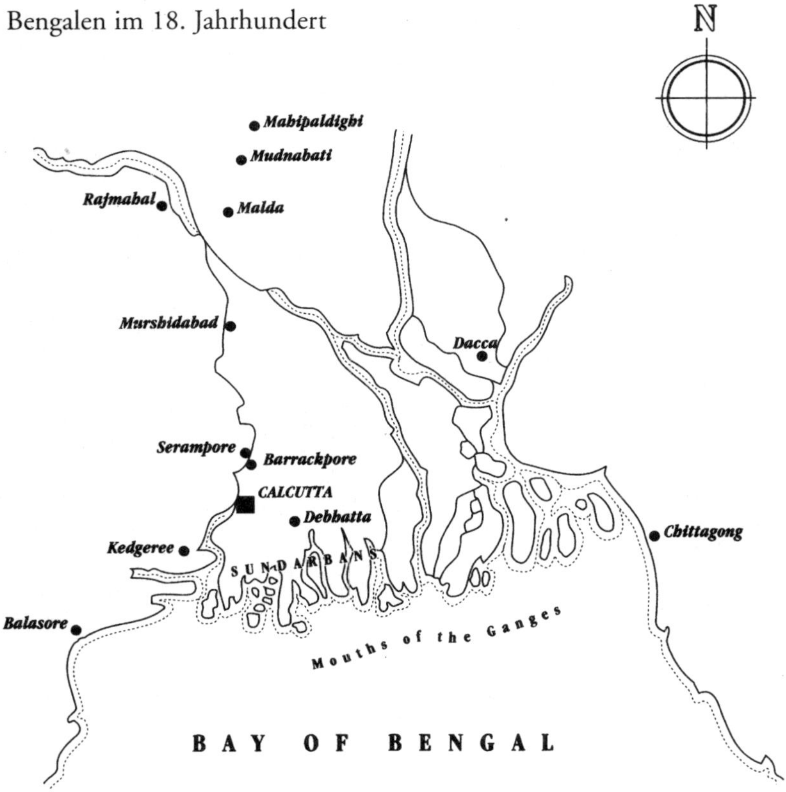

Kalkutta
ca. 1818

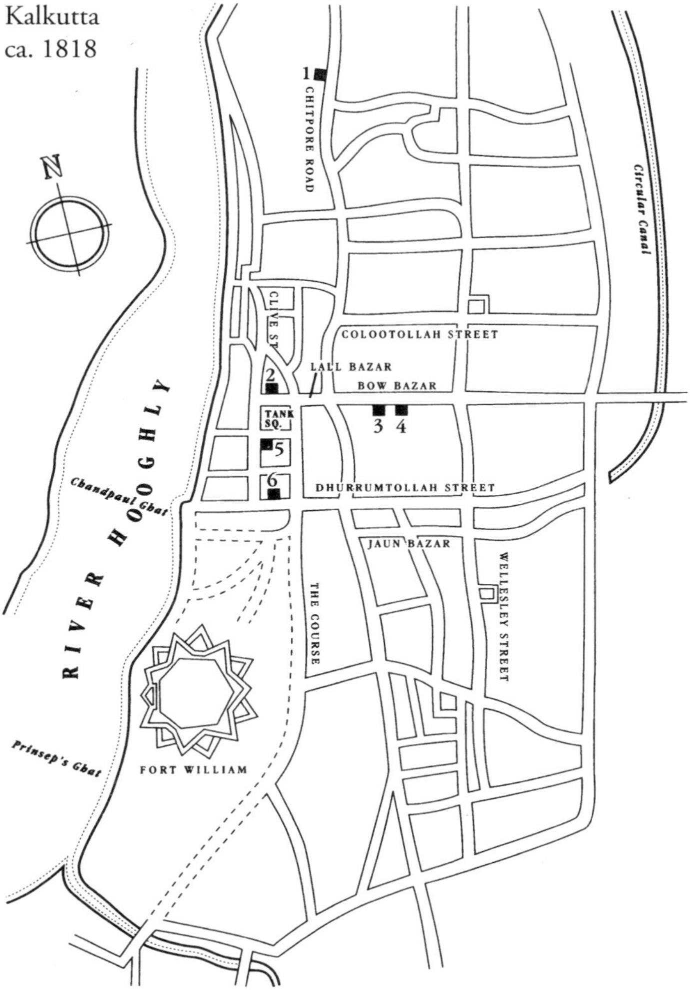

1 Haus von Mr. Petruse
2 Writers' Building, Wohnhaus der Studenten
3 Die Kapelle in Lall Bazar
4 Careys angemiete Räumlichkeiten
5 Fort William College
6 Regierungsgebäude

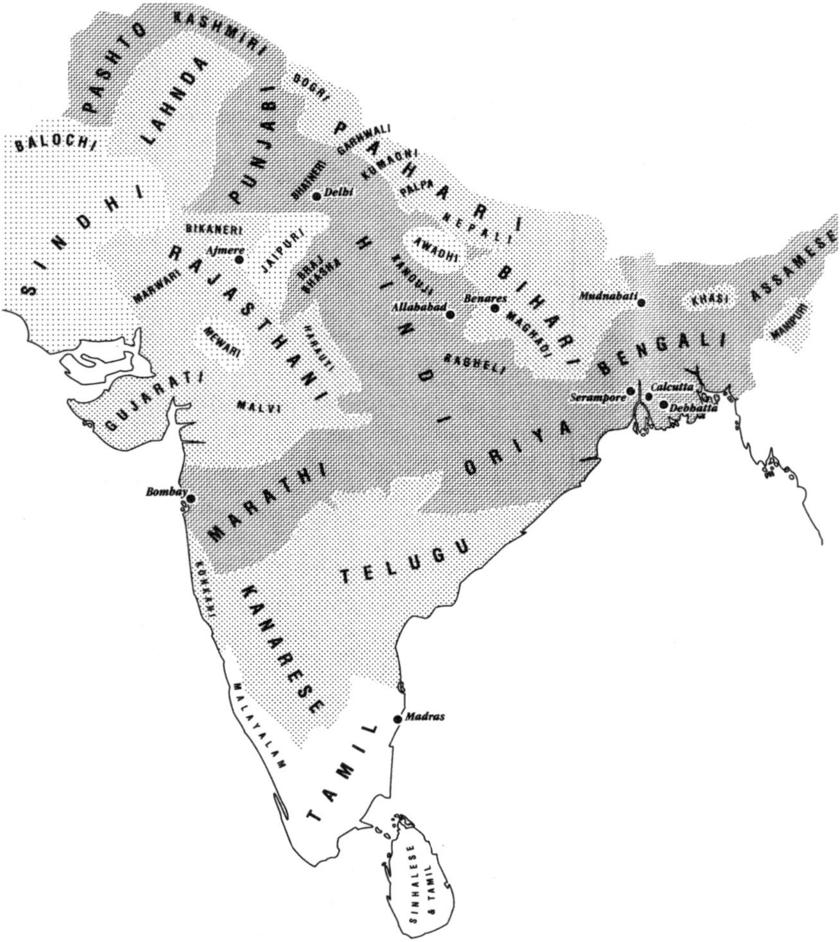
PASHTO
KASHMIRI
BALOCHI
LAHNDA
PUNJABI
DOGRI
PAHARI
GARHWALI
KUMAONI
PALPA
NEPALI
SINDHI
BIKANERI
Delhi
Ajmere
JAIPURI
RAJASTHANI
MARWARI
BRAJ BHASHA
HINDI
KANOUJI
AWADHI
BIHARI
Allahabad
Benares
MAGHADI
MEWARI
HARAUTI
BAGHELI
Mudnabati
KHASI
ASSAMESE
MANIPURI
BENGALI
Serampore
Calcutta
Debbatta
GUJARATI
MALVI
ORIYA
Bombay
MARATHI
TELUGU
KONKANI
KANARESE
MALAYALAM
Madras
TAMIL
SINHALESE & TAMIL

Careys Übersetzungen

Sprachen, in die Carey die ganze Bibel übersetzte

Bengalisch
Oriya
Marathi
Hindi
Assamesisch
Pandschabi (NT und AT bis Hesekiel)
Paschto (NT und AT bis 2. Könige)
Kaschmiri (NT und AT bis 2. Könige)
Sanskrit

Sprachen, in die er das Neue Testament übersetzte

Lahnda
Bihari Maghadi
Khasi
Manipuri
Telugu (NT und Mosebücher)
Konkani (NT und Mosebücher)
Kannada
Pahari-Dialekte
(Dogri, Garwhali, Kumaoni, Palpa, Nepali)
Radschastani-Dialekte
(Bikaneri, Marwari, Harauti, Malvi, Gudschrati)
Weniger bedeutende Hindi-Dialekte
(Bhatneri, Bradsch Bhascha, Kanudschi, Bagheli)

Sprachen, in die er Teile des Neuen Testaments übersetzte

Sindhi (Matthäus)
Jaipuri (Matthäus)
Mewari (Matthäus)
Awadhi (Matthäus, Markus)
Balochi (Matthäus, Markus, Lukas)

clv

Hardcover

Benedikt Peters

George Whitefield

Der Erwecker Englands und Amerikas

480 Seiten
24,80 DM
ISBN 3-89397-374-5

Er gab der ganzen englischsprachigen Welt innerhalb von vier Jahrzehnten ein neues Gesicht, indem er das Werkzeug zur Erweckung des 18. Jahrhunderts wurde – George Whitefield (1714–1770). Er war ein Arbeiter am Evangelium: im Laufe seines Lebens hielt er über 30.000 Predigten, größtenteils unter freiem Himmel und vor bis zu 80.000 Hörern.

Whitefield zeigte in beschämender Eindringlichkeit, was Hingabe ist. Er war ein Friedensstifter und Versöhner unter Brüdern, ein Mann der Demut. Vor allem aber war er ein Mann, der von der Gnade Gottes überwältigt war.

In unserer von Leidensscheu und Selbstverliebtheit geprägten Zeit ein sehr beeindruckendes, herausforderndes und mutmachendes Buch.

clv

Hardcover

Autobiografie

Wang Ming-tao

Ein Stein wird geschliffen

248 Seiten
18,80 DM
ISBN 3-89397-323-0

Wang Ming-tao, der unerschrockene, kompromisslose Zeuge Jesu in Peking und einer der wirksamsten Evangelisten vor der Oktoberrevolution, wurde 1955 unter Mao Tse-tung von den Kommunisten zu lebenslanger Haft verurteilt.

In dieser Autobiografie schildert er, wie er als vaterloses Kind in einer asozialen Umgebung aufwuchs, zur Bekehrung kam und von Gott durch manche Nöte zu einem brauchbaren Arbeiter in Seinem Werk zubereitet wurde. In China ist Wang Ming-tao nicht nur als einer der wirksamsten Evangelisten, sondern auch als Kämpfer für die uneingeschränkte Autorität der Bibel bekannt.

Ein Buch, das stellenweise schockierend offen und selbstkritisch geschrieben ist und unser weithin oberflächliches, kompromissfreudiges Christentum hinterfragt.

dlv

Hardcover

E. Crossman

James O. Fraser

Der Bergsteiger Gottes

248 Seiten
18,80 DM
ISBN 3-89397-332-X

Begabt, gebildet, aus einer reichen englischen Familie stammend, entschließt sich der 22-jährige Fraser allen Wohlstand aufzugeben und den primitiven, armen, von Dämonenfurcht geplagten Bergvölkern der Lisu im heutigen China auf mühsamen Wegen das Evangelium zu verkünden.

Misserfolge, Anfechtungen und Anfeindungen machen ihn zu einem Mann, der die Kraft des Gebets kennenlernt und erleben darf, wie die fast aussichtslose Aussaat des Evangeliums plötzlich reiche Frucht bringt.

Diese Biografie enthält viele Tagebuchaufzeichnungen und Briefe Frasers, in denen er selbstkritisch seine Erfahrungen schildert und wertvolle Anregungen für die Jüngerschaft und das Gebetsleben gibt.

clv

Autobiografie

John Paton

Missionar unter Südseekannibalen

Hardcover

248 Seiten
18,80 DM
ISBN 3-89397-3

Als Pioniermissionar unter den Kannibalen der »Neuen Hebriden« hat Paton (1824–1907) unglaubliche Abenteuer erlebt und die Durchhilfe Gottes in vielen lebensbedrohlichen Situationen erfahren. In einer Nacht- und Nebelaktion muss Paton die Station seiner ersten Arbeit auf der Insel Tanna verlassen und entrinnt unter der Glut tropischer Sonne der Verfolgung durch die Kannibalen buchstäblich mit dem nackten Leben.

Seinen neuen Wirkungskreis findet er auf dem benachbarten Korallenatoll Aniwa. Der erste Süßwasserbrunnen dieser Insel, den Paton erbaut, wird für die Insulaner zum letzten Anstoß zur Umkehr.

Paton war bekannt als der Mann mit dem einen Gedanken: Das Evangelium den Völkern der Südsee! Die Erfahrungen dieses Lebens mit Gott und die Sichtweise von Mission aus der Perspektive des erfahrenen Missionars, die in diesem echten Missionsklassiker geschildert werden, sind auch nach hundert Jahren noch aktuell.